# 세계사톡

**④ 근대의 질주**

무적핑크 · 핑크잼 지음 ― YLAB 기획 ― 모지현 해설

위즈덤하우스

# 근대의 질주

**초판 1쇄 발행** 2020년 3월 13일　**초판 9쇄 발행** 2023년 11월 17일

**지은이** 무적핑크·핑크잼
**기획** YLAB
**해설** 모지현
**펴낸이** 이승현

**출판1 본부장** 한수미
**컬처 팀장** 박혜미
**디자인** bigwave

**펴낸곳** ㈜위즈덤하우스　**출판등록** 2000년 5월 23일 제13-1071호
**주소** 서울특별시 마포구 양화로 19 합정오피스빌딩 17층
**전화** 02) 2179-5600　**홈페이지** www.wisdomhouse.co.kr

**ISBN** 979-11-90630-69-6 04900
　　　979-11-6220-571-6 (세트)

# 그때, 그들은
# 어떤 사람들이었을까

-모지현

바야흐로 지식과 정보가 넘쳐난다. 어떤 사건이 발생하면 그 사건의 배경과 진행 과정, 관련 인물들의 소소한 일화와 결과 예측까지 수많은 정보가 내 일상으로 들어온다. 외국인들이 한국에 와서 가장 놀라는 무수한 와이파이존과 데이터 전송 속도 때문일까. 매일 교실 수업으로 배운 것보다 많은 데이터들이 쏟아진다. 그러다 보니 방대한 정보 속에서 길을 잃지 않고 잘 판단하는 것이 무척 중요해지고 있다.

지식은 사건 자체를 다뤄 시간이 지나면 잊히지만 지혜는 사건이 남긴 메시지를 사람들이 각자의 삶에 녹여 시간이 묵을수록 빛을 발한다. 역사를 배운 사람들의 삶에 지식만이 아닌 그 모든 지혜들이 스며들어 때로는 개인의 작은 삶을 통해서도 역사의 흐름이 이어지거나 바뀌기도 한다. 현재 우리의 '삶'에 과거 그들의 '역사'가 중요한 의미인 이유이다.

『세계사톡』에서는 세계 역사 속에서 익숙한 장면들은 더욱 실감나게, 그동안 희미하게 보였던 모습들은 잡을 수 있을 만큼 가깝게 느껴질 것이다. 『세계사톡』은 지금껏 시험 성적 때문에 외워야 하던 내용이 아닌, 그 세계와 친해지고 싶고 그를 통해 내 우주가 넓어지는 것이 즐거워 저절로 기억되는 이야기들이다. 게임에서 아군 혹은 적군으로 만난 아메리카와 유럽의 하드 캐리Hard Carry하는 게이머들의 이야기이며, 한국에서 많이 만날 수 있는 중국인들에 관한 이야기이기도 하다. 고대 이집트의 오벨리스크가 스물아홉 개 중 아홉 개만 이집트에 남아있는 이유에 대한 이야기이며 대영 박물관, 루브르 박물관 전시물 자체가 보여주는 그들의 침략에 관한 이야기이다. 일본, 베트남 사람들에 대한 우리의 시선에 관한 이야기이고, 인디언이나 에스키모보다 아메리카 원주민, 이누이트나 유피크라고 부르는 것이 더 아름답다는 이야기이다. 이 지구상 우리와 같은 공간을 예전에 이용했던 사람들이 먹고 자고 울고 웃고 나누던 이야기이다. 농사를 짓고 도시를 만들고 문자를 사용하며 길을 이어 서로 오가고, 예술품과 사상을 만들며 업적을 쌓기도 하고, 전쟁을 벌이고 빼앗기도 했지만 화해하고 협력하기도 한 사람들의 이야기이다.

내가 배운 것은 내 삶의 변화를 통해 확증된다. 그저 알고 기억만 하는 것은 내 삶에 흔적을 남기지 못한다. 정당성을 기반으로 하지 못한 최고의 권력이 얼마나 허무한지, 무고한 희생 위에 쌓은 업적은 그 의미가 얼마나 뼈아픈지, 느리게 가도 같이 가는 것이 멀리 보면 얼마나 빨리 가는 것인지, 눈앞의 이익만 바라보다 결국 더 큰 것을 놓치는 일들이 얼마나 가슴을 시리게 하는지. 그리스와 로마, 페르시아의 흥망성쇠를 통해, 종교의 발흥들과 십자군전쟁을 통해, 신항로 개척과 절대왕정, 아시아 국가들의 근대사를 통해, 시민혁명들과 아메리카, 아프리카, 오세아니아의 숨겨진 역사, 공황과 세계 대전 등을 통해 인간이 얼마나 한계가 많은 존재인지, 그럼에도 함께하고자 하는 인간의 모습이 얼마나 위대하고 아름다운지, 새로운 길을 내기 위해 희생하는 사람과 그로 인한 사회 변화의 물줄기는 얼마나 세차고 빛나는지. 이들을 느끼는 것이 그 변화의 시작이 되길 바란다.

누군가를 이해하고 사랑하게 되면 그 사람과 같은 공간을 나누는 것이 불편하지 않고 더 풍요로워졌다고 생각하게 된다. 우리나라를 찾아오는 많은 세계인들의 역사를 알고 이해한다면 그들과 함께하는 우리의 현재와 미래는 더욱 가치 있고 풍요로울 것이다.

"사람이 만든 책보다 책이 만든 사람이 더 많다"고 한다. 세계사를 공부한 사람과 만화를 사랑하는 사람들이 만나서 유쾌하게 그려간 『세계사톡』이, 그 여정에서 더욱 넓고 단단하고 아름다운 사람들을 책보다 많이 만들어낼 수 있길 소망한다.

# 세계를 질주하는 근대

−모지현

사람은 뒷모습이 더 솔직할 때가 있다. 부단한 노력으로 관리가 가능한 앞모습도 성품을 나타내주지만 단장되지 못한 생각과 습관, 세월의 흔적이 그대로 묻어나는 뒷모습에서는 또 다른 진솔함을 느낄 수 있기 때문이다. 역사도 마찬가지다. 시대마다 어쩌지 못한 그늘이 있게 마련이고, 그것을 통해 화려함만으로는 알 수 없는 시대의 진실에 더 가까이 갈 수 있다.

르네상스, 종교개혁, 신항로 개척 등을 통해 새로운 만남의 시대를 연 근대는 18세기 대서양 세계에서 혁명들을 폭발시키며 현대 세계까지 규정할 정치·경제적 특징을 만들어냈다. 이를 통해 19세기에 형성된 국민국가들은 세계를 향해 본격적인 질주를 시작한다. 서구 사회에서 봉건적 억압을 깨뜨리고 자유를 쟁취한 '국민'들을 낳은 200년의 기간은, 동시에 전 지구적으로 '질서'와 '진보'라는 명목하에 고통당하는 또 다른 부류의 약자를 탄생시켰다. 『세계사톡』 4권에는 이같이 다양한 이들의 고민과 기쁨, 감격과 고통이 생생하게 담겨 있다.

18세기 유럽에서는 약화되던 에스파냐, 포르투갈, 네덜란드 대신 프로이센, 러시아, 오스트리아가 전통의 강국인 영국과 프랑스의 뒤를 따랐다. 계몽사상으로 무장한 절대군주들은 전쟁을 통해 국가 위신을 높이고 무역 시장을 키우고자 했다. 결국 세기 중반까지 계속된 여러 전쟁으로 인해 각국은 치명적인 재정 악화를 겪었고, 이는 시민혁명을 촉발시켰다.

영국의 북아메리카 식민지인들은 재정 부담을 안겨준 본국에 저항하며 미합중국을 세웠다. 절대왕정의 본좌 프랑스는 혁명의 나라가 되었고, 유럽과 중남아메리카에서는 나폴레옹전쟁으로 자유주의, 민족주의의 세례를 받은 국민국가와 독립국들이 선포되었다. 의회 정치의 기반 위에서 산업혁명을 이룬 영국은 기술력과 해군력을 혁신시켜 태평양의 국가들을 포함한 식민지 경영에 앞장서며 다른 국가들을 자극했다.

동아시아의 18세기는 지속된 평화 속 한중일 삼국이 엄청난 문화적 역량을 보인 번영의 시대다. 태평성대를 누리던 이들은 국력이나 문화의 성숙도 면에서 거듭된 전쟁으로 명암이 반복되던 유럽 국가들을 능가했다.

그러나 130여 년에 이르는 청의 강건성세康乾盛世는 18세기와 함께 저물고 만다. 그 쇠퇴기가 산업혁명, 자유무역의 확대와 맞닿았던 것이 청에게는 불행이었다. 영·정조라는 걸출한 군주들의 르네상스를 지낸 조선 또한 19세기 세도정치기로 돌입했다. 일본 역시 개혁에도 불구하고 거듭된 기근으로 인해 에도 바쿠후의 지위가 흔들리고 있었다. 결국 자유를 내건 근대 서양의 가공할 만한 무기의 위력 앞에 선 동아시아 지배층에게는, 그동안 굳게 걸어두었던 문을 여는 개항 이외의 다른 선택지가 없었다.

근대 초 유럽을 위협했던 제국 오스만도 유럽과의 대결에서 패하며 강대국들의 도움 없이는 영토 보존조차 곤란한 지경에 이르렀고, 이집트와 무굴 제국의 대영 제국에 대한 극렬한 저항도 실패했다. 이전의 동남아시아에서 그랬듯 근대는 서아시아와 남아시아의 이슬람 세계를 뒤흔들었고 연이어 아프리카에서도 비극을 일으킬 준비를 하고 있었다. 그리고 이 모든 과정 중에 경제적, 군사적 우위가 정치적, 도덕적 우위와 동일시되며 부당함은 정당화되었다.

현대 세계 대부분이 취하고 있는 국가의 모델과 산업 구조를 만들어냈다는 점에서 18~19세기 서구의 화려한 궤적은 의미를 갖는다. 그러나 그런 영광 뒤에 숨겨둔 문제들을 직시하고 해결하려 했던, 소수의 공의로운 목소리들 또한 이 시대의 귀한 유산이 아닐는지. 다음 세기에 전 지구적 차원에서 벌어질 충돌에 대한 혜안을 이미 제시했으니 말이다.

기적 같은 장면들로 가득 차 있어 때로는 숨차기도 하지만 그렇기에 더 매력적인 이 시대를『세계사톡』과 더불어 힘껏 달려보자.

**무적핑크(변지민)**

작가의 말

**무적핑크(변지민)**

안녕하세요, 무적핑크입니다.

조선시대를 다룬『조선왕조실톡』에 이어 세계를 무대로 한『세계사톡』시리즈로 여러분을 뵙게 되어 정말 기쁩니다. 1권 〈고대 세계의 탄생〉, 2권 〈중세의 빛과 그림자〉, 3권 〈근대, 새로운 만남의 시대〉에 이어 4권 〈근대의 질주〉 편을 선보입니다.

근대를 대표하는 단어는 무엇이 있을까요? 저는 '혁명'이라고 생각합니다. 아주 친숙한 말이지요. 4차 혁명, 스타일 혁명, 아이돌계의 혁명 등등! 국어사전은 혁명을 "본래 있던 견고한 구조를 부수고, 새로운 것을 급격히 만드는 것"이라고 설명합니다. 오래도록 사람들을 지배하던 구조가 부서지도록, 그래서 우리 삶이 '변화'하도록 수많은 이들이 노력했던 격동의 나날이 바로 근대입니다.

요즘은 어린이도 알지요. '차별은 나빠. 신분, 피부색, 고향, 재산 때문에 같은 사람을 낮추어 보면 안 돼!' 사실 차별은 인류 역사와 아주 오래 함께했습니다. 왕이 백성을, 귀족이 농노를, 양반이 천민을 지배하는 것이 당연했지요. 비로소 근대에 '다 같은 사람인데, 모두 귀한 대우 받아야지!' 하는 믿음이 퍼졌고, 세계 곳곳에서 혁명이 일어납니다. 놀라운 일이 벌어졌지요. 약했던 사람들이 강자가 되고, 천대받던 사람들이 나라를 움직이는 주인이 되고……. 근대 사람들은 자신을 묶은 쇠사슬을 깨고, 무거운 역사의 수레바퀴를 앞으로, 앞으로 굴리기 시작합니다. 껍질을 뚫다 힘이 다해, 그만 번데기 안에서 죽어버리는 애벌레가 많다지요? 이처럼 변화는 큰 도전입니다. 자기 세계를 한번 부수어야 하니까요. 그러나 고치를 깨고 나비가 날아오르는 모습은 우리 가슴을 울립니다. 더 나은 삶을 위해 몸부림친 근대인들의 이야기가 여러분께 용기와 희망을 드리길 기원합니다.

많은 친구를 사귈수록 내 세계는 넓어집니다. 그래서 수많은 세계인을 단톡방에 초대했습니다. 그분들과 우리, 한바탕 수다를 떨어보도록 하지요. 함께해요!

feat. 무적민트, 무적그린, 무적퍼플, 무적블랙

## 차례

### 1부
### 전쟁 대 번영

**2부**
## 열리는
## 혁명의 시대

**3부**
## 자유의 확산

**4부**

**국민국가의
발전과 확장**

# 세계사 속 그분들의 기나긴 이야기

궁금하지 않아?

우리가 사는

이 지구 어딘가에

머물렀을

그때

그 시절

그 사람들의

기~나긴 이야기.

『조선왕조실톡』에 이은
역사톡 블록버스터!

# 이제 세계인과 톡한다!

## 세계사톡 출발합니다.

# 전쟁 대 번영

**1700전후 》 1750전후**

표트르

표-하!

20년 넘게 기른 수염을 잘라보았다

유럽인싸들처럼 너튭 찍었는데 어때?

 조지

오오 나도 insa 될래요... inssa? enssa?

아임 영국왕 하쥐만 영어 몰라요ㅠㅠ

 에도

외국인 칭구가 잇어야 인싸데쇼ㅋㅋ

네덜란드 칭구들 좋아요 눌러구다사이 ~🖤

강희제

야야 그런다고 인싸 되냐

니네 백성들 세금이나 내려조라 나처럼ㅋㅋ

 옹정제

옳은 말씀

근데 조라(x) 아니고
줘라(o)예요 아빠ㅎ;

＋                              ☺  전송

# 조지는 영국왕

조지 1세  집에 가고 싶다...

**I  I cant'**

저기… 나… 고민 있어.

나 아무래도
단톡방에서 따 당하는 듯?

내가 영국왕이긴 한데,
잉글리쉬를 못하거든ㅜㅜ

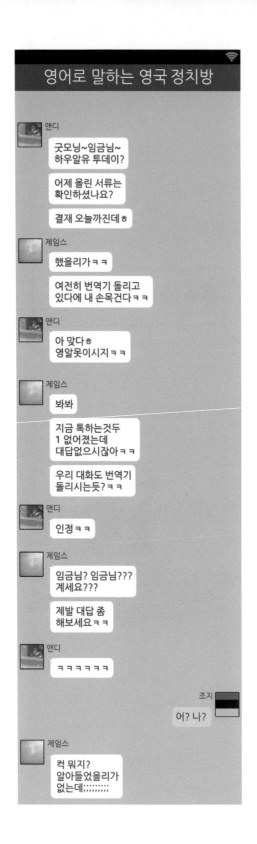

영어 못하니까
취급도 안 해주더라ㅠㅠ

근데 솔직히 말하면,
이게 더 편해ㅋㅋ


나한테 정치하라고 하면
좀 곤란하거든ㅋ

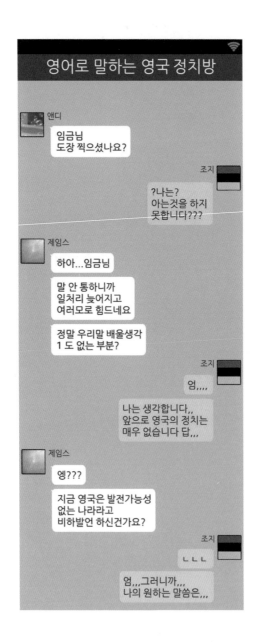

## III

## 포기하면 편해

맡기니까 편하더라.

나는 그냥 이름만 왕일 뿐이고,
정치는 의회에서 다해ㅎㅎ

할 게 없다니까?ㅋ

월풀

ㅋㅋㅋㅋ

조지 임금님
지금 어디 계시나요??

도장 찍어야 하는데ㅎㅎ

임금님??

잠시후

조지

앗 쏘리
톡보았다 늦게;;;;

엄... 즐긴다 나는 휴식

나 없어도 영국 굿굿!

도장은,,,
책상 서랍 세번째칸에ㅋ

잘 부탁한다! 영국!!

전송

그랬다고 합니다.

- 앤 여왕 다음 왕위는 독일의 하노버공 조지 1세가 계승하다.
- 늦은 나이에 왕이 된 조지 1세, 오랫동안 독일에서 살았기 때문에 영어를 한마디도 못하다.
- 때문에 형식적인 권한만 갖고 있을 뿐, 실질적으로는 총리와 내각이 영국 정치를 담당하다. '왕은 군림하지만 통치하지 않는다'는 의회 중심의 입헌 정치가 확립되다.

1714년 영국

1300년  1400  1500  1600  1700  1800

# 스튜어트에서 하노버로,
# 대영제국의 출발

1714년은 영국 역사상 가장 결정적인 사건이 벌어진 해이다. 유럽에서 10년 넘게 지속되던 에스파냐왕위계승전쟁1701~1714이 끝났으며, 그레이트브리튼 왕국을 탄생1707시킨 앤 여왕을 끝으로 스튜어트 왕조가 막을 내리고 뒤를 이은 하노버 시대가 열렸다. 그리고 이 사건들은 영국이 세계 역사에서 주연 자리를 꿰차며 누비는 19세기의 발판이 되었다.

## 에스파냐왕위계승전쟁

명예로운 혁명을 통해 메리 2세와 공동 국왕이 된 윌리엄 3세1689~1702재위는 네덜란드 총독 출신이다. 당시 22세의 나이로 총사령관의 자리에 있던 윌리엄은 1670년대부터 네덜란드로 세력 확장을 도모해왔던 루이 14세에 맞서 네덜란드군을 이끌었고, 총독에 임명되었다.

　그가 잉글랜드 권좌에 오른 뒤 스코틀랜드와 아일랜드에서는 자코바이트처럼 이에 반대하는 반란이 일어났다. 명예혁명이라는 명칭이 무색하게 윌리엄 3세는 결국 이들을 무력으로 진압해야 했다. 루이 14세 역시 그를 인정하지 않았기에 프랑스와의 전쟁 또한 계속되었다. 전쟁 비용을 마련하기 위한 노력은 잉글랜드 은행 설립과 세계 최초의 국채 발행으로 이어지기도 했다. 윌리엄 3세는 반

反프랑스 전쟁의 대표 격인 에스파냐왕위계승전쟁을 준비하다 낙마 사고를 당하고, 그로 인한 폐렴으로 사망한다. 에스파냐왕위계승전쟁은, 뒤를 이은 앤 여왕 치세에 진행되면서그래서 영국에서는 앤여왕전쟁으로 불리기도 한다 서유럽 역사의 향방을 결정짓게 된다.

에스파냐 펠리페 4세의 유일한 아들로 4살에 왕위에 오른 카를로스 2세1665~1700 재위는 일생 동안 병약했다. 그가 후사를 남기지 못한 채 사망하자 유럽은 에스파냐의 왕위 계승 문제로 들끓기 시작했다. 17세기 말 에스파냐는 세력이 약화되고 있었지만, 여전히 전 지구에 걸쳐 식민지를 가진 거대 제국이었다. 이베리아반도와 이탈리아 일부 지역, 에스파냐령 네덜란드현 벨기에 지역, 대서양 너머 브라질을 제외한 멕시코와 중남아메리카 대륙 전체, 북아메리카의 서인도제도 일부, 필리핀을 포함한 해양 아시아 일부, 아프리카 북부에까지 펼쳐져 있던 에스파냐. 문제는 이를 통치할 후계자였다. 펠리페 4세는 장녀를 프랑스 루이 14세와, 차녀를 오스트리아 레오폴트 1세와 결혼시켰다. 원래 둘은 에스파냐의 왕위 계승을 기대할 수 없었지만 상황이 바뀐 것이다.

루이 14세는 둘째 손자인 앙주의 필리프를 펠리페 5세1700~1746재위로 앉히기로 결정했고 바이에른과 에스파냐가 이를 지지했다. 그러자 영국, 네덜란드, 오스트리아와 프로이센이 연합해 이에 반대하며 에스파냐왕위계승전쟁이 시작되었다. 14년간 양측은 팽팽하고 지리한주로 공성전이었기 때문에 단기간에 끝내기 어려웠다 대결을 계속했지만 어느 한쪽도 완벽히 승리하지 못했다. 결국 프랑스가 수세에 몰린 채 위트레흐트 조약1713이 체결되었다. 이것은 서유럽 국가 간에는 물론 식민지에까지, 18세기가 17세기와 구별될 거대한 변화를 가져온다.

프랑스와 영토를 합치지 않겠다는 조건하에 펠리페 5세는 에스파냐 왕으로 남는 데 성공해 에스파냐 식민지 제국을 보유하게 되었고 특별히 인도에 교두보를 확보한다. 오스트리아는 해외 진출을 단념한 대신 에스파냐령 네덜란드와 이탈리아를 획득하며 중동부 유럽에서의 위치를 확고히 했다. 그러나 이후의 역사적 추이를 살폈을 때 가장 이득을 본 것은 영국이었다. 영국은 프랑스의 에스파냐 왕위 계승을 인정한 대신 프랑스로부터 북아메리카 프랑스 영토의 상당 부분을 획득했다. 거기에 에스파냐령 아메리카에서 아프리카 노예를 운송 판매할 수 있는 권리를 에스파냐로부터 얻어냈다. 이는 영국이 노예 상인으로서 대서양 무역의 막대한 이득을 보장받는다는 것을 의미했다.

이로써 근대의 시작과 함께 신대륙을 통해 부를 누렸던 에스파냐의 찬란한 시대는 완전히 붕괴하며 막을 내린다. 또한 국경에 대한 안정 보장 외에는 얻은 것이 없었던 네덜란드도 황금 시대의 종말을 맞고 있었다.

## 하노버 왕조의 시작과 내각책임제

메리 2세와 윌리엄 3세에게는 대를 이을 후사가 없었고, 처제 앤 부부도 18번 임신했으나 결국 유산과 사산을 거듭하며 자녀들이 모두 요절했다. 가장 유력한 왕위 계승자인 제임스 에드워드제임스 2세의 아들, 제임스 3세는 가톨릭교도였다. 1701년 앤의 유일한 계승자였던 왕손 윌리엄 왕자가 11세의 나이로 사망하자 제임스 3세의 즉위를 막기 위해 의회는 왕위계승법을 제정했다. 스튜어트의 혈통이되 배우자를 포함해 모두 국교회 교인이어야 한다는 이 법안에 따라, 1714년 앤 여왕 사망 후 제임스 1세의 외증손자인 독일 하노버 공국의 게오르게가 영국왕 조지 1세1714~1727재위로 즉위하기에 이른다.

영국 입헌군주정체를 단적으로 나타낸 '군주는 군림하되 통치하지 않는다'는 표현은 하노버 왕조의 성립과 밀접한 관련이 있다. 조지 1세는 54세라는 나이로 영국 땅을 처음 밟았다. 30세가 넘은 아들 조지 어거스터스후일 조지 2세와 독일 요리사를 대동한 채 영국 땅에 들어온 그는 고작 몇 단어의 영어만 알 뿐이었다. 게다가 하노버 공국에서 절대군주 행세를 해왔던 그에게 의회 및 정부 각료들과의 정치적 소통이 필요한 영국 정치 풍토는 낯설었다. 그는 굳이 습관을 바꾸려 하지 않았고 국정 실무에 소극적이 되었다. 결국 자신을 국왕으로 적극 옹립한 주 세력인 휘그당을 중심으로 내각을 꾸린 후 통치자의 책임을 모른 척했다. 그런데 아이러니하게도 이는 의회와 내각이 재량껏 문제를 해결하는 정치적 기술을 터득하는 계기가 되었고, 결국 로버트 월폴1676~1745 경이 초대 수상으로서 영국 정치사에 큰 족적을 남기도록 이끌었다.

월폴과 휘그당에게 기회가 된 것은 '남해South Sea거품사건'이었다. 남해회사는 토리당의 옥스퍼드 백작 등이 에스파냐왕위계승전쟁이 끝나면 전시에 발행한 국채를 인수하는 대신 노예무역 독점권을 확보해 6퍼센트의 주식배당금을 보장하겠다며 세운1711 사설투자회사다. 설립에 여러 의혹이 있었지만 국왕 조지 1세가 경영진의 일원으로 참여해 100퍼센트의 주식배당금을 지급하기도 했고, 1720년에는 국채를 모두 인수하겠다고 선언하는 등 경영 상태가 최상으로 보였다. 이에 왕실을 포함한 정부 주요 인사, 귀족, 사업가들이 대거 투자하면서 주가는 1720년 1월 100파운드에서 6월에는 1050파운드까지 상승하는 등 주식 투자의 열풍을 선도했다.

하지만 12월, 남해회사 주가는 124파운드로 폭락했다. 타주식의 하락도 동반되면서 런던 증권 시장은 급격히 붕괴되었고 사상 초유의 금융공황이 발생한다. 인류 최고의 천재 뉴턴을 포함해 주식에 투자했다가 파산하는 사람들이 속출하면서 자금이 회전되지 않아 경기는 얼어붙었다. 실상을 파헤쳐보니 회사 경영은 형편없이 부실했고, 경영진과 이들에게서 뇌물을 받은 정부 관리, 그리고 투자 브로커가 작당한 사기극으로, 모두 거품이었음이 드러났다.

이 거대한 정경유착 스캔들에 연루되지 않았던 소수의 인사 중에 월폴 경이 있었다. 전권을 쥐고 사건을 수습하며 정치력을 입증받은 월폴은 국왕에게서 행정권을 위임받아 장관들을 임명했다. 입법권만을 가졌던 의회가 내각을 꾸리고 행정 전반을 책임지는 '내각책임제'의 시대가 열린 것이다. 이로써 영국 정치가 자리를 잡아가기 시작했다. 여당인 휘그당과 야당인 토리당은 국정 주도와 실정 비판의 공방을 주고받으며 월폴의 21년 집권을 뒷받침했다. 프랑스 문학가이자 역사가 앙드레 모루아1885~1967는 월폴을 두고 '위대하게 보이는 모든 특성을 피하려 했으나 위대한 수상이 된 사람 중 한 명'이라고 평가했다고 한다. 그는 거창한 이론이나 사상 대신 반대파 정치인을 매수하거나 정치 스파이를 쓰기도 하는 등 냉철하고 현실적인 통치를 했지만, 그럼에도 오랜 분규로 지쳐 있던 영국에 20년간의 평화로운 시대를 선사했기 때문이다. 이후 의회와 내각은 무엇보다 개인의 재산권을 보호하는 데 역점을 둔 활동을 벌였고, 이는 영국에서 대외 팽창과 산업혁명이 일어날 수 있는 탄탄한 기반이 되었다. 세계사록

talk 2

# 돈 내고 기를수있수염

**뷰튜버**

즈드랏스부이?(안녕?)
난 뷰튜버 표트르ㅋ

 **표트르**
구독자 172만 명 · 동영상 112개
✅ 구독

내가 꿀팁 알려줄 테니까
잘 따라 해봐ㅋㅋ

33

## II

## 신체발부 수지갓갓

솔직히 우리 러시아
땅만 컸지,
유럽에 뒤처진다스키ㅜㅜ

그래서 유럽식으로
다 바꿔버릴꺼야제!

일단 외모단장부터ㄱㄱ

니콜라이

네네

차르님 멋지다스키
정말 대단하다스키

표트르

ㅇㅇ 잘랐지?

인증샷ㄱㄱ

니콜라이

네??? 뭘요??

표트르

뭐긴 봤다며ㅋ
수염 잘라야지ㅋㅋ

니콜라이

저도 자르나요?

표트르

당연하지
설마 안 잘랐어?

니콜라이

아....
그건 좀...

표트르

내가 잘라줘?

털 한오라기 안남기고
다 뽑아버리기 전에
알아서 자르고오지쓰바?

니콜라이

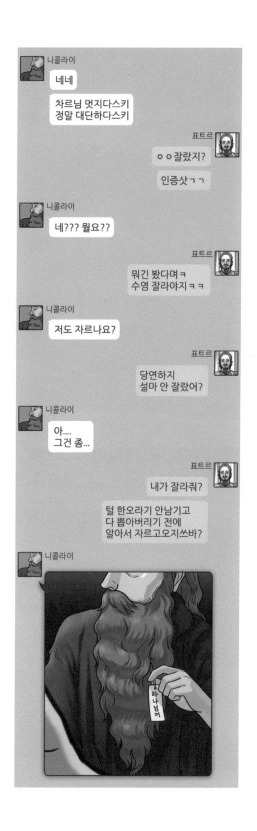

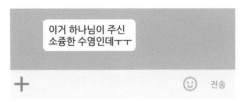

이거 하나님이 주신
소중한 수염인데ㅜㅜ

**Ⅲ**

**장사없다**

하나님 핑계를 대시겠다??

오호라! 그럼
나도 머리 좀 굴려야ㅋㅋ

원래 이거 앞에
장사업다스ㅋㅋㅋㅋ

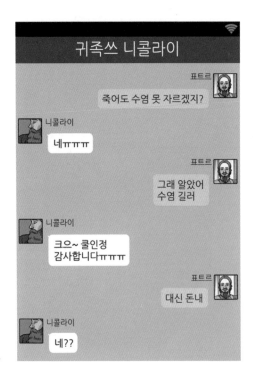

귀족쓰 니콜라이

표트르
죽어도 수염 못 자르겠지?

니콜라이
네ㅠㅠㅠ

표트르
그래 알았어
수염 길러

니콜라이
크으~ 쿨인정
감사합니다ㅠㅠㅠ

표트르
대신 돈내

니콜라이
네??

그랬다고 합니다.

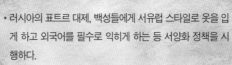

- 러시아의 표트르 대제, 백성들에게 서유럽 스타일로 옷을 입게 하고 외국어를 필수로 익히게 하는 등 서양화 정책을 시행하다.
- 수염도 유럽식으로 짧게 자르게 하였으나, 귀족들은 "하느님이 주신 신성한 수염을 깎을 수 없다"며 일제히 반발한다.
- 그러자 표트르는 수염을 기를 수 있도록 하되 세금을 부과하고, 점차 수염을 기르는 남자들이 줄어든다.

18세기 초 러시아

| 1300년 | 1400 | 1500 | 1600 | 1700 | 1800 |

# 러시아, 강국으로 떠오르다

## 류리크에서 로마노프로

8세기경 볼가강, 드네프르강 일대에는 슬라브인이 이주해 살고 있었다. 여기에 노르만족이 들어와 노브고로트에 국가를 세운862 것이 러시아의 시초이며, 이후 건국 시조 류리크의 친척 올레그에 의해 키예프가 건국된 뒤880 노브고로트까지 망라하는 공국으로 성장했다. 류리크가 속한 부족 '루스'가 스스로를 '루시'라 칭했고, 이들을 유럽에서는 '러시아'라고 부르기 시작한다. 류리크 가문은 러시아의 대공 지위를 대대로 이어갔다.

블라디미르 대공이 그리스도교동방정교를 수용988한 후부터 비잔티움 문화가 러시아의 기반이 된다. 그러다 13세기 킵자크 한국주치 울스의 몽골 지배기 동안 남러시아가 황폐해지면서 러시아의 중심이 북으로 이동해 모스크바 공국 시대를 맞는다. 1453년 비잔티움이 오스만 제국에게 멸망하자 러시아 정교회는 동방정교회의 구심점으로 격상된다. 이반 3세1462~1505재위 대공은 비잔티움 최후의 황제 콘스탄티누스 11세의 조카딸 소피아와 결혼하며 비잔티움의 후계자를 자처했다. 이후 모스크바는 로마, 콘스탄티노폴리스에 이은 '제3의 로마'로 여겨졌고, 몽골 지배를 실질적으로 종식시키면서 이반 3세 대공은 '성스러운' 군주로 추앙받는다. 그의 손자 이반 4세1533~1584재위는 대공에서 국왕의 의미를 가진 '차르' 칭호를 공식적으로 사용, 로마노프의 아나스타샤와 결혼해 선정을 펼친다. 그러나 그는 부인의 죽음 이후 외아들을 때려죽이는 등 공포 정치로 치달아 '뇌제'라는 별칭이 붙는다.

그의 사망 이후 20년도 되지 않아 류리크 왕조는 붕괴되었고, 러시아는 일명 '혼란의 시기1598~1613'로 빠져들었다. 정치적 혼란, 사회경제적 위기, 스웨덴과 폴란드의 침입 등으로 위협을 받던 러시아는 미하일 표도로비치 로마노프1613~1645재위가 차르에 오르며 전기를 맞는다. 니콜라이 2세에 이르기까지 304년의 통치 기간 동안 러시아 대제국을 건설한 로마노프 왕조1613~1917의 시작이다.

로마노프 왕조가 시작되고 약 반 세기가 지난 17세기 후반부터 18세기 초의 40여 년. 유럽에서는 오스만 세력이 약화되면서 오스트리아가 중동부 유럽에서 주도적 세력으로 등장했고, 북쪽에서는 브란덴부르크-프로이센의 성장이 눈에 띄었다. 그러나 당시 유럽에서 경이로움과 동시에 경계의 눈빛을 받았던 것은 강국으로 거듭나고 있던 러시아였다. 스웨덴과 폴란드, 오스만 제국 사이에서 고전을 면치 못했던 러시아가 스웨덴과의 전쟁 끝에 발트해의 지배 세력이 되고, 폴란드-리투아니아 연합 왕국에 위협적 존재가 되는 파란을 일으켰기 때문이다. 이후 19세기 세계 곳곳에서 영국과 대립각을 세우게 되는 제국이 될 러시아의 발전, 그 결정적 분기점에 대제 표트르표트르 1세, 피터 대제1672~1725가 있었다.

## 표트르 대제의 서구화 정책

병약했던 형 표도르 3세가 후사 없이 사망한 뒤 표트르는 이복형 이반 5세와 함께 10세의 나이로 공동 차르에 등극1682한다. 섭정인 누이와의 권력 투쟁에서 승리해 최고 통치자에 오른 해, 그는 청과 네르친스크 조약 체결1689을 통해 국경선을 확정하며 시베리아를 비롯한 동쪽을 안정시켰다.

표트르 1세는 특히 러시아를 서유럽 열강 수준으로 끌어올리겠다는 확고한 목표를 갖고 있었다. 그를 위해 직접 250명의 사절단을 이끌고 브란덴부르크, 네덜란드, 영국, 오스트리아 등의 조선소, 병기창, 학교, 박물관을 둘러보며 선진 문물을 직접 체험함으로써1697 해외를 순방한 최초의 차르가 된다. 그는 심지어 사절단의 일원으로 변장해 참가하기도 했다. 스웨덴의 한 조선소에서는 총명한 견습공으로 취업해 초인적인 힘으로 일을 배워 조선공의 사랑을 한몸에 받기도 했다고 한다. 어렸을 때부터 아름답고 생동감 있는 용모로 사람들을 매혹시켰던 표트르는 특히 2미터 3센티미터나 되는 큰 키가 돋보였다.

귀국한 이후 표트르 1세는 서구식 근대화 정책으로 통치 체제에서 일상에 이르기까지 다양하고 폭넓은 내정개혁을 실시하며, 강력한 국가를 건설하려는 의지를 피력했다. 역법과 신년의 기준을 개정한 것은 물론 독일식 의복을 착용하고 수염을 자르도록 했다. 근대화를 위한 각종 전문기술을 도입했고, 군사제도를 개혁했으며, 종교학교를 세웠다. 인쇄소도 설립해 25년 동안 1,312종이전까지 러시아에서 출판된 총 도서의 두 배에 달하는 수치의 도서를 발간했다. 특히 효율적 인쇄를 위해 시민 문자알파벳를 새로이 채택1708했는데, 이는 불가리아에서 고안되어 러시아에 도입돼 그동안 사용해왔던 키릴 문자를 간소화한 것이다.

흑해와 발트해에서 부동항을 확보하기 위해서 군비 확장과 대외 팽창도 꾀했다. 오스만을 상대로 도전한 흑해로의 진출은 결과적으로 실패해 1774년 예카테리나 여제의 승리까지 기다려야 했지만 발트해에서는 달랐다. 1700년부터 표트르 대제는 스웨덴과 21년전쟁이 될 북방전쟁을 시작했는데, 이 결과 맺어진 뉘스타드 평화조약1721은 위트레흐트 조약에 비견될 정도의 파급력을 지니며, 북동부 유럽 세력의 재편성을 가져왔다. 이에 스웨덴은 북해 영토를 영국에게, 발트해 영토를 프로이센에게, 동쪽 영토를 러시아에게 넘겨주면서 북유럽 지배자로서의 지위를 상실한다. 폴란드-리투아니아 왕국은 살아남았지만 서쪽의 프로이센과 동쪽의 러시아와 직면하며 쇠퇴하기 시작했다. 뉘스타드의 승자는 러시아와 프로이센으로, 두 나라는 모두 발트 해안을 따라 영토를 확보하며 서유럽과의 곡물 무역에서 유리한 위치를 점하게 된 것이다.

한편 표트르 대제는 북방전쟁 중 핀란드만에 교두보를 확보1703한 즉시 네바 강변에 상트페테르부르크표트르의 도시라고 이름 붙일 새 수도를 건설하기 시작했다. 베르사유 궁전을 모방하고 경쟁하기 위해 설계된 왕궁을 중심으로 유럽식으로 단장된 수도 건설은 스웨덴군을 패배시킨 1709년 이후 가속화되었다. '북방의 수도'라고 불릴 도시 건설을 위해 외국의 건축가들이 참여했고 수많은 농노가 징용됐다. 1712년 공식적으로 천도한 차르 표트르 1세는 북방전쟁의 승리 이후 1721년 10월 22일 전 러시아의 황제임페라토르로 추대되어 러시아 제국 시대를 열었다. 이는 단순히 최고통치자의 칭호나 국가 명칭의 변경이 아닌 국제 관계에서 강국으로 부상한 러시아의 새로운 위상을 알리는 것이었다.

이 시기 표트르 대제는 북아메리카 경영에 뛰어들기 위해 덴마크 출신 러시아 탐험가 베링1681~1741에게 아시아와 북아메리카의 분리 여부를 확인하라며 탐험을 명령하기도 한다. 베링의 북극해 탐사로 아메리카가 유라시아와 완전히 떨어져 있는 대륙이라는 사실이 처음으로 확인1728되었다. 1741년 알래스카의 발견과 목숨을 바꾼 그를 기려 훗날 제임스 쿡 선장은 베링이 항해했던 아시아와 북아메리카 사이의 좁은 바다에 베링 해협이라는 이름을 붙였고, 러시아는 미국에 팔 때1867까지 '루스키 아메리카'라는 이름으로 알래스카를 지배하게 된다.

## 러시아 여제들의 시대

표트르 1세는 남성 직계 상속의 관습을 폐지하고 군주가 후계자를 지명하는 방식을 채택했지만 정작 본인은 후계자를 지명하지 못한 채 사망한다. 이로 인해 혼란이 야기되었으나, 그 결과 자신이 그토록 사랑했던 두 번째 부인이 예카테리나 1세1725~1727재위로 러시아 최초의 여제가 될 수 있었다. 러시아 제국은 18세기 말까지 5년여를 제외하고 여제들이 통치하는 시대를 맞았다. 특히 표트르 1세의 딸 옐리자베타1741~1761재위 여제는 7년전쟁 중 프로이센의 프리드리히 대왕과 싸워 베를린까지 압박하고, 모스크바 대학과 페테르부르크 미술원 등을 설립하며 문화적으로도 공적을 세웠다. 표트르 1세의 통치방식을 계승해 러시아를 발전시킨 것도 예카테리나 2세1762~1796재위다.

예카테리나 여제는 자신의 남편이자 프리드리히 대왕의 추종자였던 표트르 3세표트르 1세의 외손자, 1761~1762재위가 폐위되고 처형당하면서 제위에 올랐다1762. 독일인이었음에도 프랑스 계몽 사상가 볼테르1694~1778와의 친분을 자랑했던 그녀는 희곡을 쓰고 러시아 역사를 집필하면서 계몽 절대군주의 이미지를 만드는 데 성공했다. 그녀가 문학과 예술, 학예 등에 관심을 쏟고 발전시켜 러시아를 유럽 문화에 완전히 편입시킨 결과물이 상트페테르부르크에 있는 '에르미타주박물관'이다. 차르의 겨울 궁전이었던 그곳은 현재 대영박물관, 루브르박물관과 함께 세계 3대 박물관으로 손꼽힐 정도의 규모를 자랑한다.

그녀는 러시아 귀족에게 광대한 영지와 세금 면제를 포함한 다양한 특권을 주는 대가로 권력을 넘겨받는 거래를 통해 제위에 오를 수 있었다. 그랬기에 예카

## 📍 러시아의 확장

- 1584년의 러시아
- 1584~1700년에 획득한 영토
- (주로 표트르 대제가)1700~1772년에 획득한 영토
- (예카테리나 대제가)1772~1796년에 획득한 영토
- 1773~1775년 푸가초프 농민 반란 지역
- ✳ 전투 지역들

테리나 시기의 사회개혁은 병원과 고아원의 설립, 지방 귀족을 위한 초등학교 체제의 창설 정도에서 크게 벗어나지 않았다. 법을 성문법전화하고 개정하기 위해 위원회를 소집1767하기도 했지만, 사형제의 폐지나 고문의 금지, 농노 판매 금지 등 급진적인 조항은 이행되지 못했다. 또한 푸가초프의 반란1773~1775이 일어난 뒤에는 그나마 실행 가능성도 완전히 사라졌다. 귀족들의 지지를 잃지 않아야 했던 여제는 농노제를 더욱 확장하는 등 농민층에 대한 귀족의 통제를 강화하는 반동정책을 고수하며 반란에 대응했다.

한편 러시아의 대외 팽창은 표트르 대제에서 예카테리나 시대에도 이어졌다. 오스만 제국과 치른 두 차례의 전쟁에서 승리했고, 역사적으로 러시아를 계속 위협해왔던 폴란드를 2차에 걸쳐 분할 점령하는 데 성공했다. 크림반도와 폴란드의 상당 부분을 차지하며 표트르의 대외 정책을 성공적으로 계승한 예카테리나 여제. 그러나 그녀의 사후 즉위한 아들 파벨 1세1796~1801재위는 다시 장자 상속의 원칙을 공포했고, 이로써 로마노프 왕조의 여제 시대는 끝을 맞았다. 세계사록

# 대환장파티 오브 유럽

| | | |
|---|---|---|
|  | 마리아 테레지아 | 암어퀸 |
|  | 프리드리히 | 인정못해 |
|  | 프랑스 | 영국 실타옹 |
|  | 영국 | 아돈라잌프랑스 |

## I
## 여자는 안 돼

여자로서 할 수 있는
일의 한계가 어디까지일까?


음… 솔직히 난…
맘만 먹으면 성별 상관없이
다 해낼 수 있다고 생각하거든!


근데 아닌 사람도 있더라.

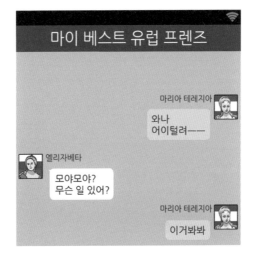

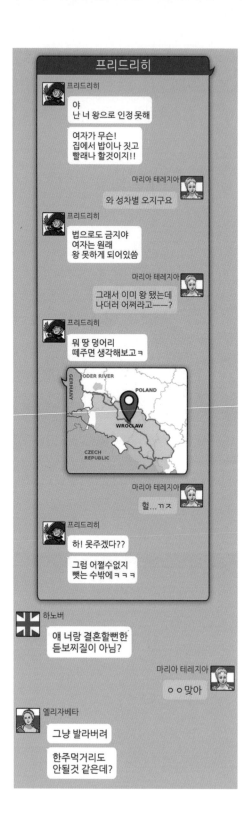

마리아 테레지아

그게...실은 나......

쟤한테 졌어ㅜㅜㅜ
땅 뺏겼다ㅜㅜㅜ

하노버

????

엘리자베타

??????

+ ☺ 전송

## II 친구지옥

프리드리히 이 자식,
프랑스랑 친구 맺고
쳐들어온 거 있지ㅜㅜ

친스타그램 ①

프리드리히 @Friedrich ···

♥ 7,258명이 좋아하오
**프리드리히** 친구하기로 했지옹:)
#오늘부터 #1일 #사실 #루이 #친구아니고 #2살형

쌍으로 덤비는데
안 지게 생겼냐고오ㅜㅜ

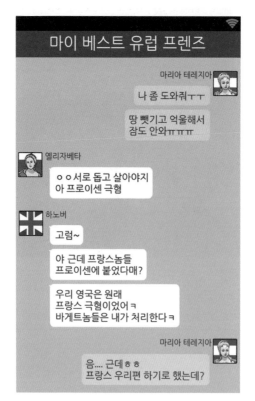

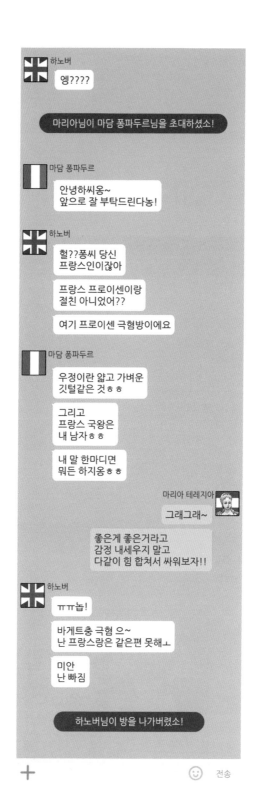

하긴, 그럴 수 있지.
영국이랑 프랑스
예전부터 사이 안 좋았으니까.


이해해. 영국 없이
우리끼리 잘 싸워보지 머ㅋㅋ

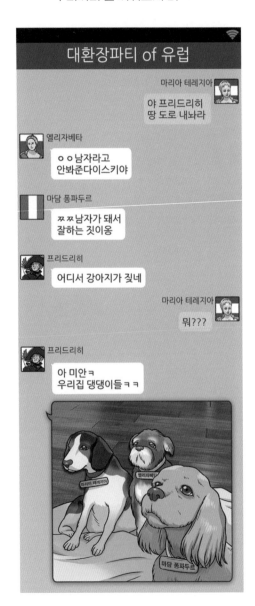

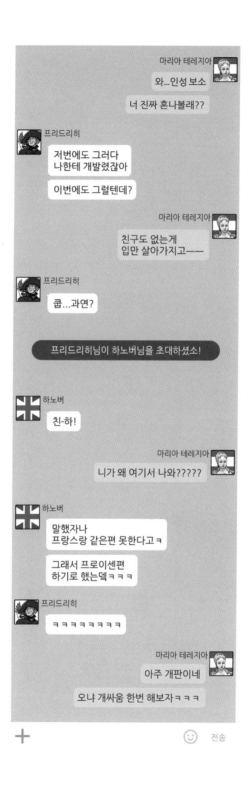

그랬다고 합니다.

- 오스트리아 왕위 계승을 둘러싼 국제전쟁이 1740년부터 1748년까지 발발하다. 마리아 테레지아의 왕위 계승에 반대한 프로이센, 프랑스 등의 국가들과 동맹을 맺고 오스트리아를 공격, 슐레지엔 땅을 빼앗다.
- 땅을 빼앗긴 오스트리아는 슐레지엔을 되찾기 위해 반격에 나선다. 동맹이었던 영국과 결별하고 적대관계에 있던 프랑스와 연합해 다시 전쟁 발발. #7년전쟁
- 잘나가던 유럽 국가들 대부분이 참전하는 국제전으로 확산되다.

18세기 중반 유럽

1300년  1400  1500  1600  1700  1800

세계사 돋보기 ZOOM-IN

1706년~1763년

# 계몽하고 전쟁한 중동부 유럽

친스타그램

프리드리히 @Friedrich

♥ 7,258명이 좋아하오

**프리드리히** 친구하기로 했지옹:)
#오늘부터 #1일 #사실 #루이 #친구아니고 #2살형

18세기 계몽사상을 받아들여 '위로부터의 개혁'을 추진한 절대군주를 가리켜 '계몽 절대군주'라고 부른다. 17세기 영국과 프랑스의 절대군주와 달리 이들은 러시아나 프로이센, 오스트리아 등에서 뒤늦게 나타난 특징적인 존재였다. 그러나 이들이 추종한 계몽사상은 절대군주라는 틀을 벗어나 발휘될 수 없었고, 그래서 18세기 서유럽에서 계몽사상이 끼친 영향력과 다르게 중동부 유럽에서 농노제와 귀족 권력 강화라는 결과로 나타났다. 그런 한계에도 불구하고 계몽 절대군주의 주도로 뚜렷한 성장을 보인 국가들이 나타났는데, 현재 독일의 모체인 프로이센도 그중 하나였다.

## 프로이센의 부흥기

신성로마 제국의 300여 개 영방 중 눈에 띄는 발전을 한 국가는 오스트리아를 제외하면 브란덴부르크-프로이센이 거의 유일했다. 30년전쟁 중이던 1640년 브란덴부르크 선제후로 즉위한 프리드리히 빌헬름 대공1620~1688은 베스트팔렌 조약1648으로 상당히 넓은 영토를 획득했고, 이후 중상주의 정책으로 국력을 강화시키기 시작했다. 특히 프랑스에서 루이 14세가 낭트 칙령을 철폐1685하며 위그노를 탄압하자, 2만여 명의 위그노들을 받아들여 상공업을 발전시키고 근대화에 매진했다. 그 아들은 에스파냐왕위계승전쟁에서 오스트리아를 원조한 대가로 최초의 프로이센 국왕 지위를 인정받아 프리드리히 1세1701~1713재위라 불릴 수 있게 되었다.

프리드리히 1세의 아들인 프리드리히 빌헬름 1세1714~1740재위는 8만 명의 강력한 상비군을 육성해 '군인왕'으로 불리며 강국으로 부상하는 기틀을 마련한다. 상비군은 이전 시대 용병과 달리 유사시를 대비해 평상시에 편성, 유지되는 정규군이었다. 17세기 초 스웨덴에서 최초로 창설된 이래 절대왕권 유지와 식민지 쟁탈에 필수가 되면서 유럽 각국에서는 경쟁적으로 상비군을 증설했다. 프로이센에서는 당시 인구의 무려 4퍼센트에 달하는 상비군을 육성하기 위해 징집과 납치를 벌이기도 할 정도였다고 한다. 장교는 애국심 강한 귀족 자제를 뽑아 사관학교에서 배출했고, 사병 또한 엄격한 기강 아래서 고된 훈련을 실시해 부국강병의 바탕을 이루었다. 빌헬름 1세가 국왕의 근위병들을 180센티미터 이상 신장의 병사들로 구성해 거인부대당시 유럽인 평균 신장은 165센티미터 정도였다를 만들어 아꼈던 것은 유명하다.

빌헬름 1세는 하노버 왕조 조지 1세의 딸 소피아와 결혼1706했는데, 그 셋째 아들, 즉 조지 1세의 셋째 외손자가 대왕 프리드리히프리드리히 2세, 1740~1786재위다. 그가 독일 역사에서 전설과 같은 대왕이 될 수 있었던 것은 아버지 빌헬름 1세가 근검절약과 부국강병을 통해 만든 강건한 국가를 상속받았던 덕분이었다. 하지만 그 이유만은 아니다. 프리드리히 2세 또한 즉위하던 해 『반反마키아벨리론』을 저술1739할 만큼 탁월한 정치철학을 가진 지도자였다. 그는 정치를 도덕에서 분리시켰던 마키아벨리를 비판하며 도덕적 이상으로서의 군주의 모습을 추구했고 '국가에 봉사하는 태도'로 국가를 운영해야 한다고 보았다. 이런 사상은 그가 내건 '군주는 국가 제1의 종복'이라는 표어로 집약된다.

프리드리히 대왕은 볼테르와 같은 계몽 사상가를 포츠담에 지은1747 상수시 궁전에 상주1750시키고, 학자나 문인들과 함께 토론, 음악회를 즐겼을 정도로 책과 음악, 프랑스 문화를 사랑했다. 플루트 연주도 수준급이었던 그는 '베를린 아카데미'를 열었고, 그동안 왕과 귀족의 전유물로 여겨지던 오페라 하우스를 지어 국민들도 문화적 혜택을 누릴 수 있도록 해 베를린이 '북방의 아테네'로 칭송받게 했다. 이와 함께 중앙집권적 관료기구를 정비해 군주로의 권력 집중을 꾀했다. 나아가 중상주의적 부국강병책, 교육제도의 개혁, 성문헌법 제정 등 위로부터의 근대화를 추진하며 계몽 절대군주의 면모를 과시하기도 했다.

한편 프리드리히 대왕은 아버지에게서 물려받은 강력한 상비군으로 적극적인 영토 확장 전쟁을 벌였고, 전쟁에서 승리하며 명성을 떨친다. 오스트리아왕위계승전쟁1740~1748, 7년전쟁1756~1763, 그리고 제1차 폴란드 분할1772 등을 통해 프로이센을 강력한 국력과 군사력을 지닌 유럽 5대 강국의 하나로 올려놓은 것이다.

## 오스트리아왕위계승전쟁과 7년전쟁

1740년 프리드리히 2세가 즉위한 해 일으킨 오스트리아왕위계승전쟁을 시작으로 유럽은 다시 전쟁의 소용돌이에 휩싸였다. 에스파냐왕위계승전쟁이 끝난 이후 유럽이 누렸던 평화는 겨우 한 세대 만에 끝이 났다. 그리고 그 결과는 유럽의 경계를 넘어 식민지에까지 퍼져나갔다.

신성로마 제국의 황제 카를 6세1685~1740는 황제 자리를 외동딸 마리아 테레지아1717~1780에게 계승한다는 유언을 남기고 사망1740했다. 그는 여성 왕위계승 금지법으로 알려진 게르만 전통의 '살리카법'을 부인한 조칙을 선포1713함으로써 마리아 테레지아의 지위를 보장하고자 했다. 그러나 유럽 이웃 국가들은 이를 인정하지 않았고, 오스트리아 합스부르크 왕가 영토와 신성로마 제국의 황위를 노렸다.

카를 6세의 형 요제프 1세의 사위인 카를 7세와 전통적으로 신성로마 황제가 다스려온 에스파냐는 각자 왕위계승을 주장했다. 그 틈에 프로이센의 프리드리히 2세가 슐레지엔의 소유를 주장하고 점령함으로써 오스트리아왕위계승전쟁이 발발한다. 합스부르크가와 경쟁관계에 있는 프랑스가 프로이센 편을 들었고 프랑스와 앙숙관계인 영국은 테레지아를 돕겠다고 나섰다. 전황은 계속 역전되었지만 오스트리아는 군사력의 격차로 인해 프로이센에게 연패를 거듭한다. 결국 엑스라샤펠아헨 조약의 체결1748로 전쟁은 종결되었다.

이 결과 오스트리아는 제위를 마리아 테레지아의 남편인 프란츠 1세1708~1765가 계승하는 것을 인정받는 대가로 슐레지엔 전 지역을 프로이센에게 넘기게 된다. 당시 프로이센의 전체 인구가 200만 명을 약간 웃돌았는데, 슐레지엔의 인구가 100만 명에 달하였으니 슐레지엔 합병이 프로이센의 국력을 얼마나 증대시켰는지 짐작할 수 있다.

프란츠 1세는 신성로마 제국 황위를 이었으나1745 정치적으로는 뛰어나지 못했다. 의무교육, 징병제, 의복의 자유화 등을 실시하며 실제적으로 오스트리아를 통치한 것은 마리아 테레지아였다. 이런 이유로 그녀는 황후지만 여제로 알려져 있는 것이다. 마리아 테레지아는 슐레지엔 탈환을 목표로 내정개혁과 군제개혁을 실시하는 한편 외교적인 측면으로도 프랑스에 접근했다. 프랑스는 오랫동안 오스트리아에 적대적이었지만 당시 영국과 대립 상태였기 때문에, 프로이센이 영국과 동맹을 체결한 것에 자극받아 결국 오스트리아와 동맹을 맺게 된다. '외교혁명'으로까지 불리는 이 상황은 당시 프랑스 루이 15세의 애첩으로 영향력이 컸던 퐁파두르 후작 부인, 러시아의 옐리자베타 여제 그리고 마리아 테레지아 여제, 이 세 명의 여성들이 반反 프로이센 포위망을 결성한 것이다.

한때 전 유럽에서 가장 뛰어난 미모를 가진 황녀로 프리드리히 대왕과의 결혼설이 오가기도 했었던 여제는, 프란츠 1세와의 사이에서 16명의 자녀를 둘 만큼 사랑이 두터웠던 것으로도 유명하다. 넷째이자 왕위계승자가 되는 아들 요제프는 오스트리아왕위계승전쟁 중에 태어났고, '프랑스혁명' 하면 떠오르는 마리아 안토니아마리 앙투아네트는 열한째 딸이었는데, 둘 다 외교적 전략에 의해 프랑스와 결혼 관계를 맺게 된다.

결국 오스트리아와 프로이센은 유럽에서 슐레지엔을 놓고, 프랑스와 영국은 식민지에서의 패권을 놓고 충돌이 벌어지고 만다. 아메리카에서는 프렌치-인디언 전쟁이라고 불리기도 하는 7년전쟁1756~1763의 발발이었다. 유럽 열강들은 밀고 밀리는 혈전을 벌였지만, 16회에 걸친 처절한 전투에서 어느 쪽도 결정적인 승리를 거두지 못했다. 그러던 중 옐리자베타 여제가 사망하자 프리드리히 대왕의 팬이었던 표트르 3세가 화평을 제의한다. 이에 오랜 전쟁에 지친 프랑스와 오스트리아도 영국, 프로이센과 '후베르투스부르크 조약1763'을 맺으며 전쟁은 끝을 맺는다.

## 📍 7년전쟁

7년전쟁의 결과 프로이센은 슐레지엔의 영유권을 확인하며 유럽에서 새로운 강자로 인정받게 된다. 나아가 독일 지역에서 오스트리아와 함께 주도적인 지배 세력으로 떠오른다. 영국 또한 북아메리카와 인도플라시전투 1757에서 프랑스 세력을 몰아내는 승리를 맛보았다. 하지만 전쟁 비용으로 인해 발생한 재정 문제는 식민지에 중상주의 정책을 펴게 했고, 이는 결국 미국 독립혁명이라는 역사적 파란을 몰고 오게 된다. 세계사록

# 이웃집 마녀

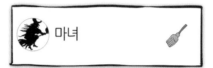

마녀

## I

## 아파요

난 바람 불면 날아갈 것 같은
여리고 가냘픈 소녀.

약한 척하는 게 아니고
정말 좀 아파~ㅎㅎ

병원 가라고?
ㄴㄴ 우리 동네에서는
의느님보다 목느님이지ㅋ

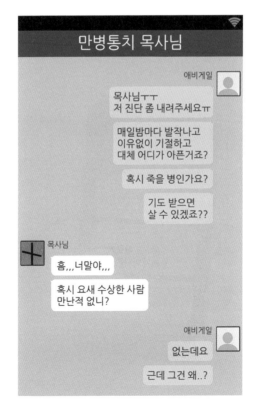

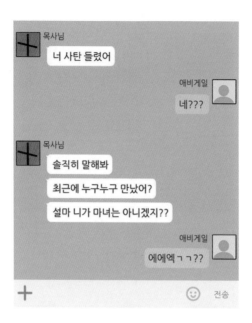

으잉??? 헐???
내가 마녀???

난 그냥 좀 아픈 것뿐인데ㅜㅜ

어뜩해ㅜㅜㅜㅜㅜㅜㅜ

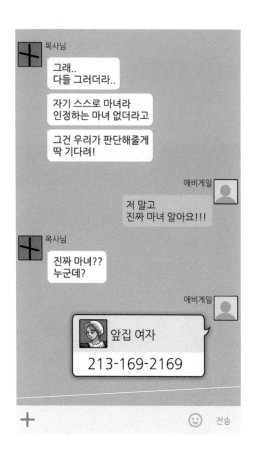

정말 마녀를 아냐고?
아니…
그냥 생각나는 사람 댔어.


어쩔 수 없잖아ㅜㅜ
날 마녀라며, 잡아간다는데!
죽인다는데!!

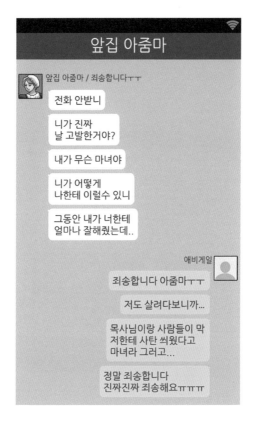

앞집 아줌마 / 죄송합니다ㅜㅜ

전화 안받니

니가 진짜
날 고발한거야?

내가 무슨 마녀야

니가 어떻게
나한테 이럴수 있니

그동안 내가 너한테
얼마나 잘해줬는데..

애비게일

죄송합니다 아줌마ㅜㅜ

저도 살려다보니까...

목사님이랑 사람들이 막
저한테 사탄 씌웠다고
마녀라 그러고...

정말 죄송합니다
진짜진짜 죄송해요ㅠㅠㅠ

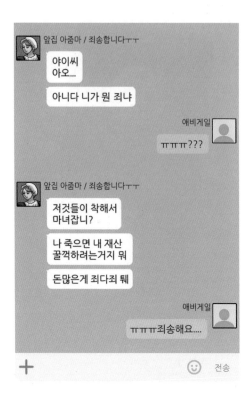

앞집 아줌마 / 죄송합니다ㅜㅜ

야이씨
아오....

아니다 니가 뭔 죄냐

애비게일

ㅠㅠㅠ???

앞집 아줌마 / 죄송합니다ㅜㅜ

저것들이 착해서
마녀잡니?

나 죽으면 내 재산
꿀꺽하려는거지 뭐

돈많은게 죄다죄 퉤

애비게일

ㅠㅠㅠ죄송해요....

그랬다고 합니다.

- 유럽에서는 중세부터 근대 초까지 마녀사냥이 자행된다. 과부 등 가족이 없는 여성들이 대상이 되어 심판을 받고 다수의 무고한 사람들이 희생된다.
- 17세기 미국의 세일럼 마을에서 무분별한 마녀재판이 시행된다. 한 소녀로부터 시작된 사건이 일파만파 커지더니 200명이 마녀로 지목되고, 19명이 처형당한다.

1692년 미국

1300년    1400    1500    1600    1700    1800

# 랍스터 반란쓰

랍스터　　　　　　○ㅁ○

**I**

## 급식

10…9…8…7…
6…5…4…
3…2…1… 땡!

오예에!! 점심시간이다!
오늘 반찬은
뭐가 나오려나?
#두근두근 #기대기대

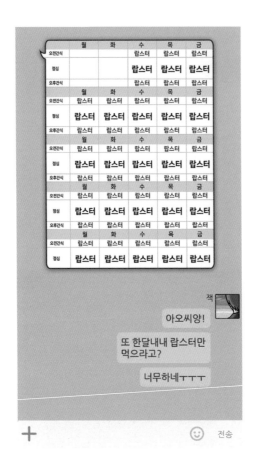

II

랍스터

처음엔 괜찮았어.
싸구려긴 해도, 뭐 맛은 좋으니까.


근데 그것도 하루이틀이지.
아무리 맛있어도
계속 먹으면 질린다니까.

**랍스타그램**

잭 @jack잭

❤ 26명이 좋아하오

**잭** 이제 그만...
#급식117일차
#지금까지_먹은_랍스터
#랍스터마운틴

III

## 반란쓰

랍스터가 얼마나 많냐면…
논밭에 비료로 쓸 정도라니까?

그런 걸 내가
매 끼니마다 먹고 있다고ㅜㅜ

[꿀맛빵빵] 삼각김빵

농장주님이 선물을 보냈습니다.

※ 잔액은 돌려주지 않소이다!

잭
오예에!!!

+ ☺ 전송

그랬다고 합니다.

- 17세기에 북미 동해안 지대로 이주해온 영국인들, 해변에 널리고 널린 랍스터를 질리도록 먹다. 너무 많아서 밭의 비료로 쓰일 정도였다고.
- 랍스터에 물린 일꾼들이 빵을 달라는 시위를 벌이자 결국 농장주들은 일주일에 세 번 이상 랍스터를 식탁에 올리지 않겠다고 약속한다.

17세기 아메리카

1300년 1400 1500 1600 1700 1800

# 북아메리카,
# 새로운 사회의 태동

1754년 북아메리카에서 식민지 쟁탈전을 벌여온 영국과 프랑스가 오하이오강 유역에서 충돌하며 프렌치-인디언 전쟁이 시작되었다. 그 결과 영국이 승리함으로써 북아메리카는 극히 일부 지역을 제외하고 영국의 식민지가 되었다. 처음부터 북아메리카에서 영국이 우세했던 것은 아니다. 동부 해안을 따라 13개의 식민지를 건설했지만 에스파냐, 네덜란드, 프랑스 등 이미 아메리카를 선점했던 강대국들이 있었다. 그러나 영국 식민지는 이전까지의 어떤 식민지와도 다른 발전 양상을 보이며 새로운 역사를 써나갔다.

## 정복자 대신 정착민으로

에스파냐가 아메리카 대륙으로 나섰던 1490년대만 해도 잉글랜드는 장미전쟁의 후유증에서 갓 벗어난 변방의 섬나라일 뿐이었다. 그들에게 금은보화를 찾거나 원주민을 착취할 여유는 없었다. 100여 년이 지난 1588년, 잉글랜드의 에스파냐 무적함대 패퇴는 잉글랜드가 앞으로 해상을 장악하고 식민지 건설에 동참할 것을 알리는 결정적 사건이었다. 그리고 정확히 같은 시기, 잉글랜드는 북아메리카에 식민지화를 향한 첫발을 내디딘다. 사실 잉글랜드가 북아메리카를 선택한 것은 그곳이 좋아서가 아니라 남은 곳이 그곳밖에 없어서였다. 착취할 원주민과 은광이 많은 곳은 이미 대부분 에스파냐가 취한 상태였기 때문이다. 1585년 100여 명의 잉글랜드인이 최초로 도착한 로어노크도 모래땅에 불과해 결국 대부분이 돌아가야 했다. 2년 뒤 존 화이트가 이주민을 이끌고 다시 정착을 시도했지만, 그가 공급품을 가지러 본국에 다녀온 사이 흔적조차 발견할 수 없이 사라져서 그곳은 '잃어버린 식민지'가 되었다.

이에 잉글랜드는 새로운 방법을 시도한다. 1606년 제임스 1세는 북아메리카 식민지 건설을 담당할 '버지니아 식민지 회사'의 설립을 허가한다. 주주들에게서 배나 생활용품 구입 등 이주비용을 투자받는 형식으로 자금을 모아 가족 단위의 이주를 계획한 것이다. 이에 따라 뉴포트 선장의 지휘하에 버지니아에 도착한 개척자들은 제임스 1세의 이름을 딴 '제임스타운'이라는 최초의 잉글랜드 정착촌을 건설1607한다. 그러나 이들은 남아메리카를 정복한 코르테스, 피사로처럼 원주민 추장을 인질로 잡아 식량과 보물을 빼앗으려는 방법을 고수했고, 본인들은 일하려 하지 않았다. 대부분 농사라곤 지어본 적이 없는 '신사'들이었던 데다 스스로를 정복자로 생각했기 때문이다. 그러나 이것은 그들의 계산착오였다. 당시 자치위원장 존 스미스는 남아메리카와 달리 개척민들이 일을 해야 정착에 성공할 수 있다는 것을 깨닫고 독려했지만 쉬운 일이 아니었다. 그 결과 불과 몇 개월 만에 배고픔과 질병으로 절반이 사망한다.

이런 시행착오를 극복한 계기는 1612년 제임스타운에 온 존 롤프가, 버지니아에서 담배가 잘 자란다는 것을 원주민으로부터 배워 재배에 성공한 일이었다. 정착민은 당시 강한 세력을 가졌던 아메리카 원주민 포우하탄족과 우호적인 관계를 맺었고, 그 이야기는 「포카혼타스」라는 애니메이션으로 각색되기도 했다.

한편 북쪽의 뉴잉글랜드 지역은 종교적 박해를 피해 망명한 청교도들이 플리머스 회사의 허가를 받아 건설한 곳이다. 원래 버지니아 식민지 회사는 2개로 나뉘어 있었다. 런던 회사는 제임스타운을 건설하는 등 실적을 올렸지만, 미국과 캐나다 국경 사이에서 식민지 건설을 허가받았던 플리머스 회사는 성과를 내지 못하고 있었다. 이에 청교도 실업인들이 플리머스 회사를 인수했고, 이들과 계약한 필그림파더스 102명이 1620년 메이플라워호를 타고 65일간의 험난한 항해 끝에 크리스마스 나흘 전 북아메리카에 상륙한다. 원래 이들은 제임스 1세의 종교 박해를 피해 네덜란드로 망명한 후, 레이던에서 생계를 이어왔다. 그러나 농민이었던 그들은 신흥 공업국가 네덜란드의 낯선 환경과 다른 언어에 적응하지 못했다. 이에 같은 종교와 언어를 가진 공동체 일구기를 결정하고 버지니아를 향해 출발했으나, 폭풍으로 버지니아 대신 매사추세츠 연안에 닻을 내리게 된 것이다. 회사와의 계약 이행을 약속하며 정착촌 건설에 돌입했던 이들 역시 원주민의 도움으로 옥수수, 호박 재배 등 농사와 사냥을 배워 정착에 성공한다. 이들이 1621년 11월 첫 수확을 맞아 신에게 감사드린 데서 비롯된 '추수감사절'은 현재까지 이어지고 있다.

1732년 군인인 제임스 오글소프가 죄수, 채무자, 신교도 등 일명 '영국 땅에서 버림받은 자들'을 이주시켜 조지아를 건설하면서 북아메리카의 영국 식민지는 총 13곳이 된다. 그사이 네덜란드의 관할이었던 뉴암스테르담이 뉴욕으로 변화되어 잉글랜드에게 넘어왔고1664, 퀘이커교도들이 종교의 자유를 찾아 북아메리카에 정착하면서 지도자 윌리엄 펜에게 펜실베이니아 지역이 하사1681되었다. 펜에 의해 식민지 최초 대규모 도시인 필라델피아가 건설되기도 했고, 제임스타운이 건설된 남부에서는 버지니아 외에도 메릴랜드, 노스캐롤라이나, 사우스캐롤라이나가 개척되기도 했다.

이처럼 대서양 연안을 따라 형성된 영국 식민지는 다른 국가의 식민지와는 구별되는 공통적 모습을 띠게 된다. 왕국의 사업으로 시작된 것이 아닌 회사, 혹은 개인적 영주 식민지로 건설되면서 개척자들이 '대농장'이라 부르는 계획된 정착지를 세워나가게 된 것이다. 농업이 중시되면서 토지의 관리가 중요해졌기 때문에 원주민을 통제하는 것보다 원주민을 몰아내고 토지를 소유하는 것이 관건이었다. 이들은 점차 원주민을 추방하고 학살했으며, 노동자가 필요해지자 원주민을 노예로 만드는 대신 영국에서 계약 노동자를 고용해오거나 아프리카에서 잡혀온 사람들을 노예로 사들이기 시작1619했다.

당시 북아메리카 동부 해안은 13개 식민지에게 중요한 역할을 했다. 허드슨강을 제외하면 북아메리카 동부에는 내륙으로 이어진 큰 강이 없었기 때문에 식민지들은 대서양 해안에 의존하며 서로 연결되어야 했기 때문이다. 또한 당시 정착민들의 주린 배를 채워주었던 랍스터는 북아메리카 동부 해안이 준 흔하지만 귀한 선물이었다. 현재는 고급 요리로 각광받고 있지만 17세기 북아메리카 정착지에서 랍스터는 죄수들과 빈민, 이민자들이 먹는 음식으로 푸대접을 받았다. 1622년 플리머스의 농장주였던 윌리엄 브래드포드 주지사는 농장 노동자들에게 "여러분들에게 제공할 수 있는 식사는 따뜻한 빵 대신에 물 한 잔과 랍스터밖에 없다"며 유감을 표하기도 할 정도였다.

이는 프랑스와 네덜란드에서처럼 향료를 넣어 쪄 먹는 요리법을 정착민들이 몰랐기 때문이었다. 랍스터를 푹 삶은 탓에 국물에 아미노산이 모두 쓸려가 버리니 맛이 없었던 것이다. 이후 프랑스혁명으로 인해 귀족을 대상으로 음식을 만들던 요리사들이 각지로 퍼져 나갔는데, 1840년대 미국으로 이민 온 프랑스 요리사들이 고급 레스토랑을 열면서 랍스터는 빈민용 식품에서 고급 요리로 격상되었다.

## 마녀사냥과 식민지 의회

북아메리카 초기 정착민들은 식량 문제뿐 아니라 원주민들과의 대립, 흉작, 기존 정착민과 새로 이주한 개척민들과의 갈등 등 풀어야 할 과제가 산적해 있었다. 그런 사회 갈등을 종교와 관련지어 부정적으로 해결하고자 한 대표적 사건이 1692년 매사추세츠 항구도시 세일럼 일대에서 벌어졌던 '마녀사냥'이다.

마녀사냥은 마녀나 마법 행위에 대한 추궁과 재판에서부터 형벌에 이르는 일련의 행위를 가리킨다. 이교도 박해의 수단이었던 종교재판이 마법사와 마녀를 처단하는 것으로 바뀌면서 본격화되었는데, 14세기~17세기까지 유럽에 불어닥친 마녀사냥 열풍으로 대략 20만~50만 명의 사람들이 처형대에 올랐다고 한다. 마녀사냥의 피해자는 백년전쟁의 영웅 잔 다르크처럼 절대 다수가 여성이었다. 대체로 부유한 과부들과 독립한 미혼 여성들이 용의자로 지목되었다. 이들은 적극적으로 변호해줄 가족이 없었다. 게다가 죽은 뒤 피고의 재산이 몰수된 것을 보면 알 수 있듯이 금전적인 목적에서도 희생양이 되었다. 당시 전쟁, 기근, 전염병 등으로 쌓였던 대중의 분노를 쏟아낼 희생양을 만들어 권력자들은 기득권을 유지하고자 했던 것이다.

19명이 사형, 한 명이 고문 중 압사, 140여 명이 체포된 세일럼 마녀재판 사건은 종교의 자유를 찾아 신대륙으로 건너간 북아메리카 초기의 정착민들이 다름 아닌 종교를 이유로 사람들을 배척하고 억압했다는 아이러니를 보여주는 사건이다. 그러나 이를 통해 마녀재판이 단지 종교의 문제만이 아닌 사회적 불만을 표출하는 방법 중 하나임을 알 수 있다. 또한 현재까지도 이런 일이 왕왕 벌어지고 있으며, 이것은 결코 정상적인 문제 해결 방법이 아니라는 교훈을 보여주기에 시사하는 바가 크다.

그러나 마녀사냥과 같은 일련의 사건에도 불구하고 북아메리카에서는 유럽과 다른 방법으로 과제를 해결하려는 움직임이 일어나고 있었다. 정착민들은 이미 1619년부터 스스로 일한 대가로 토지를 받고, 식민지 의회를 발족시켜 사실상 모든 장년 남성에게 발언권이 부여되는 여타 식민지와는 다른 출발을 보이고 있었다. 특히 메이플라워호를 타고 왔던 필그림파더스는 배에서 내리기 전에 새로운 식민지를 건설하겠다는 결의를 다지고 비신도들과의 분쟁을 우려해 일종의 계약을 맺기도 했다. 일명 '메이플라워 서약'이라고 불리는 계약에 서명함으로써 이들은 "우리는 함께 시민적 정치체를 조직하여, (…) 우리 식민지의 공익에 맞는 공정한 법률을 정하고 모두가 이에 따를 것을 약속한다"라는 내용의 초보적이지만 신대륙에서의 최초 헌법을 만들어낸 것이다.

그 후 찰스 1세에게 탄압받은 청교도들 약 8만 명이 신대륙으로 향했다. 이들은 독립적인 식민지 건설과 통치 권한을 부여받았고 이로써 아메리카에서는 독립적인 사회 건설이 가능하게 되었다. 이들은 오늘날의 보스턴에서 매사추세츠 식민지를 선포하며 총독의 지휘 아래 의회를 만들고 정착촌에서의 삶을 시작한다. 그리고 1720년대 이후 미합중국이 될 13개 식민지 모두 이와 비슷한 통치 구조를 갖게 된다. 총독 한 명과 유산계급 남성이 참여하는 의회가 구성된 것이다. 여성, 노예, 무산계급은 투표할 수 없었기에 '민주주의'로 간주하기에는 부족하지만, 동시대 다른 사회와 비교하면 대단히 광범위한 정치적 권한이 보장되는 새로운 사회였다.

결국 독립으로까지 이어진 그들의 행보는 이후, 오래전부터 그곳을 터전 삼아 다채로운 삶을 살고 있던 원주민들과 새로운 노동력으로 공급된 아프리카인들을 그들이 목표로 삼았던 평등한 미래에 포함시킬 과제를 안고 전진하게 된다. 세계사록

## 17~18세기 대서양 세계

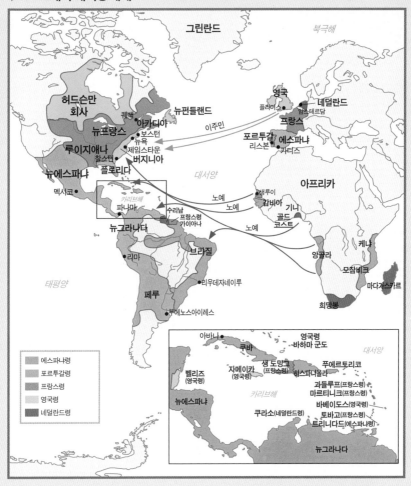

# 강희제에게 세금이란

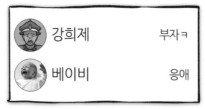

|  | | |
|---|---|---|
| 강희제 | 부자ㅋ |
| 베이비 | 응애 |

하나요

## NO호적

난 #땅부자 #은화부자
#백성부자 #아들부자 강희제ㅋ

요새 아들녀석들 때문에
골치 아픈 거 빼고는
대체로 평온해ㅎ

다 살기 좋은 나라 만든
나님 덕분 아니겠어?
…라고 생각했는데.

[초밀착 인터뷰] "청나라 백성 아닌 백성들…"

유령백성 /(자칭)

엥? 자기 나이를 몰라요??
아... 엄빠가 저 출생신고 안해서.

[초밀착 인터뷰] "청나라 백성 아닌 백성들…"

유령백성 /(자칭)

왜요??? 등록하면 세금이 너무 비싸니깐...
가난하면 저처럼 유령으로 살아야죠ㅎ

돌이요

성세자생 인정

세금 때문에
출생신고를 안 해??


그깟 세금 얼마나 한다고ㅡㅡ

허 참! 안 되겠네!!
내 방식대로
혼구녕을 내줘야지!!!

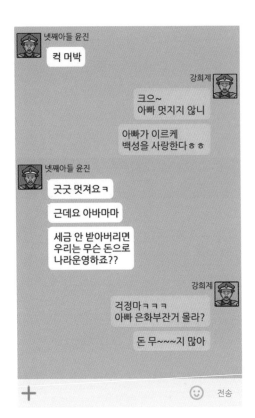

넷째아들 윤진
컥 머박

강희제
크으~
아빠 멋지지 않니

아빠가 이르케
백성을 사랑한다ㅎㅎ

넷째아들 윤진
굿굿 멋져요ㅋ

근데요 아바마마

세금 안 받아버리면
우리는 무슨 돈으로
나라운영하죠??

강희제
걱정마ㅋㅋㅋ
아빠 은화부잔거 몰라?

돈 무~~~지 많아

+ ☺ 전송

셋이요

베이비붐

전 세계 통틀어
청나라가 괜히 잘사는 나라
부동의 1위겠니?ㅋㅋ


세금 몇 푼 안 걷어도
굶어죽지 않는다고ㅋ
앞으로 백년은 거뜬할걸?ㅋㅋ

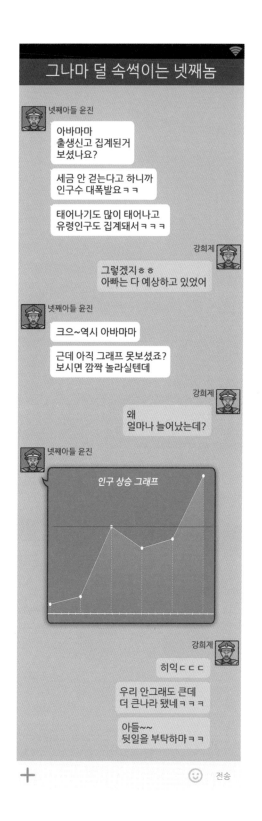

그랬다고 합니다.

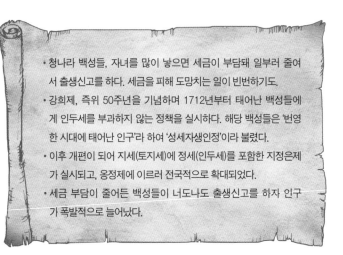

- 청나라 백성들, 자녀를 많이 낳으면 세금이 부담돼 일부러 줄여서 출생신고를 한다. 세금을 피해 도망치는 일이 빈번하기도.
- 강희제, 즉위 50주년을 기념하며 1712년부터 태어난 백성들에게 인두세를 부과하지 않는 정책을 실시하다. 해당 백성들은 '번영한 시대에 태어난 인구'라 하여 '성세자생인정'이라 불렸다.
- 이후 개편이 되어 지세(토지세)에 정세(인두세)를 포함한 지정은제가 실시되고, 옹정제에 이르러 전국적으로 확대되었다.
- 세금 부담이 줄어든 백성들이 너도나도 출생신고를 하자 인구가 폭발적으로 늘어났다.

1713년 청나라

1300년    1400    1500    1600    1700    1800

1661년~1768년

# 청, 제국을 건설하고 인구를 늘리다

인구 상승 그래프

19세기 중국 침략을 주도했던 유럽인들은 중국 사회를 표현하면서 오랫동안 '안정적', 더 나아가 '정체적'이라는 부정적인 평가를 내렸다. 또한 1919년 5·4운동 이후 중국 민족주의 역사가들은 청대 중국을 서양과 일본의 침략을 받은 피해자로 묘사해왔다. 사실 청대에도 많은 요소들이 역대 왕조들을 이어 계승되었고, 어떤 것들은 강화되기도 했기에 연속성을 지녔다 볼 수 있다. 또한 19세기 중반 이후 청에 대한 피해자적 평가도 일면 타당한 면이 있다.

그러나 청이 정체되어 있었다는 이론은 자신들의 침략을 정당화하려는 서구적 해석에 불과한 측면이 있다. 이런 논리는 산업혁명의 '기계 발전'으로 대표되는 서구의 '근대'라는 업적이 세계로 전파되어야 했다는 우월성을 기본으로 한다. 하지만 실제 18세기 중엽까지의 청은 크고 작은 구조적 변화들을 경험하며 서유럽보다 더 높은 경제적 번영과 생활수준을 유지하고 있었다. 또한 청이 제국주의 침략에 신음하다 멸망했다 해도, 적어도 18세기까지의 청은 적극적인 영토 확장과 지배를 통해 유럽과 아시아의 여타 제국보다 더욱 확실한 '제국'의 지위를 누리고 있었다.

## 영토 확장과 민족 지배

청은 명 멸망1644 후 150년 만에 영토를 두 배로 확장했고, 이는 오늘날 중국 영토의 대부분이 되었다. 중앙아시아 초원 지대의 반半유목 민족이 세웠던 중가르는 러시아, 청과 국경을 접한 내륙 제국을 건설했다. 강희제1661~1722재위는 네르친스크 조약을 체결한 해 내몽골 초원 우란부퉁에서 준가르와 대규모 전투를 치른다. 청은 승리를 선언했지만 전쟁은 몇 십 년을 더 끌었다. 강희제를 이은 옹정제1722~1735재위는 휴전 협상과 무역을 제의하며 평화를 꾀했다. 그러나 1750년대 반란이 일어나자 건륭제1735~1796재위는 50만 명이 넘는 중가르인을 집단 학살했고, 인구가 급격히 줄어든 중가르의 초원 지대로 청의 백성 수백만 명을 이주시켰다.

중가르에 승리한 후 건륭제는 튀르크, 위구르와 이슬람교도 회족이 살고 있는 타림 분지 주변을 침략했다. 그리고 내부 비판을 무시한 채 신강'새로운 영토'라는 뜻으로 공식 합병을 선포1768한다. 이는 오늘날 중국이 소유권을 주장하며 자치구를 설치한 광대한 지역까지 제국을 확대시킨 업적으로 남았지만, 당시에는 늘어나는 식민지로 인한 비용과 이후에는 이슬람 분리주의 운동 등으로 중국에 과제를 안겨주게 된다.

명은 티베트에 대해 직접적으로 개입하지 않는 전통적 분리 정책을 썼고 청도 초기에는 마찬가지였다. 그러다 몽골로 인해 티베트의 중요성이 커지면서 상황이 달라진다. 청의 순치제1643~1661재위는 1652년 북경을 방문한 티베트의 달라이 라마가 여러 작위를 받아들이자 티베트가 청의 종주권을 수용했다고 여겼지만, 티베트의 입장은 그와 달랐고 18세기 내내 청의 영향력은 미비했다. 그러다 티베트가 귀족들의 불화로 혼란에 빠진 18세기 말부터 변화가 일어난다. 강희제는 중가르와 동맹을 맺은 티베트를 공격해 1720년 라싸를 점령했고, 옹정제는 그를 유지하기 위해 연갱요에게 23만 대군을 이끌고 평정하게 한 뒤 주장대신을 파견해 보호령을 삼았다. 이후 황제 권한 대행 관료를 통해 통제받기 시작한 티베트는 21세기 지속적으로 중국을 괴롭히는 대표적인 지역이 된다.

1684년 강희제는 대만타이완을 완전히 정벌하고 격리 정책을 선포한다. 그러나 토지가 척박했던 복건푸젠성 남부에서 인구가 증가하자 신강에서와 같은 이주 정책은 필요가 없어졌다. 빠른 속도로 대만으로의 개척 이민이 진행되면서 그곳에서 성장한 실력자들은 이후 청 왕조의 멸망까지 청에 대항하는 세력으로 문제를 일으켰다.

남서부 식민지 개척과 합병도 옹정제 시대부터 가속화되었다. 그리고 유관을 보내 토사 밑에서 반독립 상태로 있었던 운남원난, 광서광시 산간의 묘족먀오족을 다스리게 하면서 중국화를 꾀했던 것이다. 이는 중국 최대이자 아시아 최대 규모의 폭포인 황과수황궈수 폭포가 있는 귀주구이저우에서 반란이 일어났을 때, 막 즉위한 건륭제가 1만 8,000명을 학살하고 1,224개 마을을 불태우며 진압한 이후에 마무리되었다. 이후 메콩강, 이라와디강 상류로 이어지는 중국과 버마미얀마의 옛 명칭와의 국경 지대에서도 중국화와 이로 인한 긴장은 계속되었다.

조선과 백두산에 정계비를 세워 경계를 정하고1712 러시아와는 캬흐타 조약을 맺어1727 현재 러시아와 몽골 간의 국경선을 정하기도 한 이 시대. 강희제에서 옹정제, 건륭제로 이어지는 강건성세 130여 년 동안 청은 영토를 넓히며 식민지화를 촉진시키고 제국을 건설했다. 제국 안에는 스스로 '한족'으로 여겼던 사람들, 이전에는 중국 왕조로 편입되지 않았던 티베트족, 튀르크족, 위구르족, 회족과 같은 이슬람교도, 일부 몽골 부족, 남서쪽 변경 지대의 버마인, 대만인과 그 외 내지 고지대에서 새롭게 식민화된 지역의 토착민들, 그리고 청의 왕좌를 차지한 만주족 등이 있었다.

이러한 영토 확장에 기여했던 많은 사람들은 그들의 정복을 유럽이 그랬던 것처럼 '문명화 임무'의 일환이라고 여겼다. 한자를 읽고 쓸 줄 아는 능력, 부계 중심 가족제도, 혼인과 장례의식, 농업을 기반으로 한 정착, 호적에 등록되어 세금을 내는 것 등등은 편입된 식민지들에게 이식되었다. 문자 그대로 제국으로 건설되며 번성을 누린 시기, 그러나 한편으로는 오늘날까지도 중국에서 예민한 문제인 민족 문제가 태동된 때이기도 하다.

## 인구 증가

1700년대 청의 인구는 대략 1억 5,000만 명 정도로 한 세기 이전 명대와 거의 같은 수준이었다. 그러나 1800년에는 3억 명 이상에 도달했고, 태평천국운동이 발생1851할 무렵에는 4억 3,000만 명을 넘어 청 말기에는 5억 명을 넘게 된다. 이는 출산율의 증가보다는 사망률의 감소와 밀접한 관련이 있다. 유럽에서와 같이 신대륙에서 들어온 감자와 땅콩 등 기후의 영향을 크게 받지 않는 작물들이 내지에 보급되면서 기근이나 영양실조로 사망하는 사람이 줄어든 것이다. 또한 천연두 예방접종과 전문화된 의원, 산파 및 의학서적 보급으로 출산 기술이 향상되었고 육아 방법이 개선되면서 특히 유아 사망률이 감소했다. 그러나 중국 인구 증가에 결정적 역할을 했던 것은 여아와 일부 남아에게 가해졌던 영아 살해의 비율이 낮아졌기 때문이었다. 17세기 말 이후 평화가 정착되고 생계를 위한 경작지와 기회들이 주어지면서 청 백성들은 신생아 살해나 유기를 줄여나갔다. 이런 변화는 강희제가 자신의 황제 즉위 50년을 기념해 획기적으로 시행한 세금 감면 정책이 큰 계기가 되어 가능했다.

1713년강희 52년 강희제는 1711년의 정수장정의 수를 기준으로 그 이후 증가한 인구인정人T는 '성세자생정盛世滋生T'이라 하여 정세인두세를 부과하지 않기로 선포했다. 그리고 '국가가 번영한 시기에 태어난 사람'이라는 뜻을 가진 이들에게 세금을 감면해주기 위해 인구 수를 파악하기 위한 장부로 성세자생인정책을 만든다.

당시 청은 명대에 이어 지세토지세와 정세를 징수하는 조세제도인 일조편법을 시행하고 있었다. 하지만 탈세를 위해 영아를 살해하거나 가족 수를 은폐하는 등 정세 부과는 날이 갈수록 어려워졌다. 즉, 사람 수에 따라 세금을 부담하는 정세 자체가 인구 증가 억제책이 되었던 동시에 국가 호적 체계에서 벗어난 백성을 양산하고 있었던 것이다. 그러다 1711년을 기준으로 신규 출생 인구에 세금이 부과되지 않아 결과적으로 정세 자체가 폐지되자, 미등록 인구가 대거 호적 조사에 등록되면서 인구가 폭발적으로 증가하게 된다.

그러나 강희제 때 세금 동결이 가능했던 것은 창장강 이남을 실질적으로 통합한 후 세금 수입이 풍족해져 지출을 충분히 부담하고도 남을 만큼 국가 재정이 뒷받침되었기 때문이다. 즉, 강건성세 당시에는 청이 인구 수를 부양할 재정과 생산성을 보유하고 있었다. 그러나 계속된 인구 증가는 생산력 증가 속도를 추월했고, 이는 그동안 1억 명 정도의 인구에 맞춰 행정을 해왔던 청 재정의 한계를 넘어

## 📍청 영토의 확장

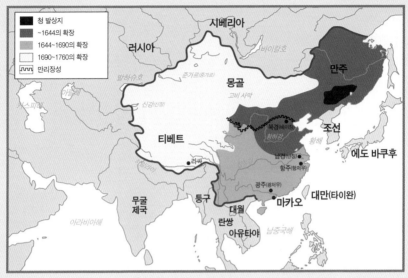

서는 것이었다. 때문에 청은 이후 과잉인구로 인한 만성적 재정적자에 시달릴 수밖에 없게 된다.

이는 특히 건륭제 통치 말기를 넘어서면서 그 실태를 드러내기 시작했다. 관료들은 뇌물을 받으며 점차 자리 유지에만 급급해했고, 백성들의 관리조차 버거워졌다. 국가 전체적으로 자원과 식량이 부족해지니 개개인의 인적 능력도 저하될 수밖에 없었다. 이런 상황에서 찬란한 문화 발전을 기대할 수 없는 것은 당연했다.

강희제가 호기롭게 시작했던 정책은 당시 성세를 증명하는 지표로 의미가 있다. 그러나 동전의 양면처럼 국가 전체 생산성을 초과하게 된 과잉인구는 청의 관료 조직 부패와 함께 왕조가 쇠락의 길로 접어드는 결정적 요인이 되었다. 세계사록

# 노는 황태자 위에 나는 황제

옹정제 　　지켜보고있다

**하나요**

**타임캡슐**

나, 청나라 황제ㅎ
아들부자 아빠기도 하지ㅋㅋ

우리 아들들은
지금 뭐하고 있으려나?
공부는 열심히 하고 있나~?

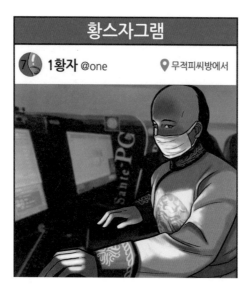

**황스자그램**

1황자 @one　　📍무적피씨방에서

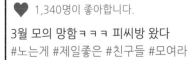

3월 모의 망함ㅋㅋㅋ 피씨방 왔다
#노는게 #제일좋은 #친구들 #모여라

아이고 큰일이다ㅜㅜ
읽으라는 책은 안 읽고ㅠㅠ

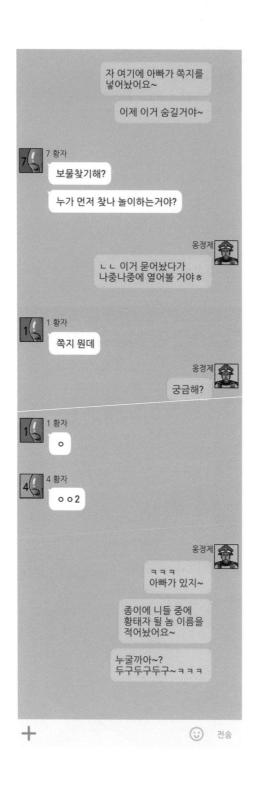

# 지켜보고 있다

크으~
역시 이 방법이 최고야!


누가 황태자가 될지
모르니까 다들 열심이더라ㅋㅋ

## 황스타그램

 **3황자** @three

♡ 982명이 좋아합니다.

내 소중한 아우들과 함께ㅎㅎ #사이좋은
#형제 #동생사랑 #이런형아 #어디있나

## 황스타그램

 **4황자** @four

♡ 1,267명이 좋아합니다.

SNS 접습니다.
이제 공부합니다.

하루가 멀다 하고
치고받고 싸우던 녀석들이ㅋㅋ
안 하던 공부도 다 하고ㅋ


진작 이럴 걸 그랬어ㅎㅎ


어? 그런데
꼼수부리는 녀석이 있네?

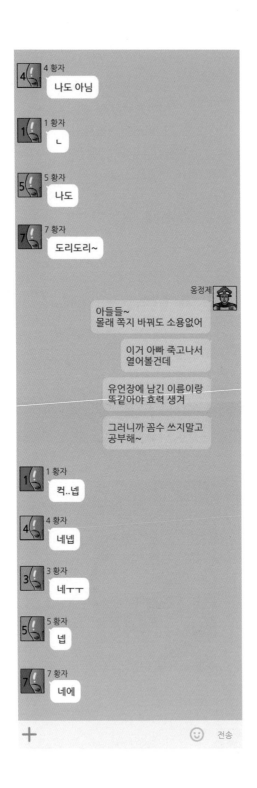

그랬다고 합니다.

- 옹정제, 형제들과 치열한 황위 다툼 끝에 황제 자리에 오르다.
- 재위 기간 동안 황태자를 미리 지정해놓는 것과 다르게, 태자밀건법은 나중에 황태자를 공표하는 방식이다. 평소 황제가 후계자감으로 점찍어둔 아들 이름을 종이에 적어 상자에 밀봉해둔다. 그 상자를 건청궁의 정대광명 편액 뒤편에 숨겨두었다가 황제가 죽을 무렵에 개봉한다. 이 방법으로 황제에 오른 이가 건륭제다.

청나라 전반

1300년   1400   1500   1600   1700   1800

1722년~1735년

# 내실을 다지며 이어간 청의 전성기

13년간 재위한 옹정제는 각각 61년과 60년 황위에 있었던 강희제와 건륭제에 비해 눈에 띄지 않는 것은 사실이다. 그러나 옹정제 역시 걸출한 황제였다. 아버지가 이룬 청의 전성기를 그 치세 동안 조이고 닦고 기름 치며 내실을 다져 아들에게 무사히 물려주었다. 그리고 그로 인해 건륭제는 몽골을 제외한 중국 역사상 최대 영토를 자랑하는 화려한 청을 전 세계에 과시할 수 있었다.

## 옹정제의 통치

아들 35명과 딸 20명을 두었던 강희제의 넷째 아들 윤진은 황자인 옹친왕 시절부터 두각을 나타냈다. 강희제 사망1722 후 북경의 군대와 고명대신들의 도움을 받아 제위에 오른 그는 황위를 놓고 자신과 다툰 형제들은 물론 그 지지자들을 투옥하거나 처형하며 지위를 공고히 해나갔다. 강희제 말기 황족과 신하 간 권력 다툼으로 약화되었던 황권을 강화하기 위해 경쟁 세력의 팔기군 지휘권을 박탈했으며, 황제 측근에 군기처를 두어 중앙 관제의 내각 대신 6부를 지배하게 했다1729. 여기에 관료의 부정을 감찰할 기구 또한 만들어 재상들의 정치 발언권을 규제할 수 있게 되었다.

아버지 강희제보다 더욱 의욕적이었던 옹정제는 하루에 4시간만 자면서 그 외 20시간은 정무에 할애했고, 식사할 때조차도 결재 서류를 곁에 두었다고 한다. 재상들이 결재하던 문서까지 맡아 이전 황제보다 업무의 양이 폭증했음에도 이에 일일이 답했다. 특히 총독과 순무 등 지방 관리들의 '주접奏摺'이라 불린 비밀 상주문을 꼼꼼히 살펴보고 그에 대한 지시와 훈계를 적어 발신자에게 보냈다. 이때 황제에게만 허용된 붉은 먹으로 쓴 글씨인 '주필朱筆'로 작성한 '주비硃批비평'를 '주비유지硃批諭旨'라 한다. 주비유지가 보내지면 곧 시행되어 황제와 말단 신하들까지 연결하는 중요한 매개체가 되었고, 이후 『옹정주비유지』라는 책으로 묶여 지방 관리의 참고서가 되었다.

또한 자신과 같이 검소한 사람을 좋아하던 옹정제는 충성스럽고 검소한 신하들에게 양렴전養廉錢을 지급하여 가난 걱정 없이 살 수 있도록 했다. 이는 지방 관리의 봉급이 지나치게 적어 부정부패에 빠질 위험을 사전에 차단하려는 의도가 포함된 것이기도 했다. 이처럼 황제의 통치력이 지방 말단에까지 미치면서 지방 관리의 부패는 억제되었고 민심 또한 안정되었다.

이와 함께 옹정제는 자신에 반대하는 자들에 대해서는 '문자의 옥'을 일으켜 가차 없이 제거했다. 그 대표가 1726년에 일어났던 '유민소지維民所止' 사건으로, 강서성 과거 시험관 사사정이 시제로 『시경』 구절을 택했는데 이 시제가 정계에 엄청난 파란을 몰고 온다. '유維'와 '지止'는 연호인 '옹정雍正'에서 위의 변만 뺀 글자들이다. 이것이 옹정제의 목을 베겠다는 뜻으로 간주되어, 분노한 황제는 사사정과 그 구족들을 처형하며 대대적 탄압을 가했다.

한편 즉위하기까지 황위 싸움을 거쳐야 했던 옹정제는 황태자를 일찍부터 정해놓으면 그를 둘러싼 당파 싸움이 벌어지고 황태자 자신은 해이해진다고 생각하게 되었다. 그래서 황태자를 공표하지 않고 이름을 써서 건청궁의 '정대광명액' 뒤에 숨겨두고 내무부에는 밀지를 간직하게 했다. 그리고 황제가 죽은 후에 개봉하여 밀지와 실물을 맞추어 후계자를 확정한 것이다.

일명 태자밀건법太子密建法, 혹은 저위밀건법儲位密建法이라 불리는 이 후계자 선출방식은 순치제가 유조로 황태자를 선출하는 방법에서부터 이미 시작되었지만 강희제 때 잠정 폐지되었다. 하지만 미리 정해놓은 황태자 윤잉이 비행을 일으키자 그를 폐위하고 이 방법을 부활시켰으며, 옹정제는 이를 확실히 실행했다. 이후 건륭제, 도광제, 함풍제가 19세기 중반까지 이러한 방식으로 황위에 올랐으나 함풍제의 뒤를 이은 동치제는 유일한 황자였기 때문에 이후 태자밀건법에 의한 황위 계승은 사라졌다. 태자밀건법은 그만큼 후계를 둘러싼 청 황실의 문제가 심각했다는 것을 보여준다. 그러나 그것이 필요 없어질 정도로 후사가 사라지는 황실의 모습 또한 청 쇠락의 심각성을 보여주는 지표 중 하나가 아닐까.

## 재정 안정과 사회 변화

옹정제는 아버지인 강희제의 정책을 잘 이어 강건성세를 발전시켰다. 특히 국가 재정을 안정시킨 것은 비교적 짧은 재위 기간임에도 옹정제를 빛나게 했다. 1721년강희 60년 700만 냥밖에 안 되던 국고가 1730년옹정 8년에는 3,000만 냥, 그 후 말년인 1735년에는 6,000만 냥이나 되었다고 한다. 옹정제의 치세 동안에도 대외 원정은 계속되었고 1년 군비가 100만 냥이었음에도 재정이 늘어났다는 것은 그만큼 강력하고 안정적인 통치로 세금이 금방 걷혔음을 의미한다.

옹정제는 강희제 시기에 부분적으로 시행했던 지정은제를 전국적으로 확대하는 데 성공했다. 성세자생인정책으로 정세가 고정되어 인구는 폭발적으로 늘었지만 정세를 징수당하는 농민들의 도망은 여전했고 국가적으로는 세금 수입이 줄어들기 시작했다. 이를 해결하기 위해 지세 1냥당 약간의 정세를 부과하는 방법을 시행하면서 정세가 지세로 흡수돼 합쳐지게 된다. 이것이 광동광동에서 최초로 시행된 지정은제의 시작이었다.

물론 이로 인해 세금 부담이 늘어나는 토지 소유자 향신신사들은 극심하게 반대했다. 1726년 향시 응시생 1,000여 명이 단체로 시위하며 항의하기도 했고, 광서계주, 광시 지역의 지방 유력자들은 지세 납부를 재촉한 서리를 탄핵하기까지 했다. 그러나 옹정제는 지세 거부 단체 활동을 벌인 향시 응시생들의 응시 자격을 영원히 박탈해 벼슬길 자체를 막아버리는 등 단호하게 대응했다. 결국 향신들의 불만을 잠재울 수 있었고, 건륭제 연간 지정은제는 완벽하게 정착하게 된다.

지정은제는 일조편법과 같이 은으로 세금을 납부해야 했기 때문에 세금을 내기 위한 은 수요는 더욱 증대되었다. 이는 서양 국가와의 대외 무역에 영향을 미쳐 청 특산물인 비단, 도자기 등을 수출하고 이에 대해 은을 교환하는 무역 형태를 정착시키게 된다. 지정은제는 아편으로 인해 은 유출 현상이 심각해지는 청 말기까지 제대로 작동하며 재정을 안정시켰다.

한편 청을 붕괴로 몰아갔던 아편 문제는 이미 옹정제 시기부터 나타나고 있었다. 옹정제가 아편에 대한 금령을 발표1729했다는 것 자체가 그 반증이었다. 아편 흡입자에게 칼 씌우기 한 달과 군역 복무를, 아편 흡음소를 경영하는 자에게 곤장 100대와 삼천리 밖 유형에 처하는 등 금령이 매우 엄격했음에도, 실형을 선고받는 자가 속출했다고 한다.

아편은 양귀비의 덜 익은 열매에 흠을 내 거기서 흘러나오는 백색의 즙을 건조시켜 얻는 흑색이나 갈색의 가루다. 밀무역으로 거래되는 생아편은 이것을 모아 벽돌이나 덩어리 모양으로 뭉친 것이었다. 원래 원산지는 그리스와 메소포타미아지만 당시 인도와 오스만 제국에서 더 많이 생산되었다. 본래 중국은 7세기경부터 순한 아편을 수입해 약제나 음료에 타서 통증 치료를 위해 복용하는 식으로 사용해왔다. 그런데 이 당시 특히 외국 상인들의 출입이 잦은 광동과 복건에서 부유층을 중심으로 밀수입된 아편을 정제해 담배로 말아 피우는 사람들이 늘고 있었던 것이다. 아편은 한번 시작하면 쉽게 끊을 수 없고 신체를 무기력하게 만들 뿐만 아니라 급성 중독되면 호흡 곤란으로 사망할 수 있어 위험했다. 그럼에도 환각 작용을 경험하려는 사람들은 줄어들지 않았고, 이는 결국 100여 년 뒤 중국 역사를 송두리째 바꿀 사건의 배경으로 작용하게 된다.

황제권 강화를 위한 독재자적 면모를 지닌 데다, 지정은제를 반대한 향신에게나 아편 흡입자에게 단호한 처벌을 내리는 한편, 횡령죄가 드러난 관리 및 친족들 재산까지 철저하게 몰수해 백성의 곤궁한 처지를 살폈으며, 예수회 선교사들을 추방하면서도 편안히 귀국할 수 있도록 배려했던 옹정제. 계몽주의 철학자 볼테르는 이러한 옹정제의 태도를 관용과 인류애의 모범으로 높이 평가했다고 한다. 강력한 법 시행과 재정의 정비로 내실을 다지고 국가를 안정시킨 그의 시대가 있었기에 건륭제 시대 백성들은 청 최고의 시대, 어쩌면 당시 세계에서 가장 번영했던 시대를 누릴 수 있었을 것이다. 세계사록

# 열일해주길 바라

 옹정제      일하자

**하나요**

**빠빠빨간펜**

나, 청나라 1인자, 옹정제.


다들 나랏님 정도 되면
맘대로 먹고 자고
일도 대충대충 하고 그럴 것 같지?


근데 아니야…
황제인 내가 쪽잠 자며 열일 중이라고ㅜ

흐음…
오늘도 왠지 야근각이다ㅠㅠ

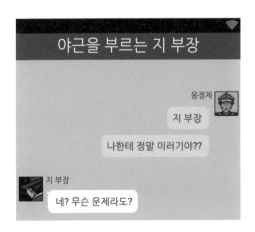

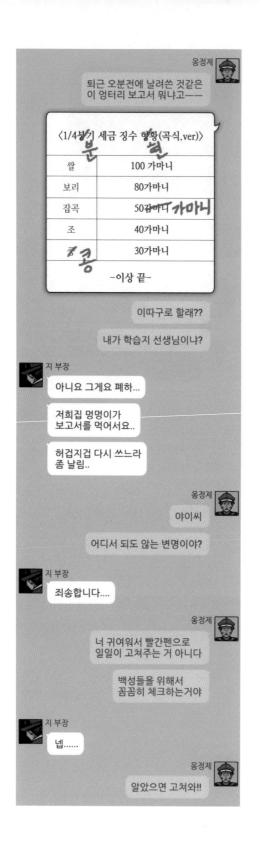

하아… 이러니까
내가 퇴근을 못하지!

황제 되고 나서
하루도 빨간펜 안 써본 적이 읍따 증말!!

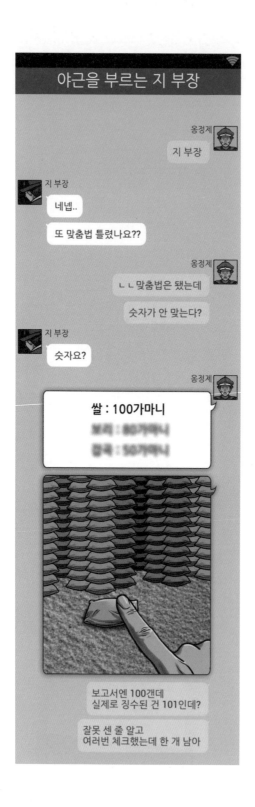

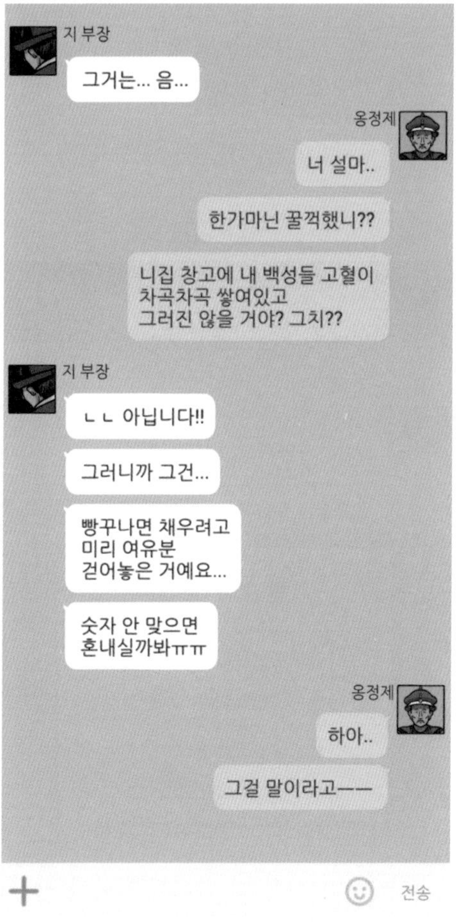

지 부장
그거는... 음...

옹정제
너 설마..

한가마닌 꿀꺽했니??

니집 창고에 내 백성들 고혈이
차곡차곡 쌓여있고
그러진 않을 거야? 그치??

지 부장
ㄴㄴ 아닙니다!!

그러니까 그건...

빵꾸나면 채우려고
미리 여유분
걷어놓은 거예요...

숫자 안 맞으면
혼내실까봐ㅠㅠ

옹정제
하아..

그걸 말이라고———

전송

## 셋이요 특별수당

이눔자식 봐라?
내 백성 힘들게 한 놈이 여기 있었네?!!

하아… 이런 월급루팡놈한테
피 같은 혈세를 낭비해야 한다니…

그치만 미운 놈 떡 하나
더 준다는 말도 있으니까.

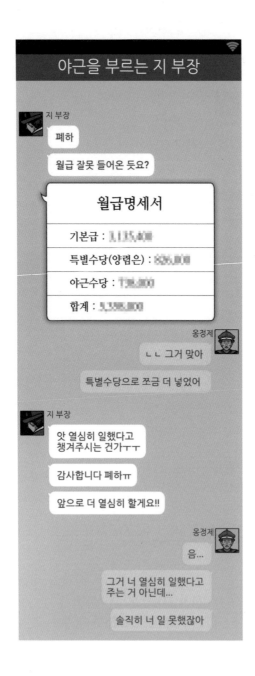

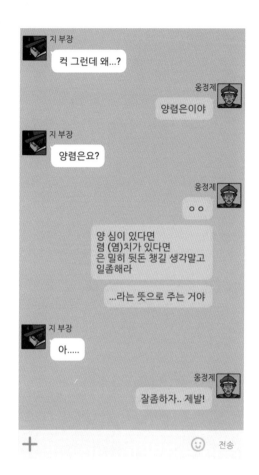

지 부장
컥 그런데 왜...?

옹정제
양렴은이야

지 부장
양렴은요?

옹정제
ㅇㅇ

양 심이 있다면
렴 (염)치가 있다면
은 밀히 뒷돈 챙길 생각말고
일좀해라

...라는 뜻으로 주는 거야

지 부장
아.....

옹정제
잘좀하자.. 제발!

전송

그랬다고 합니다.

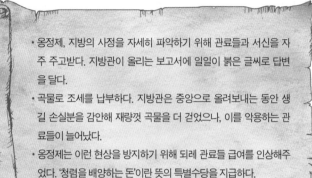

- 옹정제, 지방의 사정을 자세히 파악하기 위해 관료들과 서신을 자주 주고받다. 지방관이 올리는 보고서에 일일이 붉은 글씨로 답변을 달다.
- 곡물로 조세를 납부하다. 지방관은 중앙으로 올려보내는 동안 생길 손실분을 감안해 재량껏 곡물을 더 걷었으나, 이를 악용하는 관료들이 늘어났다.
- 옹정제는 이런 현상을 방지하기 위해 되레 관료들 급여를 인상해주었다. '청렴을 배양하는 돈'이란 뜻의 특별수당을 지급하다.

18세기 청나라

1300년　　1400　　1500　　1600　　1700　　1800

1759년 66세의 영조1724~1776재위는 창경궁 명정전에서 15세의 꽃다운 정순왕후를 계비로 맞아들였다. 정성왕후가 사망한 지 2년 만이었다. 흔치 않은 국왕 혼례식으로 창경궁 일대 거리에는 인파가 넘쳤다. 그 17년 뒤 83세로 사망해 평균 수명 43세였던 조선 역대 왕 가운데 52년이라는 가장 긴 재위 기간을 기록한 영조. 그는 강력한 왕권 아래 그동안 붕당정치가 초래한 분열을 수습하고 조선을 부흥으로 이끌었다.

숙종1674~1720재위의 아들 영조가 즉위1724한 해는 청 옹정제 즉위 후 2년이 되던 때였다. 17세기 북벌론과 예송논쟁으로 대립했던 붕당은 왕권 강화를 추진한 숙종 때 환국정치를 지났다. 영조는 환국을 넘어, 여러 정치 세력이 붕당 간 경계를 허물면서 국왕 중심의 국정에 동참하는 탕평정치를 이룩하고자 했다. 그리고 이것은 이복형 경종1720~1724재위과 영조 자신을 두고 대결을 벌인 소론과 노론 모두가 승복할 '의리'를 확정하는 것에서 시작되었다. 경종은 건강이 좋지 않고 후사가 없었기 때문에 노론측은 이미 숙종 말년에 연잉군영조을 왕세제에 책봉했다. 이로 인해 영조는 소론측의 공격으로 생명의 위협을 받기도 했고, 국왕의 자리에 오를 때에는 경종 독살에 관련되어 있다는 혐의까지 받았다. 영조가 노론과 소론의 온건파인 탕평파를 중심으로 각 붕당의 인물을 고르게 등용하면서 『대훈』을 확정1741해 국왕으로서의 지위를 확립하고 사회경제적 과제를 해결하며 나아갈 때까지 즉위 후 근 20년이 소요되었다.

영조는 어머니의 미천한 신분 때문에 심적 갈등이 심했던 데다 심지어 숙종의 아들이 아니었다는 유언비어에 시달리기도 했으며, 왕으로서 존재를 부정당하는 무신란이인좌의 난1728을 맞는 등 어려움을 겪었다. 그러나 오히려 그 때문에 조선 후기 어떤 국왕보다 백성을 생각하는 '민생 안정'의 뜻을 펼칠 수 있었다. 영조는 당시 조세제도에서 마지막 개혁 대상으로 남겨져 있던 평민들의 신역군역인 양역제도에 대해 '균역법'을 실시1750함으로써 백성의 부담을 덜어주었다. 그리고 이 과정에서 친히 창경궁 정문인 홍화문에 나가서 백성을 만나 양역 개정에 대한 여론을 수렴하려는 의지를 보였다.

양난을 겪으며 파탄에 이르렀던 조선의 경제는 당시 양인들만이 부담하던 세금으로는 지탱할 수 없는 상황에 이르렀다. 이를 위해 국가는 조세제도를 개혁하기 시작했는데, 17세기 전세의 개혁과 대동법 실시가 그 일환이었고 18세기 양역의 개혁이 남아 있었다. 결국 지배층의 극심한 반발을 뚫은 영조의 과단성 있는 추진으로 1년 2필이었던 군포 부담을 1필로 줄이게 된다.

균역법은 단순한 감필 방법이 아닌 부담을 균일하게 함으로써 양역의 불균형을 바로잡고 양역민의 부담을 크게 줄인 것이었다. 감필로 인한 재정 부족분을 그동안 역의 대상에서 빠졌던 지배층에게서 보충했기 때문이다. 1결당 미곡 2두씩의 결작혹은 결전 5전을 토지세에 덧붙여 주로 양반이었던 지주들에게 부담시켰고, 군역이 면제되었던 일부 부유한 양인 상류층에게 '선무군관'이란 칭호를 주고 대신 군포를 부과했다. 어염세, 선박세 등 그동안 왕실이 거두던 세금을 정부 재정 수입으로 전환했으며 숨겨져 있던 땅인 은결을 색출해 세금을 부과하기도 했다. 결국 균역법은 다양한 사회 신분 계층이 양역을 나누어 부담함으로써 민생 안정을 도모한 것이었다.

이에 더해 영조는 정순왕후를 맞은 이듬해인 1760년, 2개월 동안 청계천 바닥을 긁어내고 강물의 흐름을 바로잡은 준천을 시행하기도 했다. 18세기의 서울은 번화하고 복잡한 정치도시이자 상업도시의 면모를 갖추어나가면서 인구도 급격하게 늘고 있었다. 당시 특별한 배수시설이 없던 서울에서 청계천은 생활하수를 처리하는 곳이자 백성들의 빨래터였고 아이들 놀이터의 역할도 담당했다. 그러나 점차 오물이 쌓여 하천 바닥이 높아지는 바람에 작은 비에도 물이 넘쳐 청계천변에 모여 살던 빈민들이 겪는 고통은 극심했다. "백 년 동안 하천 걱정을 하지 않게 해주겠다"고 시작한 대역사에 서울 주민 15만 명과 임금을 받는 역부 5만 명이 동원되었고 도성 주민 1만 명도 자발적으로 참여했다.

당시 개천에서 퍼낸 흙을 쌓아둔 곳을 가산조산, 방산이라고 불렀는데 오늘날 방산시장은 여기에서 유래한 것이다. 준천은 18세기 왕도로서의 서울의 건재함을 보여준 것인 동시에 빈민들의 삶 또한 보듬으려 했던 영조의 일면을 엿볼 수 있는 상징적 사업이었다.

한편 영조는 왕권을 강화하는 과정에서 비극적인 가족사를 남기기도 했다. 41세라는 늦은 나이에 얻은 아들에게 문인으로서의 기대감이 컸던 아버지와 무인적 기질이 강했던 왕세자후일 사도세자, 장헌세자로 추존1735~1762의 갈등이 비극의 시작이었다. 1749년 왕세자가 대리청정을 시작하면서 부자간의 갈등은 더욱 심각해졌다. 소론적 성향에 가까웠던 왕세자에 대한 노론의 불만이 쌓이며 둘 사이를 더욱 갈라놓았고, 일종의 정신적 질병을 얻게 된 왕세자는 많은 문제들을 일으키며 극단적 결과를 초래했다. 결국 영조가 자신의 외아들을 창경궁 명정전 바로 옆 국왕 집무실인 문정전 마당에서 뒤주에 가두어 죽인 '임오화변'이 일어나고 만다1762. 2년 뒤 영조는 세손 이산을 사도세자의 이복형이자 10세에 죽은 효장세자의 후사로 입적시켰고, 11세의 나이에 아버지가 죽는 것을 지켜보아야 했던 세손은 왕위를 이어 조선 후기의 현군인 정조1776~1800재위가 되었다.

압슬형1725, 낙형1732 등 가혹한 형벌을 폐지해 인권을 존중하고자 했으며, 신문고 제도를 부활1771시켜 백성의 억울한 일을 직접 듣고자 했던 왕. 서자의 관리 등용을 허용하는 '서얼통청법'을 제정1772해 서얼들의 오랜 숙원을 풀어주기도 했던 왕. 대신에게 자문을 구하는 '순문'을 재위 기간 동안 200번 넘게 열면서 하급 관료는 물론 농민과 상인들에게서도 자문을 구했던 왕. 그리고 조선 국왕 중에서 고추장을 가장 즐겨 먹었던 것으로 알려진 왕 영조. 여러 인간적 결점에도 불구하고 영조는 조선이 강력한 국왕을 중심으로 성리학의 기치 아래 존립해 사림 정치의 한계를 넘을 수 있음을 보여주었다. 영조가 시작한 조선 후기의 부흥은 손자인 정조에게 이어져 18세기 문화 강국으로서의 조선을 지탱하는 찬란한 힘이 된다. 세계사록

# 내 친구 오란다상

| | | |
|---|---|---|
|  에도 막부 | 의드 정주행중 |
| 네덜란드 | 친하게 지내요 |

하나요

토모다찌

쿠폰 준대서 플친 맺었는데
광고폭탄 맞았다요!
#분노

하…
귀찮아서 아예 차단할라구.

앞으로 서양것들은
사요나라-★

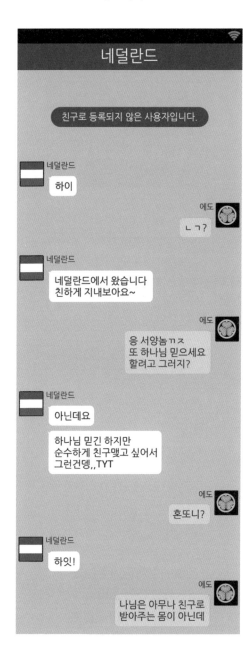

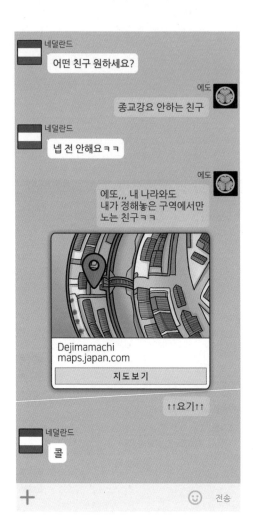

**둘이요**

**빠져든다**

ㅋㅋ좋댄다~
저기 완전 고립된 섬인데!

그래도 왠지 맘에 든다요ㅋ
무슨 조건 걸어도
쏘쿨한 게 딱 내 타입♥

맞팔 기념으로
재밌는 것도 보내줬다요ㅎㅎ

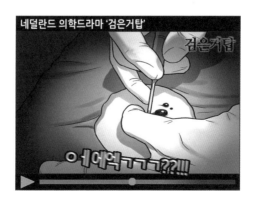

깜짝 놀랐다데스!!!
근데 이거 진심 대존잼ㅋㅋ


칼로 배 쨌는데?
왜 사람이 살아난다요??

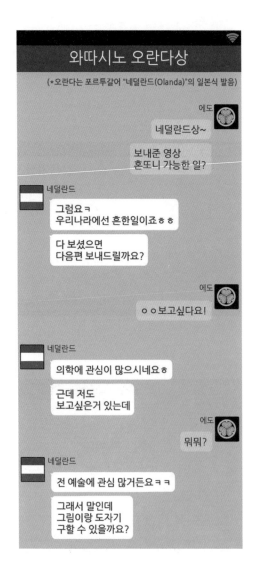

와따시노 오란다상

(*오란다는 포르투갈어 "네덜란드(Olanda)"의 일본식 발음)

에도

네덜란드상~

보내준 영상
혼또니 가능한 일?

네덜란드

그럼요ㅋ
우리나라에선 흔한일이죠ㅎㅎ

다 보셨으면
다음편 보내드릴까요?

에도

ㅇㅇ보고싶다요!

네덜란드

의학에 관심이 많으시네요ㅎ

근데 저도
보고싶은거 있는데

에도

뭐뭐?

네덜란드

전 예술에 관심 많거든요ㅋㅋ

그래서 말인데
그림이랑 도자기
구할 수 있을까요?

에도

[아리타 장인이 빚은]
아마리야키 식기세트

'에도'님이 선물을 보냈습니다.

※ 잔액은 돌려주지 않소이다!

[한정판 에디션]
우키요에

'에도'님이 선물을 보냈습니다.

※ 잔액은 돌려주지 않소이다!

자 너한테만 준다요ㅋㅋ

이거 받고
영상 더 풀어봐ㅋㅋ

네덜란드

ㅋㅋㄱㅋㅋㄱㅇㅋ

+ ☺ 전송 🛜

그랬다고 합니다.

• 에도 바쿠후, 천주교를 탄압하며 서양과의 교류를 전면 금지하는 쇄국령을 내리다.
• 그러나 유일하게 네덜란드와는 교류했으며, 나가사키 항구를 통해 무역을 하며 서양 학문이 들어왔다. 이때 네덜란드를 통해 수입된 의학, 해부학, 조선술 등을 가리켜 난학이라 칭했다.

에도 바쿠후 전반

1300년 1400 1500 1600 1700 1800

# 쇄국 속 난학, 근대를 풀다

16세기 동방항로를 점령한 포르투갈 상인은 일본과 명 사이의 무역을 중계하며 큰 이득을 챙겼다. 명으로부터 마카오 거주를 허락받은 포르투갈은 1570년 경 일본 나가사키항에서의 무역을 허락받는다. 포르투갈 상인들은 인도에서 은화와 기름을 가져와 마카오에서 명의 생사와 비단, 약재로 교환했다. 이후 일본에서 이들을 은으로 교환한 후 다시 마카오에서 금이나 비단, 도자기를 사서 유럽으로 수출하며 무역을 주도했고 이후에는 에스파냐, 네덜란드 상인들도 뛰어들었다.

유럽 상인들이 중국과 일본을 비롯한 동아시아 일대의 진출에 이처럼 적극적이었던 이유 중 하나는 일본의 은을 중국에 팔아서 얻는 막대한 이익 때문이었다. 당시 전 세계 은의 최종 수요국은 중국이었는데, 중국에서는 유럽보다 은의 가치가 두 배 정도 높기 때문에 단순히 은을 중국에 가져가기만 해도 이득이었다. 또한 세계적인 은 생산국인 일본은 무역이 단절되어 있던 중국산 생사와 비단 등을 원했기 때문에 두 나라의 중계는 서로의 필요를 충족시키며 큰 이익을 낳았다.

16세기 말 동아시아를 휩쓸었던 임진왜란 이후 들어선 에도 바쿠후1603~1867의 대외정책도 초기에는 무역을 장려하는 방향으로 전개되었다. 에도 바쿠후는 성립하자마자 조선과 강화를 요청했고, 이에 조선은 회답겸쇄환사일본의 화친 요청에 회답하고 포로를 되찾아오는 사절단를 3차에 걸쳐 파견한다. 이후 바쿠후는 왜관을 통한 무역 재개, 통신사 파견 요청 등으로 조선과 우호관계를 유지하고자 했다. 또한 해외로 나가는 상인들에게 무역허가증인 슈인장주인장을 주어 무역을 촉진시켰다슈인장 무역. 슈인장은 배를 타고 나가 무역을 할 수 있도록 에도 바쿠후가 발행한 증명서로 일본 무역선의 신용도를 높여주는 기능과 상인들을 통제하는 역할을 했다. 슈인선은 베트남, 캄보디아, 태국 등에서 일본산 은으로 중국산 생사와 약재, 비단 등을 수입했고 이들의 활동으로 동남아시아 각지에 일본인 마을이 생겨나기도 했다.

그러나 바쿠후는, 활발해진 무역으로 상공업이 발전함에 따라 농업을 기반으로 한 봉건체제가 흔들릴 것을 우려했다. 무역에 종사하는 유럽 국가들이 강대한 경제력과 군사력을 보유하는 것도 저지해야 했다. 결국 바쿠후의 통제하에 무역을 관리하며 이익의 독점을 꾀하게 되었고, 이것이 바쿠후가 쇄국정책을 실시한 배경이다. 이에 따라 에스파냐의 선박 내항이 금지1624되고 일본인의 해외도항과 재외 일본인의 귀국이 전면적으로 금지1635된다. 또한 바쿠후는 나가사키 항구에 데지마出島라는 인공 섬을 만들고 포르투갈인을 옮겨 일본인과의 접촉을 제한1636하기 시작했다.

이런 와중에 1637년에서 이듬해에 걸쳐 가톨릭 신자기리시탄를 중심으로 4만 명의 농민이 참가한 '시마바라의 난'이 발생한다. 시마바라는 자비에르의 포교 이후 가톨릭의 교세가 확장되었던 규슈 북부에 위치했는데, 시마바라와 아마쿠사의 영주가 세금을 과중하게 부과하고 가톨릭 신자를 탄압한 것이 난의 원인이었다. 12만 명의 진압군이 투입, 반란에 참여했던 기리시탄들을 몰살하며 잔인하게 진압되었지만 바쿠후가 받은 충격은 컸다.

이후 바쿠후의 가톨릭 탄압은 더욱 심해졌다. 에도 바쿠후는 초기부터 가톨릭을 경계해왔었다. 가톨릭은 교리상 불교, 유교와 갈등을 일으키곤 했으며 내재된 평등사상 등으로 바쿠후의 통치체제 기반을 흔들 수 있었기 때문이다. 시마바라의 난 이후 금교정책이 강화되어 모든 백성들을 의무적으로 불교 사찰에 불자로 등록하게 하고, 5인조 감시·고발 정책을 실시한 결과 가톨릭 신자들은 마카오 등지로 망명을 떠나거나 사라져갔다. 이에 더해 바쿠후는 포르투갈 선박의 내항 또한 전면 금지1639했다.

오직 네덜란드 상인만 이런 모든 정황을 간파하고 종교와 관련 없는 경제활동만을 추구한다는 것을 강조하면서 나가사키 무역을 허락받을 수 있었다. 1641년 네덜란드인들은 데지마로 이주했고 내륙으로 나오는 것은 금지되었지만, 생사나 직물류 등을 가져와 일본의 은과 구리로 교환하는 독점적 이익을 얻은 덕분에 동아시아 교역을 주도해갈 수 있었다.

데지마는 서양과 무역하는 유일한 창구가 되었다. 이 작은 섬을 통해 에도 바쿠후에는 서양의 학문과 기술 및 문화가 전래되었고, 이는 난학(네덜란드의 다른 이름인 홀란드가 일본에서는 '화란'이라 번역되었다. '화란의 학문'이라는 뜻으로 서양학문을 통칭한다.)이라 불렸다. 이를 다룬 사람들은 네덜란드어 통역사나 의사인 경우가 대부분이어서 언어와 의학이 난학의 중심이 되었다.

당시 지식인들은 네덜란드어를 배워 국제 정세를 접하고 최신 학문을 연구할 수 있었고, 에도 바쿠후는 네덜란드 상관장이 제출하는 보고서오란다 풍설서를 통해 해외 정보를 파악할 수 있었다.

에도 바쿠후가 쇄국정책하에서도 열어놓았던 작은 부채꼴 모양의 인공 섬. 그곳에서 일어났던 소소한 교류들은 일본을 청과 조선과는 다른 근대의 길을 걷게 할 거대한 디딤돌이 된다. 세계사록

# 열리는 혁명의 시대

**1750전후 ≫ 1800전후**

**파리지앵**

하... 진짜 어이털렸다

우리나라 왕비가 굶고있는 백성한테
빵 없으면 케익 먹으라고 했다함——

**보스턴**

헐... 그런건 본때를 보여줘야돼

내 소식 못들었니ㅋ
나 바다에 차 빠뜨렸는데ㅋㅋㅋ

 **잭**

와 머박...

무슨 차요? 벤추? 아오디?

**보스턴**

그 차 아니고 마시는 차...;

 **텐메이**

아...나니ㅜㅜ

버릴거면 내 뱃속에 버리지 혼또니 배고프다요ㅠ

 **마리 앙투아네트**

> 파리지앵 왕비라는 사람이 굶고있는 백성한테
> 빵 없으면 케익 먹으라고 했다함——

오해예요ㅜㅜ가진 게 케익 깊티뿐이라 준건뎅ㅠㅠ

 　　　　　　　　　　　　　　　　 전송

# 하느님보다 닝겐

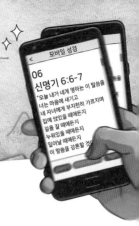

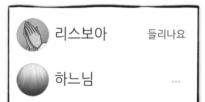

리스보아      들리나요

하느님      …

**I**

## I pray

간절하게 바라는 게 있을 때
다들 어떻게 해?
엄빠 조르면 된다구??

ㅋㅋ 난 기도해.

하늘에 계신 우리 아버지♥

리스보아

# 하느님은 항상 내 기도를
# 들어주시니까ㅎㅎ

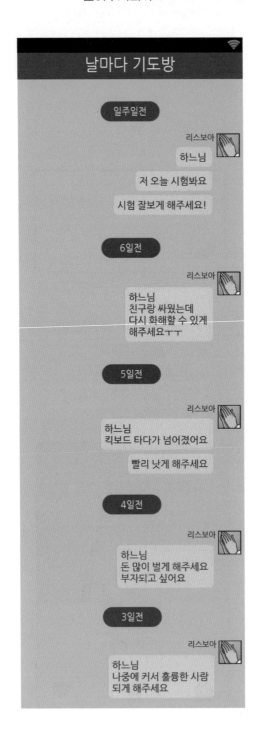

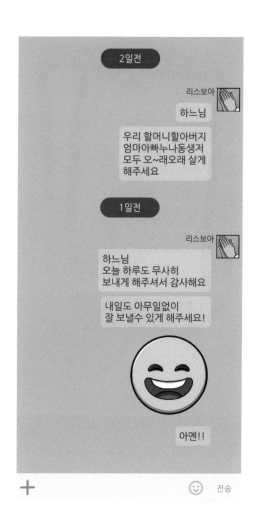

II

# 이럴 수가

답은 없지만, 그래도 난 알아ㅋ
하늘에서 날 항상
지켜보고 계신다는 걸

그런데…

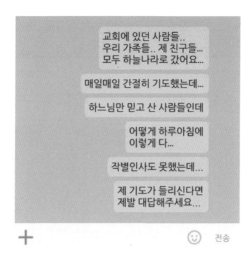

교회에 있던 사람들..
우리 가족들.. 제 친구들...
모두 하늘나라로 갔어요...

매일매일 간절히 기도했는데...

하느님만 믿고 산 사람들인데

어떻게 하루아침에
이렇게 다...

작별인사도 못했는데...

제 기도가 들리신다면
제발 대답해주세요...

＋ 😊 전송

## III

## 믿지 않아

하… 그래 처음부터
이건 말도 안 되는 일이었어.

다 신의 뜻이
있을 거라 생각했는데….

이젠 더 이상
신만 믿을 수 없겠어!

포르투

열린대화를 해보세요.
링크를 선택하면 톡이 실행됩니다.
지진피해복구 열린대화방
https://open.portugal.com/L/
isbonNNB

 포르투

지진피해 대책방입니다.

여러분!
다들 지난 재해로 상심이
크시리라 생각됩니다.

하지만 이럴때일수록
저희가 힘을 합쳐야 합니다!

언제 다시 지진이 올지
모르는데 기도만 하는 건
미련하다고 생각합니다

더이상 속수무책으로
당하지 않게 우리 힘으로
대책을 마련해봅시다!!

리스보아

맞는 말씀이네요
우리 사람도
할 수 있다는 걸
보여줍시다!!!

 파루

옳소!!!

 브라가

맞습니다

 칼레

음...

그래도 열심히 기도하면
하느님께서 답을 주시겠죠

한낱 인간에 지나지 않는
우리가 하느님의 큰뜻을
어떻게 알 수 있나요..

포르투님이 칼레님을 강제로 퇴장시켰소

 포르투

헛소리하는 사람은
말없이 퇴장합니다――

리스보아

ㅋㅋㅋㅋㅋㅋㅋㅋ

 +　　　　 전송

그랬다고 합니다.

- 1755년, 포르투갈 리스본에 대지진이 일어나다.
- 기독교 신자들이 많았던 도시 리스본이 무너지다. 하필이면 기독교 성인들을 기리던 축일에 지진이 나 많은 사람들이 죽고 다친다. 그중 피해가 덜했던 곳은 아이러니하게도 매춘업소 밀집 지역.
- 살아남은 사람들은 신에게 의문을 품는다. 신에게 의존하기보다 본인들의 힘으로 문제를 해결하려고 노력하면서, 점차 인간의 이성을 믿기 시작한다.

1755년 포르투갈

1300년    1400    1500    1600    1700    1800

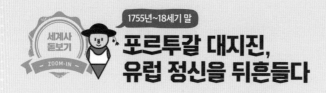

# 포르투갈 대지진, 유럽 정신을 뒤흔들다

세계사 돌보기 ZOOM-IN

하늘에 계신 우리 아버지♥

리스보아

### 리스본(리스보아) 대지진

1755년 11월 1일 토요일 오전 9시 40분경. 지진이 포르투갈 왕국의 수도 리스본을 강타했다. 리히터 규모 8.75로 추정되는 지진은 리스본 건물을 무너뜨리기 시작했고, 가톨릭의 '만성절모든 성인의 축일로 그 전날 밤을 할로윈 데이라고 한다' 미사로 초만원이었던 성당 안의 신자들이 가장 먼저 참변을 당했다.

10분에 걸친 세 번의 진동에서 생존한 사람들은 건물이 없는 트인 곳이 안전할 것이라 여겨 부두로 몰려갔다. 그러나 그들이 만난 것은 지평선에서부터 몰려온 쓰나미였다. 해저가 드러날 정도로 물이 후퇴한 바다에서 밀려든 거대한 해일은 부두를 넘어, 이베리아반도에서 가장 긴 테주강과 도심지까지 휩쓸었다. 지진에서 간신히 살아남은 사람들마저 이로 인해 사망했다. 그 뒤 해일이 두 번 더 왔고, 이 거센 파도는 포르투갈의 나머지 지역과 에스파냐, 모로코를 넘어 대서양 연안 유럽으로 퍼져 아일랜드의 골웨이와 잉글랜드 해안까지 영향을 주었다.

해일이 덮치지 않은 곳에서는 불길이 5일 밤낮으로 타올라 도시 중심지를 잿더미로 만들었다. 왕궁뿐 아니라 7만여 권의 장서와 루벤스1577~1640 등 대가들의 작품을 소장한 도서관을 포함해 건물 1만여 채가 무너지는 등 리스본 건물 85

퍼센트가 붕괴되었다. 그뿐만이 아니다. 이에 더해 목숨을 걸고 신대륙 탐험에 나섰던 모험가들의 지도 및 각종 유서 깊은 기록들까지 불길에 사라져버렸다.

당시 포르투갈 왕실은 개인사로 리스본을 잠시 비운 상황이었고, 미사에 약간 늦게 참례하는 것이 관례였던 귀족들도 화를 피했다. 돌아온 국왕 주제 1세1750~1777 재위와 생존한 귀족들은 리스본의 참담함을 보고 경악했다. 설상가상 인구의 절반 정도 사라진 리스본에 등장한 강도와 범죄자들은 아름다웠던 수도 리스본을 혼돈과 무질서 상태에 빠뜨렸다. 실의에 빠진 국왕은 자신이 신뢰하던 재상 카르발류1699~1782에게 사태의 해결을 위해 전권을 맡긴다. 그는 먼저 범죄자들을 즉결처분하고 군 병력을 동원하는 등 치안을 확보했고, 귀족과 유력자들을 통해 시민들을 진정시켰다. 또한 일체의 종교적 장례 절차를 생략하고 시신을 재빠르게 수습해 전염병 창궐 가능성을 낮추었다.

이후 리스본은 카르발류가 구축한 재난 대비 시스템에 근거한 도시 계획법1758에 따라 재건되기 시작했다. 이 과정에서 지진에 대한 과학적 연구와 국제 공조가 이루어지면서 현대 지진학과 지진공학이 시작되었다. 다만 주제 1세는 대지진 이후 심각한 폐소공포증에 시달려 벽으로 둘러싸인 건물 안에서 생활하는 걸 극도로 기피했다. 아주다 언덕에서 텐트를 치고 살았던 국왕은 카르발류를 오에이라스 백작1759, 폼발 후작1770으로 작위를 승격시키면서 20여 년에 걸친 독재를 허용했다. 거대한 비용을 치르며 재건된 리스본은 더 이상 지진에 취약한 도시가 아니었다. 그러나 피해 복구비용으로 인해 당시 포르투갈 경제는 결정적인 타격을 입었고, 이후 포르투갈의 경제적 황금기는 막을 내린다. 결국 이는 나폴레옹의 침공을 막지 못한 포르투갈 왕실이 남아메리카 식민지브라질로 피난 가는 결정적 배경이 된다.

그러나 리스본 지진이 유럽에 더 큰 영향을 미친 지점이 있다. 사실 지진이 발생한 18세기 중반은 포르투갈, 에스파냐와 같은 이베리아 국가들의 영광이 이전에 비해 빛이 바랜 시기였다. 그럼에도 신항로 개척의 선두인 해상 강국의 심장으로서 리스본이 가진 위치는 상당했다. 부와 명예로 휘황찬란했던 도시가 지진으로 큰 피해를 입은 것을 넘어, 문자 그대로 한순간에 무너져버린 것이다. 이는 당시 유럽인들에게 말할 수 없는 정신적 충격을 안겨주었다.

특히 리스본은 당대 유럽에서도 손에 꼽을 정도로 독실한 가톨릭 신앙의 도시였으며, 지진 발생 당일도 모든 성인들의 축일이었다. 더구나 공교롭게도 성당들은 파괴된 반면 당시 가장 타락했다고 비난받았던 알파마 지구 등은 지진 피해에서 벗어났다. 이는 가톨릭교회와 교회의 가장 큰 후원자였던 국가의 권위에 대한 의문으로 유럽을 술렁이게 만들었다. 당대의 쟁쟁한 사상가들은 앞다투어 '전지전능하면서 한없이 선하지만 대지진을 막지는 않은 신'에 대한 회의감을 드러내기 시작했다. 그리고 이는 결국 지식인뿐 아니라 일반 대중에게도 영향을 미치며, 당시 발전하고 있던 '계몽사상'과 같은 근대 의식에 대한 열렬한 지지를 확산시키는 계기가 된다.

## 계몽사상, 유럽을 물들이다

17세기 전후의 과학혁명과 18세기 초 '이신론理神論'은 유럽인들의 사고에 대전환을 불러일으켰다. 이신론자들은 이성에 기초해 지식과 사상을 검증해야 하며 성경 가운데에서도 오직 합리적인 것만을 신앙의 대상으로 인정해야 한다고 주장했다. 가톨릭에 대한 비판은 인간의 이성으로 낡은 관습과 미신을 타파해 사회가 진보할 수 있다고 주장하는 계몽사상으로까지 나아갔다. 계몽사상은 결국 이성의 소유자인 인간 개개인의 자유와 평등을 옹호하고 절대왕정을 비판하면서 시민혁명을 이끌어낸 사상적 원동력이 되었다.

과학혁명에서 비롯된 합리적 사고방식은 정치권력의 형성과정을 이해하는 데이미 적용되고 있었다. 이는 17세기 개인들의 계약을 통해 국가가 출현했다고 보는 '사회계약설'로 표출되면서 특히 잉글랜드의 정치 궤적과 발전을 같이한다. 토머스 홉스1588~1679는 『리바이어던리바이어던 혹은 교회적 및 정치적 국가의 소재형체 및 권력』1651을 통해 국가 권력을 인간과 계약하고 인간을 종으로 삼는 리바이어던괴물에 비유했다. 그에 따르면 국가와의 주종계약과 권력에의 복종은 개인에게 유익한 것이다. 인간의 자연 상태는 '만인의 만인에 대한 투쟁' 상태이므로 자연적 권리를 국가에게 '양도'함으로써 평화와 안전을 보장받을 수 있기 때문이다. 따라서 필요악인 국가권력은 강력하면 강력할수록 좋다고 주장함으로써 이는 결국 절대군주를 옹호하는 이론이 되었다. 그럼에도 국가란 존재에 대해 객관적으로 접근하고 근대적인 '계약설'을 창조한 학문적 의의는 탁월한 것이었다.

이에 비해 명예혁명기 전후로 활동했던 존 로크1632~1704는 사회계약으로 수립된 정부에게는 생명, 자유, 소유 등 인간의 자연권을 지켜야 할 의무가 있다고 보았다. 그에 따르면 정부가 부여받은 권한은 인간의 권리를 '위임'받은 것에 불과하기 때문에, 개인들은 자연권을 제대로 보장해주지 못하는 정부에 저항할 수 있다. 명예혁명을 옹호하는 이론적 기반이 되기도 한 그의 사상은 이후 미국의 독립선언서나 프랑스의 인권선언 속에서 꽃을 피웠다.

인류 진보를 낙관했던 계몽사상가들은 광범위한 영역에서 토론하고 출판하면서 과학적 사상과 정치 이론을 사회개혁에도 적용하려고 시도했다. 독일의 철학자 이마누엘 칸트가 쓴 논문 「계몽주의란 무엇인가」1784의 '알려고 하라!'는 표현에도 계몽사상의 특징이 명확하게 드러나지만, 당시 계몽사상의 중심지는 프랑스였다. 파리 생제르맹가의 프로코프와 같은 대중적인 카페, 지식인들 사이에 인기가 많았던 살롱 등에서 계몽주의 사상가들은 토론을 펼치면서 그 사상을 발전시켰다.

당시 가장 유명한 계몽 철학자는 '볼테르'라는 이름으로 훨씬 유명한 프랑수아 마리 아루에1694~1778였다. 예수회에서 교육을 받은 볼테르는 광범위한 주제를 다양한 문학적 형식으로 신랄하게 논평했던 작가였다. 명예훼손으로 바스티유 감옥에 투옥되기도 했던 그는 영국으로 추방당해 있던 3년 동안 영국의 정치제도, 문화, 과학, 특히 뉴턴과 베이컨, 로크의 사상에 빠졌다. 관용의 원리, 신앙과 언론의 자유를 강조하면서 영국의 문화와 정치를 찬양한 볼테르의 사상은 프랑스를 비롯한 대륙 절대주의 국가들에 대한 비판이 되었다. 그런 이유로 저서들이 금서가 되거나 소각되기도 했다. 하지만 볼테르는 그를 베를린 궁정으로 초대한 프로이센의 프리드리히 대왕, 개혁에 관해 서신을 교환한 러시아의 예카테리나 여제를 비롯해서 많은 국제적 팬들을 거느린 계몽주의의 화신이었다.

몽테스키외1689~1755는 귀족 가문에서 태어나 보르도 고등법원의 치안판사 자리까지 오른 계몽사상가이다. 볼테르와 같은 명문장가나 선동가라기보다 상대적으로 신중한 법학자였던 그는 31권에 걸친 『법의 정신』1748을 통해 학문적 깊이를 드러냈다. 국가를 공화정, 군주정, 전제정으로 분류한 그는 국왕에 권력이 집중되어 있는 조국의 현실을 비판했다. 권력이 한곳에 집중되면 독재가 일어나 개인의 이성이 발현될 수 없고 자유를 누릴 수 없다고 보았기 때문이다. 이에 영국의 행정, 입법, 사법체제를 모범으로 삼았다. 계몽주의 정치이론가와 지도자들, 특히 미국 헌법을 제정1787한 사람들은 '견제와 균형'을 이상으로 삼아 삼권분립을 주장한 몽테스키외에게서 큰 영향을 받게 된다.

계몽사상의 주제와 양식을 볼테르와 몽테스키외의 저작이 보여주었다면 『백과전서』는 과학적 분석이 사고의 모든 영역에 어떻게 적용되는가를 보여준 집단 저작물이었다. 디드로1713~1784의 주도 아래 달랑베르1717~1783 등 184명이 집필과 간행에 참여한 『백과전서』의 출간 작업은 20여 년에 걸쳐1751~1772 진행되었으며, 19권의 대형 책자와 11권의 도판으로 완성되었다. 『백과전서』는 반종교적이고 혁신적인 내용 때문에 각 권을 출간할 때마다 발행 금지 등 탄압을 받기도 했지만, 당대의 가장 진보적인 학문과 기술을 집대성해 해외식민지를 포함한 유럽 전역의 지식인들 사이에서 높은 인기를 구가했다.

계몽사상은 자유와 권리에 관한 문제뿐 아니라 행정, 세금 징수, 경제 정책 등 국가의 현실적 문제에도 관심을 기울였다. 특히 18세기 국가들이 직면한 재정 수요의 증대는 이러한 문제를 새롭게 부각시켰고 프랑스의 중농주의자와 같은 계몽주의 경제 사상가들은 중상주의 정책을 비판했다. 진정한 부는 토지와 농산물에서 나온다고 주장한 그들은 과세 체계를 단순화하고 자유방임을 옹호했다. 자유방임이란 프랑스어 "자연의 순리대로 내버려두어라"에서 나온 표현으로 부와 상품이 정부 간섭 없이 유통되도록 두는 것을 말한다.

그러나 실제 고전주의 자유방임 경제학은 스코틀랜드 경제학자 애덤 스미스1723~1790의 획기적인 저작 『국부론』1776에서 시작되었다. 중상주의에 대한 반대에 중농주의자와 뜻을 같이한 그는 국가의 전반적인 번영이 '보이지 않는 손'을 통해 이룩될 수 있다고 주장했다. 그에 따르면 개인은 독점업체들과의 경쟁이나 법적 제약 없이 자신의 이익을 추구할 수 있어야 했다. 시장의 힘뿐 아니라 인간의 감정을 꿰뚫어보는 이론가였던 그는 이기적 개인이 의도하지 않아도 부지불식간에 보이지 않는 손에 이끌려 사회의 이익을 진전시킬 것으로 보았다. 그리고 이러한 이론을 통해 18세기 경제 사상가들 중에서 가장 영향력 있는 인물로 떠올랐다.

## 또 다른 계몽사상 이야기

한편, 1786년 4,800여 미터의 유럽 최고봉 몽블랑에 인간의 발길이 닿았다. 첫 등정의 주인공은 등산 안내인 자크 발마1762~1834와 의사 미셸 가브리엘 파카르 1757~1827였다. 이들이 등반을 결심한 이유는 제네바의 과학자 오라스 소쉬르 1740~1799가 내건 상금 때문이었다. 산은 그간 유럽인들에게 악마가 사는 두려운 곳으로 인식되어왔다. 그러나 계몽주의 사상가로서 자연으로 돌아갈 것을 주장한 루소1712~1778나 소쉬르 덕분에 두려움의 대상이었던 자연은 인간 가까이에 있는 친구가 되어가기 시작했다.

장 자크 루소는 계몽주의 사상가였지만 문명을 진보라고 본 볼테르와 같은 주류 사상가들과는 다른 궤적을 지녔다. 리스본 대지진을 자신이 주장한 농촌의 자연적 삶의 정당성을 보여주는 증거라고 주장한 그는 "지금까지 인류의 역사는 퇴보였다"고 주장했다. 그의 『인간불평등기원론』1755에 따르면 인간 불평등의 기원은 사유재산제도에 있었다. 자연 상태의 인간은 '자연인'으로 자유로운 주체자의 자질과 자기완성 능력을 갖춘 평등한 상태였다. 그러나 사유와 함께 평등은 사라졌고 가진 자는 자기 이익을 지키기 위해 계약에 의한 여러 가지 상태를 제도화했다. 그는 기존의 법과 정치제도가 모두 사유재산제도를 보호하기 위해 만들어졌기 때문에 변혁되어야 한다고 주장했다.

망명지 네덜란드에서 펴낸, "인간은 평등하게 태어났으나, 지금은 도처에서 사슬에 묶여 있다"는 유명한 문장으로 시작되는 그의 『사회계약론』1762은 이 같은 입장을 이론적으로 확립한 저작물이다. 군주는 문명사회에서 인간의 자유와 평등을 지켜준다는 사회계약 아래 그 자리에 올랐기 때문에 그 계약을 어긴다면 퇴출되어야 한다는 것이 그의 생각이었다. 일반 의지에 따른 국가 운영을 주장하며 군주제의 폐지까지 염두에 둔 채 자유, 평등, 국민 주권의 이념을 제시한 그의 사상은 프랑스혁명과 민주주의 이념에 큰 영향을 주게 된다.

그러나 이성의 우월함과 평등한 교육을 주장했던 로크나 루소와 같은 계몽주의 사상가들도 여성에 대해서는 사고의 한계를 갖고 있었다. 루소는 특히 "여성은 이성적으로 미개한 상태이므로 우월한 이성을 가진 남성, 특히 아버지와 남편에 의해 교화되어야 한다"라고 할 정도로 여성을 열등한 존재로 보았다. 이는 여성은 남성의 부속물이며 사유재산이라는 당시의 사고에 기인한 것이었다.

1792년 영국의 메리 울스턴크래프트1759~1797는 『여성의 권리옹호』를 펴내며 "여성 불평등의 원인은 신체적 열등성에 있는 것이 아니라 이성적 존재로 인정하지 않는 데 있다"면서 "여성은 남성이 아닌 이성에 복종해야 한다", "여성에게도 남성과 동등한 교육과 직업의 기회를 달라"고 주장한다. 일부 진보적 지식인들을 제외하고 대부분은 메리에 대한 시선이 곱지 않았다. 하지만 이는 그동안 닫혀 있던 세계 절반의 문이 열리기 시작하는 순간이었다.

계몽주의 사상가들은 식민지 정책에 있어서도 모순적인 태도를 가졌다. 그들은 식민지 진출이 비유럽 지역의 야만 세계에 문명의 빛을 쬐게 하는 '계몽'이기 때문에 여기에 저항하는 야만인을 억압하는 것은 불가피하다고 믿었다.

한편 동유럽에서는 계몽사상이 절대왕정을 강화하는 데 기여하며 서유럽과는 다른 역사적 역할을 부여받았다. 왕은 먼저 깨어난 자신들이 무지몽매한 국민들을 계몽시켜야 하며 따라서 자신들이 권력을 유지하는 것은 국민과 사회를 위해서라고 정당화시켰다. 바로 이것이 표트르 대제, 프리드리히 대왕, 예카테리나 여제 등 중동부 유럽의 절대군주들을 계몽 전제 군주라고 부르는 이유이다.

중세의 종교라는 어둠에 대해 근대의 빛이라 여겨진 인간의 이성을 중시하는 계몽사상 또한 그것을 이용하는 자에 따라 그 역사적 성격과 역할이 달라졌다. 결국 이것은 유럽에서 가톨릭이 차지했던 지위에 '이성'이 오르면서 유럽에 새로운 신이 탄생하는 것을 보여주었다. 세계사록

# 보스턴에서의 차 파티

 Tea

## I

## 아메리차노

아메리칸이라고 하면,
왠지 아메리카노를
많이 마실 것 같겠지만.


유노왓?


사실 우린 커피보다
차를 더 좋아해ㅎㅎ

 케빈　사랑에빠졌티♥

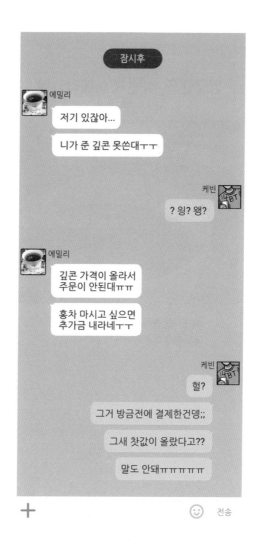

잠시후

에밀리
저기 있잖아...

니가 준 깊콘 못쓴대ㅜㅜ

케빈
? 잉? 왱?

에밀리
깊콘 가격이 올라서
주문이 안된대ㅠㅠ

홍차 마시고 싶으면
추가금 내라네ㅜㅜ

케빈
헐?

그거 방금전에 결제한건뎅;;

그새 찻값이 올랐다고??

말도 안돼ㅠㅠㅠㅠㅠ

전송

## II 찻값

아오! 썸녀한테
점수 좀 따볼려고 했더니ㅜㅜ

무슨 찻값이 초 단위로
인상되냐고오!!!

한잔뉴스

# 잉글랜드, 식민지 아메리카에 차세 부과…

차 판매권은 동인도 회사에 넘겨…
어차피 수익은 잉글랜드 주머니로….

씨이… 우리 아메리카가
니들 호구냬!!! ㅂㄷㅂㄷ

홍차셀러 잉글랜드

케빈

에이요——

적당히 하시죠

잉글랜드

뭘??

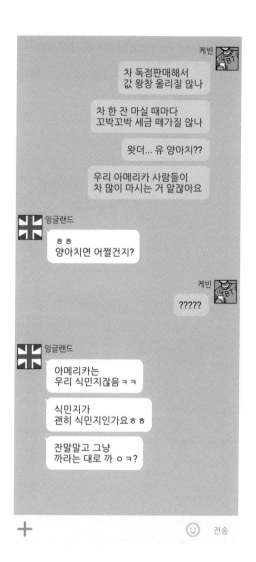

III

티 파티

하! 까라는 대로 까라고?
진짜 까고 있네!!!

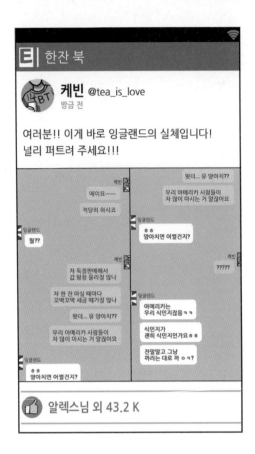

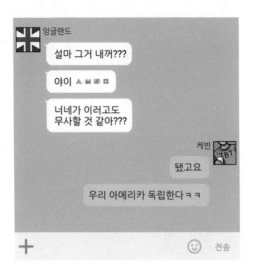

잉글랜드

설마 그거 내꺼???

야이 ㅗㅂㅠㅁ

너네가 이러고도
무사할 것 같아???

케빈

됐고요

우리 아메리카 독립한다ㅋㅋ

😊 전송

그랬다고 합니다.

- 재정 적자가 심했던 잉글랜드는 식민지 아메리카에 각종 세금을 부과해 돈을 벌려고 하지만 아메리카의 격한 반대에 부딪혀 차(茶)세만 거둬들이는 걸로 하다.
- 하지만 아메리카인들, 세금을 내지 않으려 차를 밀수입한다. 이에 잉글랜드는 밀수입을 금지하고 동인도회사에 차를 판매할 수 있는 독점권을 부여한다.
- 1773년 12월 16일 밤, 인디언 복장으로 위장한 일부 아메리카인들이 보스턴항에 정박 중인 영국 동인도회사의 배를 습격해 선박에 실린 차 상자를 바다에 던져버리다.
- '보스턴 차 사건'이 계기가 되어 미국 독립혁명으로 이어지다.

1773년 아메리카

1300년　　1400　　1500　　1600　　1700　　1800

# 혁명의 시대를 열며 탄생한 미합중국

18세기 후반 대서양을 둘러싼 세계는 역사학자들이 명명한 이른바 '혁명의 시대'로 진입한다. 북아메리카 영국 식민지에서 불붙은 혁명은 네덜란드1771, 벨기에1787, 프랑스1789로 확산되었고, 1791년에는 카리브해의 프랑스 식민지 생도맹그로 이어졌다. 다양한 발생 배경이 있었지만 그 기저에는 절대왕정에 대한 저항, 정치적 권리를 향한 시민의 도전, 계몽사상의 확산, 경제 위기 등이 공통적으로 작용하고 있었다. 그리고 대서양 연안을 따라 형성되어 있었던 13개 영국 식민지의 독립혁명이 그 결정적 시작 지점이었다.

## 독립혁명의 배경과 전개

18세기 내내 계속된 전쟁과 그에 따른 재정 부담은 유럽 국가들에게 재정 위기를 가져왔다. 특히 프렌치-인디언 전쟁에서 승리한 영국은 캐나다와 미시시피강 동쪽의 루이지애나를 얻으며 북아메리카에서 독점적인 지위를 확보했지만, 7년 전쟁의 천문학적 비용과 식민지 방위비 부담을 떠안게 되었다. 영국 의회는 식민지에 세금을 부과해 제국의 군사비와 행정 비용을 충당하고자 했다. 북아메리카의 식민지 독립혁명은 이와 같은 영국의 정책에 저항하고 자치를 유지하려던 요구에서 시작되었다.

영국 의회는 직접 식민지 내부 거래에 세금을 부과하는 것으로 중상주의적 정책을 펼치기 시작했다. '설탕세법1764'에 이어 신문, 팸플릿, 달력 등 식민지에서 나온 모든 종이에 3페니의 인지를 붙이는 인지세법1765을 제정한 것이다. 식민지인들은 항의하며 봉기했고, 영국 상품 불매운동을 조직했다. 나아가 "식민지인의 대표를 포함하지 않는 의회는 식민지에 과세할 수 없다"고 선포하기에 이른다. 이는 그동안 행정권은 총독에게 있었지만, 예산 수립 및 과세 등 실제 통치를 통해 본국보다 더 민주적으로 운영해온 식민지 의회의 정치 경험에서 나온 저항이었다.

영국은 인지세법을 철회했지만 곧 본국 의회가 개개의 식민지 모두를 사실상 대표하기 때문에 과세를 포함한 식민지에 적용할 법을 제정할 수 있다고 선언했다. 그리고 식민지에 수입되는 유리, 납, 종이, 도료, 차에 관세를 부과했다타운센드법1767. 7년전쟁의 부채 1억 4,000만 파운드를 갚고 북아메리카 주둔군의 유지비를 충당하자는 재무장관 찰스 타운센드의 제안에 따른 것이었다. 이에 대한 저항은 식민지 주민 다섯 명이 영국 병사들과의 충돌로 사망한 '보스턴 학살 사건1770'과 '보스턴 차 사건Boston Tea Party1773'으로 이어졌다.

보스턴 차 사건은 1773년 12월 '자유의 아들들'이라는 반영단체 회원 100여 명이 원주민 복장으로 보스턴 항구에 정박 중이던 영국 동인도회사의 무역선 2척을 급습, 342개 상자에 담겨 있던 차를 바다에 내던진 사건이었다. 식민지의 반발로 타운센드법에 따른 대부분의 세금은 철폐되었지만 수요가 많던 차에 대한 세금만은 존속되었다. 게다가 영국 정부가 동인도회사에 차 수입 독점권과 낮은 관세를 허용하면서 차 시장을 빼앗긴 식민지 차 밀수업자들이 반발을 표출한 것이었다. 이 사건으로 본국과 식민지 사이의 분쟁은 더욱 커져갔다. 결국 영국은 손해배상이 끝날 때까지 보스턴항을 폐쇄한다는 항만법을 비롯해 법원행정법, 매사추세츠 규제법 등 식민지인들에게 일명 '참을 수 없는 법령'이라 불리는 일련의 법을 제정했다. 이로써 식민지 저항을 주도한 매사추세츠의 자치령을 폐기하는 극단적 조치가 취해졌다.

이에 주민들이 민병대를 조직해 관리들을 쫓아내고 법원과 행정기관을 폐쇄하며 혁명의 기운이 감돌기 시작한다. 매사추세츠의 저항에 다른 식민지인들이 공감하면서 1774년 9월 5일 조지아를 제외한 12개 식민지 대표 56명이 필라델피아의 식민 정부 회의실에서 대륙회의를 열었다1차 대륙회의. 대륙회의는 각 식민지의 정보 교환을 위해 설치되었던 초기의 통신위원회가 발전해 군사·외교·재정 등의 정책 결정 기관으로 승격한 식민지 대표들의 자발적 조직체였다. 본국과의 대립이 첨예해짐에 따라 대륙회의는 식민지 13개 주의 통일된 행동을 지도하는 중심축으로서 실질적 중앙정부 역할을 했다.

사실 대륙회의가 초기부터 영국으로부터의 독립을 목표로 했던 것은 아니었다. 영국이 건전한 자유방임 정책으로 식민지의 자유와 자치를 허용한 1763년까지 식민지인들은 당시 영국 국민보다 실제적으로 더 나은 삶을 살고 있었다. 식민지인들은 영국을 모국으로 여기며 자신들을 식민지가 아닌 제2의 영국으로 대해주길 원했지만 영국은 북아메리카를 그저 인도와 같은 식민지로 여겼다. 영국의 과세 조치들을 통해 그러한 사실을 깨닫는 와중에 전파된 계몽사상은 식민지인들에게 독립을 향한 열망을 심어주었다.

이런 이유로 대륙회의는 영국과의 결별을 주장한 급진파와 자치를 주장한 온건파로 나뉘어졌고 처음에는 영국과의 결별을 두려워하는 온건파의 목소리가 더 강했다. 한 달 20여 일을 넘긴 10월 26일 대표들은 본국의 압제로부터 식민지의 권리와 자유를 수호할 것, 1763년 이후 조치들을 철회할 것, 영국 상품을 거부할 것 등 10개 항을 결의하고 본국의 국왕에게 탄원한 뒤 답을 기다렸지만 조지 3세1760~1820재위는 이를 무시했다.

이듬해인 1775년 4월 보스턴 서쪽 렉싱턴과 콩코드 인근에서 영국군과 식민지 민병대 사이에 첫 무력충돌이 발생한다. 조지 3세는 원정군 3만 명을 파견함으로써 전쟁으로 답했고, 식민지는 조지 워싱턴1732~1799을 총사령관으로 하는 민병대를 조직하며 본국에 선전포고했다. 민병대 창설 회의에서 버지니아 대표였던 패트릭 헨리1736~1799가 "자유가 아니면 죽음을!"을 외치며 독립을 주장했지만, 이후 진행된 2차 대륙회의1775.5.10에서도 3분의 1은 여전히 본국을 지지하는 등 대표들 사이의 분열은 계속되었다.

그러다 1776년 1월 토머스 페인1737~1809이 펴낸 『상식Common Sense』이 출간되면서 분위기는 급반전된다. '아메리카합중국'이라는 명칭이 최초로 사용된 이 소책자에서 페인은 독립이 가져오는 이익을 설명했다. 이 책은 당시 인구 300만 명이던 식민지에서 40만 부가 팔리는 기염을 토하며 독립을 향해 일치단결하는 모습을 만들어냈다. 결국 3차 대륙회의에서 식민지 대표들은 1776년 7월 4일 「독립선언서」를 채택했고, 새로운 국가 건설을 선포하기에 이른다. 토머스 제퍼슨

1743~1826이 기초한 「독립선언서」에 따르면 모든 사람이 평등하게 태어났고, 생명과 자유, 행복 추구는 신이 준 양도할 수 없는 권리다. 정부는 이를 보존하기 위해 조직되었으므로 이를 해치는 정부를 바꾸거나 폐지하고 새 정부를 수립하는 것은 민중의 권리였다. 이에 식민지는 영국의 지배에서 벗어나 자유롭고 독립된 나라가 되어야 했다.

이후 독립을 좌시할 수 없다며 군대를 속속 집결시킨 영국과의 전쟁은 더욱 치열해졌다. 사실 독립전쟁 시작 직후에는 어느 편이 승리할지 예측할 수 없었다. 영국군은 강력할 뿐 아니라 잘 조직되어 있었지만 대서양 건너 낯선 땅에서 싸워야 했고, 식민지인들은 익숙한 자기 땅에서 싸웠지만 강력한 군대나 효율적인 명령 체계가 없었기 때문이다. 그런 상황에서 1777년 10월 발발한 새러토가 전투는 중요한 전환점이었다. 영국군이 참패한 이 전투 후 프랑스가 식민지 독립을 인정하고 군사 원조 확대를 약속1778한 것이다. 여기에 에스파냐1779와 네덜란드1780가 프랑스와 동맹을 맺고 영국에 맞섰다. 결국 1781년 10월 요크타운 전투에서 심각한 타격을 입은 영국은 식민지와 종전협상을 시작한다. 2년간의 협상 끝에 1783년 9월 식민지 대표 벤저민 프랭클린1706~1790은 파리에서 조약을 체결파리 조약해 전쟁을 종결지으며 독립혁명의 성공을 확정한 승전보를 알려왔다.

## 미합중국의 탄생

식민지인들은 독립전쟁을 치르면서 각 주 정부와 중앙정부를 수립하는 작업에 착수했고, 치열한 토론과 협의 끝에 1787년 9월 필라델피아 제헌의회에서 헌법안의 합의에 도달했다. 헌법을 통해 전쟁 선포, 군대 조직, 조약 체결, 화폐 발행 그리고 통상을 규제할 수 있는 강력한 연방정부가 창출되었다.

그러나 연방정부와 주 정부로 권력은 분할되었고 연방정부 내에서도 행정부, 입법부, 사법부가 '견제와 균형'의 원리에 따라 대등하게 권력을 분점했다. 상원과 하원, 대통령, 연방 법원도 상호 견제해야 했다. 하원의원만 인구 비례에 따른 국민의 직접 선거로 선출되었는데, 상원의원은 주 의회에서 주별로 두 명씩 선출해 하원을 견제했다. 대통령은 주에서 선출된 선거인단이 연방 수도에 모여 선출해 다수 국민과 의회 모두 선출과정을 마음대로 통제할 수 없게 했다. 이를 바탕으로 1789년 미합중국이라는 최초의 민주 공화국이 탄생했고 초대 대통령으로 조지 워싱턴이 선출되었다.

그러나 건국 후 미국에도 갈등의 요소들은 여전히 남아 있었다. 독립전쟁 중 식민지 백인 인구의 약 20퍼센트는 영국에 충성했다. 그리고 1783년까지 약 8만 명의 충성파가 미국을 떠나 영국, 서인도제도와 캐나다로 이주했으나, 여전히 대립의 여지는 남아 있었다.

흑인 노예들은 자유를 얻기 위해 전쟁에 참여했다. 하지만 군대에 입대하는 흑인 병사에게 자유와 토지를 주겠다는 영국의 약속을 믿고 영국군에 더 많이 가담했다. 또한 전쟁의 혼란을 틈타 수많은 노예가 도망쳤다. 그 와중에 식민지인들 사이에서 자유를 위해 싸우면서 같은 인간을 노예로 부리는 것은 위선이라는 비판이 일었다. 이에 노예무역과 노예제에 대한 반대가 확산되기 시작했다. 그러나 경제적 기반을 노예제에 의존하고 있던 남부에서는 여전히 이에 대한 지지가 공고해 대립을 예고했다.

이로쿼이 연맹 6부족 중 4개 부족을 포함한 여러 원주민 부족은 독립전쟁에서 영국 편에 가담했다. 영국은 프렌치-인디언전쟁 이후 원주민과의 충돌로 인한 방위비 증가를 우려해 식민지인들이 애팔래치아산맥 서쪽으로 진출하는 것을 막아왔었다. 그러나 식민지인들은 끊임없이 서부로 진출했다. 심지어 대륙회의는 이로쿼이 4개 부족 지역을 빼앗기 위해 4,500명 규모의 원정군을 파견해 40개에 이르는 원주민 마을을 파괴했고 수많은 원주민을 살상했다1779. 결국 파리조약에서 애팔래치아산맥과 미시시피강 사이의 방대한 지역이 원주민의 권리가 무시된 채 미합중국의 소유로 인정되었다. 미국은 토지를 구획하고 분배하는 작업에 착수했고 이는 원주민 말살과 다름없었다.

조지 3세는 1776년 7월 4일을 기록한 글에 "오늘은 어떤 중대한 일도 일어나지 않았다"라고 썼다. 그러나 그날 이후 시작된 식민지의 독립혁명은 혁명의 시대가 열리는 역사의 큰 전환점이었다. 파리 조약에 따라 미국 영토는 동서로는 대서양에서부터 미시시피강까지, 남북으로는 플로리다반도 북단에서 5대호까지의 광대한 지역이 되었다. 식민지가 계몽주의 원리에 입각한 공화국을 건설하는 데 성공하고, 국민의 대표가 이처럼 넓은 영토를 통치하게 되었다는 것은 '계몽된' 유럽인 사이에서 진보에 대한 낙관론의 명확한 근거가 되었다. 그리고 혁명은 유럽과 중남아메리카에 전파되기 시작했다. 미국 독립혁명에 참가했던 라파예트 1757~1834가 프랑스에서 혁명 발발에 영향을 미치며 미국 「독립선언서」에서 영향을 받은 「인권선언」을 기초한 것은 독립혁명의 역할을 보여주는 대표적 장면이었다. 세계사록

## 📍미국 독립혁명

영국령 캐나다

퀘백

렉싱턴 전투
(1775)

새러토가

보스턴

뉴욕

필라델피아

보스턴 차 사건
(1773)

에스파냐령

빈센스

미국 독립 선언
(1776. 7. 4.)

찰스턴

서배너

요크타운 전투
(1781)

대서양

1776년 독립을 선언한 13개 식민지
1783년 영국으로부터 취득한 지역
영국군의 진로
식민지군의 진로

# 산업혁명 개나줘버려

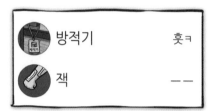

| | | |
|---|---|---|
| 방적기 | | 훗ㅋ |
| 잭 | | ㅡㅡ |

## I
## 있는 놈

우리 사장님..
참 멋진 분이에요.

돈 많이 벌어서
집도 장만하고, 차도 사고,
전국에 공장도 여러 개 차리셨죠.

근데 왜..
우리 줄 돈은 업서요?

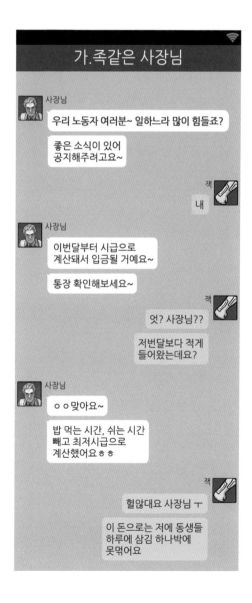

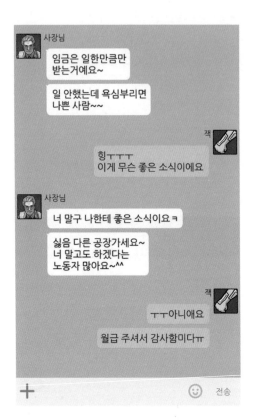

입사할 땐 가족 같은 분위기에서
일할 수 있다더니,
정말 자식같이 대해줘요.


남의 집 자식같이요ㅜㅜ


나보다 기계를
더 이뻐한다니까요.

아무래도 좋으니
제 일 좀 줄었으면 좋겠어요ㅜㅜ

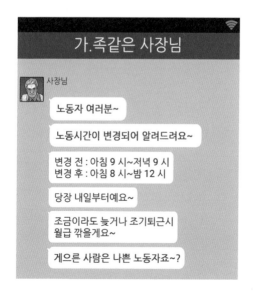

근데요, 사장님.
돈 많이 벌었다면서요ㅜㅜ?

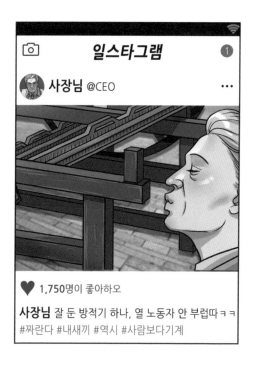

사장님이 좋아하는 그 기계도…
나 같은 노동자 몇 백 명
갈린 돈으로 산 거잖아요ㅜㅜ

# 가.족같은 사장님

잭

저어..사장님
저희 인센 안 주시나요?

사장님

엥?? 무슨 인센?

잭

매출 마니 올랐던데...

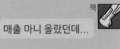
사장님

그게 우리 근로자 친구랑
무슨 상관이에요~?

일은 기계가 다했잖아요~

기계보다도 실적 못낸 주제에
바랄걸 바래야죠~?

월급 깎이고 싶어요~?

어린게 돈만 밝히고말야ㅉㅉ

자꾸 그러면 확 잘라버려요~?

일 그만두고 싶은거아니면
열심히 일이나 해요~

알아서 야근도 좀 하고~^^

왜 대답이 없어요?

진짜 짤리고 싶어??

잭

그랬다고 합니다.

- 1750년경 영국. 방적기, 증기기관 등의 발명으로 산업 구조에 혁신적인 변화를 가져오며 산업혁명이 시작되다.
- 공장제 대량생산이 가능해지며 제품생산력이 비약적으로 증가하였으나, 발전 속도에 비해 노동자들의 업무 환경은 시대를 역행한다. 특히 여성과 아동 근로자에 대한 착취가 심했다고.

18세기 영국

1300년 1400 1500 1600 1700 1800

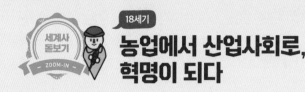
# 농업에서 산업사회로, 혁명이 되다

잉글랜드 여왕 엘리자베스 1세1558~1603재위는 모든 백성이 늘 뜨개 모자를 착용해야 한다는 칙령을 공포했다. 때문에 여자들은 밤새 뜨개질을 해야 했고 그를 지켜보던 윌리엄 리?~1610 사제는 이런 고충을 덜어주는 기계를 제작하겠다는 획기적인 발상을 하게 된다. 6년여 만에 '양말 짜는 틀'인 편물 기계를 만든1589 그는 런던으로 가서 여왕을 알현하고 특허를 요청한다. 그러나 이를 본 여왕은 기계 때문에 백성이 일거리를 빼앗기고 거지가 될 것이라며 특허 내주기를 거부한다. 프랑스에서의 도전도 실패했고, 제임스 1세1603~1625재위에게도 같은 이유로 거절당했다. 이는 모두 탁월한 발명품이 정치적 불안을 가져올 것이라는 우려가 일으킨 부정적 반응이었다.

그러나 18세기 중반의 영국은 달랐다. 수많은 귀족, 젠트리신사, 숙련공 등이 발명에 관심을 기울이며 특허 취득에 앞장서 이윤을 추구했고, 정부는 이를 독려했다. 1700~1850년에 면직공업 분야를 포함한 직물업과 관련해 출원된 특허가 무려 2,330건에 달했을 만큼 당시 영국의 기술혁신은 눈이 부실 정도였다. 그리고 이는 세계인의 삶을 뿌리째 바꾸게 될 '산업혁명'이라는 변혁의 일부였다.

산업혁명은 18세기 후반부터 거의 100년에 걸쳐 영국에서 일어난 사회경제적 변화를 가리킨다. 기술혁신과 공장제 도입이 가장 큰 특징이지만 사회가 농업 중심에서 산업 중심으로 이행했다는 것, 즉 경제구조 자체를 근본적으로 변화시켰다는 점에 산업혁명의 더 큰 역사적 의의가 있다. 일명 '산업사회'는 석탄, 전기 등에서 얻은 거의 무한한 동력을 이용해 상품을 대량으로 생산해냈고 이는 이

전 사회에서는 볼 수 없었던 지속적인 경제성장과 인구증가를 촉발시켰다. 그리고 이러한 변화가 영국에서 유럽으로 확산되면서 이전 시대 번영을 구가하던 아시아의 왕조들에 대해 유럽 세력이 우위를 점하는 결정적 분기점이 되었다.

## 왜 영국이었는가?

산업혁명은 18세기 당시 경제적으로 더 번성하고 안정적이었던 서아시아와 동아시아의 왕조나, 유럽의 강자였던 오스트리아, 프랑스 등에서 일어나는 것이 자연스러웠을 수도 있다. 그럼 '왜 영국이었는가?'라는 의문이 든다. 이에 대한 해답은 엘리자베스 시대 이후 200여 년 동안 무르익었던 영국의 전반적인 분위기에서 찾아야 한다.

유럽과 같이 봉건제가 뿌리 깊지 않았던 영국 국왕은 프랑스에서처럼 절대 권력을 휘두를 수 없었다. 특히 명예혁명 이후 정치의 중심이 된 의회는 재산 소유자의 이해관계를 대변하면서, 상인 및 신흥 부르주아로 대표되는 국민들의 재산권과 경제활동을 국왕의 자의적 권력으로부터 보장해주었다. 특허제도로 발명의 성과를 개인이 누릴 수 있게 되자 기술혁신이 가속화되었다. 이와 함께 봉건제 아래에서 특권을 누리며 새 기계와 기술 개발을 방해하던 독점회사나 길드의 힘이 약화되기 시작했다. 이는 제조업자를 비롯한 다양한 집단들이 경제 활동을 위한 규칙을 제정하거나 규제하는 입법을 요구했기 때문이다. 또한 의회를 통해 도로, 운하, 항만 정비 사업을 위한 입법이 시행되었으며, 외국산 공산품 수입은 억제하고 원료 수입과 영국산 공산품 수출을 장려하는 법이 제정되기도 했다.

특히 당시 급격하게 늘어났던 전쟁 비용을 감당하지 못해 혁명 전 프랑스 정부가 무너졌던 것과 달리 영국 의회와 행정부는 비교적 제 기능을 발휘하고 있었다. 이들은 저항이 덜한 소비세와 관세 위주로 조세 구조를 바꾸었다. 잉글랜드 은행에 대해서도 장기 영구 공채를 보증하는 등 국내의 법과 질서를 유지하면서 국외에서는 국가적 이해관계를 보호하는 데 성공했다.

이와 더불어 동력원이 되는 석탄과 철 등의 풍부한 자원, 18세기 인클로저울타리 치기운동으로 인해 발생한 풍부한 노동력, 도시로 진출한 노동자들이 형성한 넓은 국내 시장, 전쟁 결과 획득한 방대한 해외 식민지, 국내외 시장을 바탕으로 부를 축적한 자본가, 도로 및 운하 등의 교통망의 발달이 뒷받침되었다. 이 모든 것이 개방적 정치체제 안에서 한데 어우러져 서서히 그러나 혁명적으로 사회 구조의 변화를 이끌며 나아갔다.

## 면직공업에서 러다이트까지

산업혁명 시대 가장 눈부신 발전을 이룩한 분야는 인도산 면제품을 대체하려는 노력에서 시작된 면직공업이었다. 17세기만 해도 유럽은 모직물, 인도는 면직물, 중국은 견직물의 주산지였다. 영국은 모직물 공업이 발달했지만 네덜란드를 물리치고 동인도 무역을 독점한 17세기말 수출량 세계 1위였던 인도의 면직공업을 접수했다. 값싸고 질긴 인도산 면제품이 수입되면서 그에 대한 대중적 인기 또한 가히 폭발적으로 일어났다. 그러자 모직물 제조업자를 포함한 이익 집단이 인도산 제품의 수입과 소비를 금지하는 입법을 요구했고, 인도산 면제품은 수입이 금지되었다. 그러나 이는 아이러니하게도 영국 내에서 대체 면제품 생산에 관심을 기울이게 만들었으며, 결국 면직공업에서 기술혁신을 향한 본격적인 움직임을 불러일으키는 계기가 되었다. 원료인 면화 공급 루트 또한 노예 노동을 통해 높은 수익을 얻게 될 북아메리카 식민지 등을 통해 확보했다. 그리고 인클로저운동으로 수많은 도시 노동자가 배출됨과 동시에 인구의 급증으로 면직물 시장이 확장된 것도 면직공업 발달의 중요한 요인이 되었다.

면직공업 분야에서 시작된 기계의 발명은 산업혁명의 시작을 알렸다. 1760년경부터 사용되기 시작한 존 케이의 '플라잉셔틀' 방직기는 면포 생산을 2배로 늘리면서 면사 수요를 대폭 증가시켰다. 제임스 하그리브스가 발명한 제니 방적기1768는 1인당 면사 생산을 무려 8배나 높였으며, 아크라이트의 수력 방적기1769는 제니 방적기의 실이 약하다는 단점을 해결했다. 이후 크럼프턴의 뮬 방적기1779 등으로 발전하면서 면직공업의 생산성이 크게 향상되기에 이른다. 일례로 100파운드의 원면을 가공하는 데 인도의 수공업자가 약 5만 시간을 들여야 했다면, 크럼프턴의 뮬 방적기를 사용하면 2,000시간, 18세기 말 동력 뮬 방적기의 경우 300시간이면 충분했다.

기계들이 동력을 필요로 하면서 산업혁명의 다음 국면은 동력혁명으로 이어졌다. 1769년 스코틀랜드 출신 기계 제작자 제임스 와트1736~1819가 증기를 이용한 새로운 동력기관 개발에 성공한 것이 그 결정적 계기였다. 뉴커먼식 증기기관에 비해 연료비를 25퍼센트나 절약할 수 있는 새로운 기관이 제작되고 이후 갖가지 부속품 개량으로 실용적인 증기기관이 완성되었다. 와트의 증기기관은 가내공업이나 매뉴팩처의 생산도구로 사용되던 인력, 축력, 수력 등의 자연력에 비해 효율성이 월등히 높았고 강력한 힘을 지속적으로 무한정 공급할 수 있었다. 이 때문에 산업 각 부문에 널리 이용되면서 공장제 기계공업과 이를 통한 대량 생산 시대가 눈앞에 펼쳐지는 엄청난 변화를 불러일으켰다. 와트는 사업가 볼턴과의 동업을 통해 스태퍼드셔의 탄광과 철공장에 증기기관을 설치한 것을 비롯해 제지공장, 제분공장, 면직공장 등에 수백 기를 설치, 7만 6,000파운드라는 거액을 벌어들이기도 했다.

공장제 기계와 장비의 필요는 제철공업의 발전을 가져왔고, 이러한 기술혁신이 모두 석탄이 공급하는 동력에 의존하면서 석탄 채굴에도 박차가 가해졌다. 게다가 증기기관은 증기기관차, 증기선으로까지 이용되면서 교통, 통신혁명까지 일으키는 위력을 과시하게 된다. 결국 면직공업은 하나의 시작이었고 산업화는 영국의 다른 생산 분야로 계속해서 파급되어간 것이다.

산업혁명 이후 영국에서 일어난 변화는 이전 시대에는 상상할 수조차 없던 것이었다. 물질생활이 이전과 비교할 수 없을 정도로 풍요로워진 것은 당연했다. 수공업을 통해 소량으로 생산되던 물품들이 공장제 기계공업으로 대량 생산되면서 대량 소비가 가능해졌다. 이를 통해 많은 사람들이 귀족들의 전유물이었던 상품들을 소비하고 사용할 수 있게 되었다. 일례로 1780년부터 영국의 면직물은 세계 시장을 휩쓰는데, 영국에서는 보통 사람들이 난생처음으로 시트, 식탁보, 커튼, 속옷을 가질 수 있게 된 의복혁명이 일어났다. 그동안 여성들은 파란색, 검정색 옷을 10년이나 세탁하지 않고 입곤 했다. 빨래를 하면 옷이 다 헤져 없어질까 염려한 탓이다. 가볍고 물빨래가 가능한 면직물은 이런 걱정과 불편함에서 여성들을 해방시켜주었다.

또한 농업 종사 인구가 공장의 노동력 공급을 위해 도시로 몰려들었다. 이에 신흥공업도시가 발달하면서 공기 오염, 비위생적인 상하수도 시설, 열악한 주거 환경 등 도시 문제가 발생하기도 했다. 휘황찬란한 물질생활의 풍요로움 이면, 도시의 뒷골목에는 악취가 진동하게 된 것이다.

한편 산업사회에서는 새로운 계층의 발생과 그로 인한 문제가 제기되었다. 산업자본가 계층부르주아이 이전의 지주나 귀족을 대신해 지배 계층으로 자리 잡았고, 임금노동자프롤레타리아들은 공장에서 노동하며 그 대가로 임금을 받는 계층이 되면서 이들 사이의 갈등이 나타나기 시작한 것이다. 산업자본가는 최소 투자로 최대의 이익을 얻고자 했는데『국부론』에서 이들은 자신들의 생각을 정당화해 주는 이론을 발견한다. 이에 따라 당시 영국 노동자들은 최소 임금을 받으며 지옥 같은 삶을 강요받기 시작했다. 공장주에게서 돈을 받고 잠을 깨우러 다니는 사람들의 성화와 5분만 지각해도 임금의 4분의 1을 깎는 '제멋대로 공장 규정'에 이들 삶의 질은 갈수록 낮아졌다. 하루 16시간에 달하는 노동에도 불구하고 멀건 수프나 쐐기풀 죽을 먹어야 했던 당시 영국 노동자들의 평균 수명이 25세 전후였던 것은 당연한 일이다.

여성과 아동의 노동 문제는 더욱 심각했다. 그동안은 남성들이 직접 물품을 만들어왔으나 기계가 생산을 담당하면서 기계의 작동과 고장 여부 등을 감독하는 단순 노동이 등장했다. 이에 여성과 아동은 성인 남성에 비해 임금이 싸다는 이점도 있었기 때문에 산업자본가들은 성인 남자 대신 여성이나 아동을 고용하기 시작한 것이었다. 산업혁명기 아동들은 한 끼 식사비 정도밖에 안 되는 임금을 받기 위해 새벽부터 한밤중까지 15시간 이상의 노동에 채찍질도 견뎌야 했다.

이처럼 노동자들은 공장에 대량 보급된 기계 때문에 일자리를 잃고 임금이 갈수록 떨어지는 상황에 처했으나, 자신들의 처지를 호소할 통로는 막혀 있었다. 1799년 단결금지법으로 파업과 시위가 엄금되었기 때문이다. 영국 노동자들이 19세기 초 러다이트운동이라는 기계파괴운동에 동조하게 된 이유이기도 했다.

산업혁명은 18세기 후반 영국을 휩쓴 뒤 바다를 넘어 19세기 전반 프랑스와 유럽 대륙으로, 19세기 중반 미국과 독일로 그리고 19세기 후반 이후에는 일본과 러시아로 퍼져나간다. 그 과정에서 전 세계에 근대 유럽의 경제적 근대성을 전파시켰지만 그와 동시에 갈등과 해결 과제를 안겨주었다. 세계사록

# 마리는 괜찮아

 마리 앙투아네트 　^ᵕ^

 루이 16세 　　　ㅠㅠ

## I
## 갓와이프

세상에서 제일 아름다운
여자를 꼽으라면,
난 당연 그녀라고 말할 거야!


나의 #와이프 #마리


아부가 아니고 진짜로 예뻐ㅋㅋ
사진만 찍으면 다 화보야ㅎㅎ

얼굴만 이쁘게 아니고
마음도 예뻐요ㅎㅎ


근데 여보야…
그거 알아요???
사람들이 당신 오해하는 거…

**익명 1818**
헐 이 시국에 패션쇼?

**익명 313**
무개념이네요ㅉㅉ

**익명 486**
백성들 밥 사줄 돈은 없고
옷 살 돈은 있나봄??

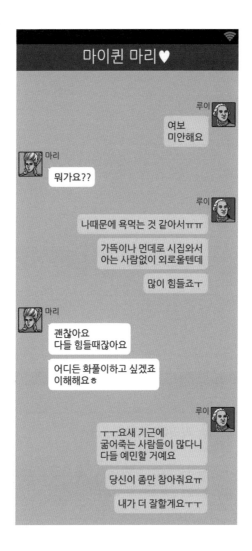

175

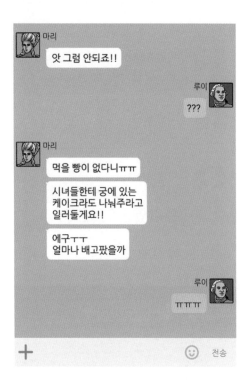

그런데…
사람이 한번 미움을 사면
모든 행동이 고깝게 보이나 봐ㅜㅜ

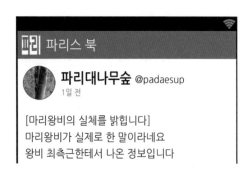

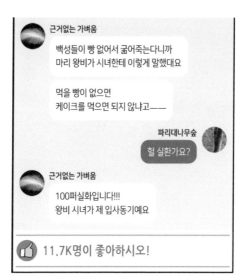

근거없는 가벼움
백성들이 빵 없어서 굶어죽는다니까
마리 왕비가 시녀한테 이렇게 말했대요

먹을 빵이 없으면
케이크를 먹으면 되지 않냐고——

파리대나무숲
헐 실환가요?

근거없는 가벼움
100퍼실화입니다!!!
왕비 시녀가 제 입사동기예요

👍 11.7K명이 좋아하시오!

익명 28282
이런 여자가 왕비라니....

익명 44444
백성들은 굶고있는데 왕비란 여자가ㅉㅉ

익명 18181
저도 왕비최측근한테서 들은건데
궁에서 맨날 파티만 연대요

익명 54321
사치끝판왕

익명 59595
나도 들어봄ㅋㅋ
어린남자들 초대해서 밤새 논다던데

오해야… 다 오해라고!!!
내 와이프
그런 여자 아니라고오!!!!!

익명16 (나 / 루이 16세)
이거 사실무근이에요..
제가 진짜 왕비님 최측근인데
되게 좋은 분이에요...

익명 18181
왕비님 여기서 이러시면 안됩니다

177

그랬다고 합니다.

- 마리 앙투아네트, 오스트리아와 오랜 숙적이었던 프랑스와의 동맹을 위해 루이 16세와 정략결혼을 하다.
- 사치가 심했다고 알려진 것과 다르게 역대 왕비들에 비해 검소한 생활을 하다. 사치라고 해봐야 베르사유 궁전에 딸린 트리아농 별장의 정원을 꾸며놓고 전원생활을 즐긴 것 정도.
- 빵이 없으면 케이크나 과자를 먹으라 했던 일화는 과장되어 부풀려진 케이스.

18세기 후반 프랑스

1300년 1400 1500 1600 1700 1800

# 롬곡줄줄 프랑스혁명

 평민쓰 　　　　　배고파요,,,

 빵 　　　　　※재고없음※

## I
## 오늘의 끼니

활기찬 하루를 보내려면
속을 든든히 채워야
힘이 나는 법!


다들 밥은
잘 챙겨먹고 다니시나?

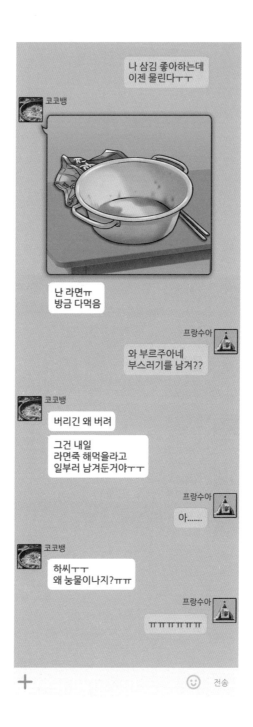

월급은 안 오르는데
물가는 하루가 다르게 치솟고

그나마 번 돈은
세금 내느라 다 써서 없구ㅠㅠ

이 와중에 임금님은
세금을 또 올리겠대.

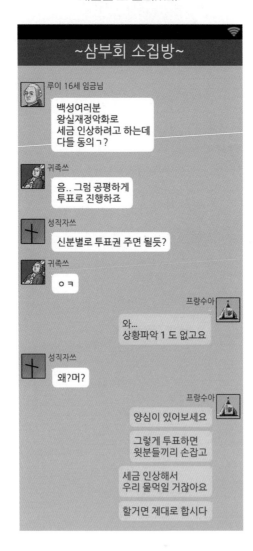

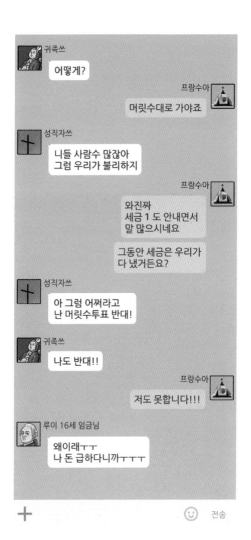

국민의회

해도해도 너무 하네.

백성의 의무도
다하지 못한 놈들이
제 잇속만 챙기려 들잖아?

그래서 백성의 의무를 다한
사람들끼리만
따로 단톡방 팠어ㅎㅎ

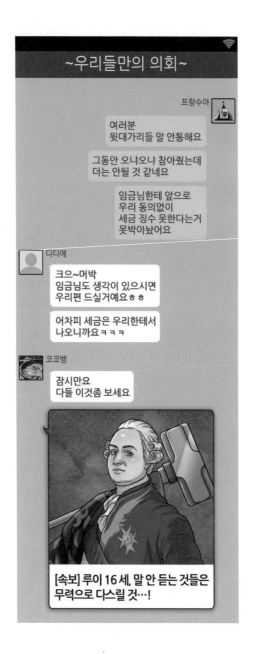

~우리들만의 의회~

프랑수아

여러분
윗대가리들 말 안통해요

그동안 오냐오냐 참아줬는데
더는 안될 것 같네요

임금님한테 앞으로
우리 동의없이
세금 징수 못한다는거
못박아놨어요

디디에

크으~머박
임금님도 생각이 있으시면
우리편 드실거예요ㅎㅎ

어차피 세금은 우리한테서
나오니까요ㅋㅋㅋ

코코뱅

잠시만요
다들 이것좀 보세요

[속보] 루이 16 세, 말 안 듣는 것들은
무력으로 다스릴 것…!

프랑수아

와 어이없내

이러면 우리도 가만못있죠
싸웁시다!

미셸

ㄱㄱㄱ
본때를 보여줍시다!

올리비에

근데.. 어디로 가죠?
우리 무기도 없는데ㅜㅜ

프랑수아

좌표 찍어드릴게요

바스티유 감옥
maps.france.com

지도보기

전송

그랬다고 합니다.

- 프랑스의 제1, 제2신분인 성직자와 귀족들은 각종 부와 특권을 누리면서도 세금은 내지 않다. 제3신분인 평민만 세금 납부의 책임을 지다. 그럼에도 정치에 참여할 기회는 없다.
- 거듭되는 재정악화로 루이 16세, 삼부회를 소집하다. 신분에 따라 표결방식에 의견 차이를 보이며 대립이 극렬해지고 만다.
- 제3신분, 독자적인 국민의회를 만들다. 헌법 제정까지 물러나지 않을 것을 맹세하다. #테니스코트의_서약
- 루이 16세, 무력을 행사하다. 이에 파리 민중들이 들고 일어나, 국왕 전제정치의 상징이었던 바스티유 감옥을 습격한다. 이로써 프랑스혁명이 발발하다.

1789년 프랑스

1300년 1400 1500 1600 1700 1800

**1789년~1792년**

# 프랑스를 뒤덮은 혁명의 물결

1789년 프랑스에는 유럽인 다섯 명 중 한 명이 살고 있었고 유럽은 그곳을 문화의 중심지로 여겼다. 미국 독립혁명을 통해 진보에 대한 자신을 얻었던 유럽 지성인은 프랑스혁명의 발발을 보며 더 큰 희망을 품었으나, 그와 함께 10년 동안 이어진 생각보다 길고 폭력적인 혁명의 과정에서 좌절과 두려움 또한 맛보았다. 프

[속보] 루이 16세, 말 안 듣는 것들은 무력으로 다스릴 것…!

랑스혁명을 예의주시했던 유럽 각 국가들은 찬성과 반대를 표명하며 근대 역사의 결정적인 페이지들을 써내려갔다.

## 프랑스혁명의 발발

프랑스혁명은 루이 16세1774~1792재위가 소집한 삼부회로부터 시작되었다. 루이 14세부터 과도한 부채로 허덕이던 프랑스 재정은 7년전쟁과 미국 독립전쟁에 따른 지출 증가로 거의 파산상태에 이르렀다. 1780년대에는 대략 400만 리브르의 국채를 감당하느라 국가 예산의 50퍼센트를 지출하는 지경이었다. 루이 16세에게는 재정 악화의 근본 원인이며, 특권층의 면세 혜택으로 대표되는 모순에 찬 '구제도앙시앵레짐'를 개혁해야 할 책임이 지워졌다.

　인구의 2퍼센트에 불과하면서 전체 토지의 40퍼센트 이상을 차지하고 있던 제1, 제2신분인 성직자와 귀족은 세금을 거의 내지 않았다. 과세 부담은 제3신분, 특히 가

장 부담이 컸던 소금세를 비롯해 현금상스이나 현물상파르의 형태로 수확량의 20분의 1에서 5분의 1을 세금으로 바쳐야 하는 농민에게 집중되어 있었다. 튀르고나 네케르와 같은 개혁가를 재무장관으로 앉히며 시도했던 루이 16세의 개혁은 파당만을 불러일으키며 실패로 끝난 상태였다.

게다가 혁명 전 10년은 귀족이나 농민에게 견디기 힘든 시기였다. 전반적인 경제 성장에도 불구하고 1773년부터 몇 년 동안 계속된 가뭄과 혹한으로 인한 흉작은 심각한 식량 부족으로 이어졌고, 걸인과 유랑민의 급증을 낳았다. 수입이 격감한 영주는 세금을 더욱 올렸고, 귀족은 4대째 귀족 혈통인 사람만 장교가 될 수 있게 하는 등 대신과 고등법원 판사, 고위 성직 등을 독점하며 평민들의 신분 상승 기회를 차단했다. 나아가 특권층에 과세하려는 국왕 정부를 '전제정'이라 비난하며, 스스로를 국민의 대표이자 법 수호자로 자처하면서 절대왕정 이전에 누렸던 권리를 회복하고자 했다.

과세를 위해 신분별회의의 소집을 내건 특권층의 요구에 따라 1789년 5월 5일 삼부회가 소집되었다. 1614년을 마지막으로 무려 170여 년 만의 일이었다. 그러나 막상 삼부회가 소집되자 주도권은 특권층에서 제3신분으로 넘어갔다. 제3신분 대표들은 관례를 깨고 세 신분의 통합회의와 머릿수 표결을 요구했고 삼부회가 신분별로 각 1:1:1의 투표권만을 인정하겠다고 발표하자 분노했다.

제1, 제2신분의 편을 든 국왕의 대응에 삼부회를 포기한 제3신분은 '평민부'를 독자적인 '국민의회'로 선언1789.6.17.한다. 정부가 회의장을 폐쇄하자 제3신분 대표들은 인근의 테니스코트로 장소를 옮겨 '헌법이 제정되어 확고한 토대 위에 설 때까지 결코 해산하지 않을 것'이라고 선언테니스코트의 선서했다. 「제3신분이란 무엇인가」라는 명문의 소책자를 발표한 시에예스1748~1836 신부 같은 일부 성직자들과 라파예트 후작을 중심으로 한 일부 귀족층이 국민의회에 가세했다. 여기에 미라보 백작1749~1791으로 알려진 오노레 가브리엘 리케티의 "인민의 의사로 이곳에 앉아 있는 우리는 총검에 밀리지 않는 한 퇴장하지 않겠노라!"라는 선포는, 루이 16세가 결국 국민의회를 인정하게끔 만들었다.

그러나 잉글랜드 찰스 1세의 전례를 염려했던 루이 16세는 병사 2만 명을 파리와 베르사유 인근으로 불러들여 국민의회를 해산시키고자 했다. 국왕과 특권층의 음모에 공포를 느낀 파리 민중들은 7월 14일 무기 판매점과 병기고에서 총과 대포를 확보한 뒤 전제정치의 상징인 바스티유 감옥을 습격한다. 그 결과 수비대원 전원이 체포되고 수비대장 뢰네의 목이 잘리며 바스티유가 함락되었고, 이는 10년에 걸쳐 프랑스와 유럽에 격랑을 몰고 올 프랑스혁명 발발의 순간이 되었다. 바스티유 함락 소식이 알려진 뒤 프랑스 전역에서는 봉기가 일어나 영주, 귀족들이 살해되고 토지 대장들이 불타는 상황이 여름 내내 이어졌다.

## 국민의회와 인권선언

명실상부하게 국민의 대표체가 된 국민의회는 본격적인 개혁에 돌입하며 농민 봉기에 대한 답으로 봉건제 폐지를 선언1789.8.4.한다. 미국 독립군에 가담했던 라파예트가 기초하고 8월 26일 채택된 '인간과 시민의 권리선언인권선언'은 특히 혁명의 원리와 이념을 널리 알렸다. 모든 인간이 태어나면서부터 자유롭고 평등하다고 선포한 인권선언은 자유, 소유, 안전, 압제에 대한 저항을 자연권으로 규정했다. 그리고 정부나 국가의 목적은 이를 보존하는 것이라고 선포하며 로크와 루소의 영향을 보여주는 동시에 현대의 민주주의에도 지대한 영향을 미쳤다.

그러나 이들은 전적으로 민중의 요구를 대변할 수 없는 태생적 한계가 있었다. 그들의 봉건제 폐지는 부역, 농노의 상속세, 기타 인신적 예속 등 이미 사라진 것들을 폐지한 것에 불과했다. 농민들이 봉건제로 지칭한 핵심인 영주에게 납부하던 부과조는 폐지하지 않았고, 이를 납부하지 않으려면 부과조의 23~25배에 달하는 값을 영주에게 일시불로 내야 했다. 농민은 반발했지만 이는 국민공회에 의해 1793년에야 폐지된다.

또한 인권선언이 선언한 평등은 '권리의 평등'으로 그 권리를 향유하기 위해서는 특정한 자격인 '소유권'이 필요했다. 국민은 일정한 재산을 가진 능동시민이며, 국가의 주권은 이 같은 능동시민에게 있다고 보았다. 권리 향유의 전제조건인 생존권, 노동권, 교육권은 언급되지 않았고 식민지 노예 해방 문제 역시 언급되지 않았다. 국민의회는 프랑스 최초의 헌법으로 불리는 1791년 헌법을 공포하는데, 입헌군주제와 일정 이상의 직접세를 내는 성인 남자에 한해 참정권을 허용한 것은 당시 국민의회가 지향하던 국가 형태를 보여주는 것이었다.

게다가 경제 상황이 나아지지 않은 상태에서 국민의회는 재정 문제를 해결하기 위해 교회 재산을 국유화하고 성직자들이 교황청이 아닌 정부에 충성해야 한다는 정책을 내놓았다. 이는 강제로 국가에 대한 충성 맹세를 요구한 정부에 반발한 많은 성직자들이 국민의회를 떠나는 계기가 되면서, 반혁명운동의 토대가 되는 결정적 실수로 작용한다.

그런 와중에 국민의회의 주요 인물이자 입헌군주제와 왕실 보전에 우호적이었던 미라보가 급사1791.4.했다. 본래 베르사유에 있던 루이 16세 부처는 빵 값이 뛰자 분노한 파리 하층 계급 주부들이 벌인 베르사유 행진1789.10.5.과 연결된 국민 방위대와 시위 군중에 의해 파리 튈르리궁으로 강제 이송되어 있었다국왕의 파리 복귀 사건1789.10.6.. 봉건제 폐지선언과 인권선언을 승인한 루이 16세였지만 군중들은 그를 봉건 왕정의 상징인 베르사유 궁전에 묵게 할 수 없다며 혁명의 본거지인 파리로 강제 이송시켰는데, 이는 파리 시민의 감시를 받게 하려는 의도였다. 결국 불안감을 느낀 국왕 부처는 국외로 탈출할 것을 결정하고, 6월 20일 파리를 몰래 빠져나왔으나 국경 근처 바렌에서 발각되어 25일 파리로 다시 송환된다.

국민의회는 이들을 처벌하지 않기로 결정했지만 혁명정부에 대한 거부를 의미한 국왕의 탈주 사건은 그나마 입헌군주정의 형식을 통해 그를 왕으로 인정하려던 세력들에게 실망감을 안겨주었고 파리 시민들 사이에서 왕정 폐지 주장은 힘을 얻었다. 게다가 마리 앙투아네트1755~1793는 이후 벌어지는 혁명전쟁의 전개와 연관되어 오스트리아의 첩자로 의심받기 충분한 상황이 되었다.

마리 앙투아네트는 1770년 14세의 나이로 루이 16세와 정략결혼을 했는데, 본래 프랑스의 앙숙이었던 오스트리아의 황녀였기 때문에 환영받지는 못했다. 베르사유 트리아농관에 살며 사교계에 아름다운 모습을 드러내 작은 요정이라고 불렸던 그녀는 자물쇠 만들기가 취미였던 소심한 남편에 비해 적극적이었다. 루이 16세는 그런 그녀에게 친구들을 재량껏 관직에 임명할 수 있도록 했고 이로 인해 베르사유에는 끊임없는 음모가 넘쳐났다. 특히 베르사유를 소란스럽게 만든 다이아몬드 목걸이 사기 사건1785은 라 모트 백작부인이 160만 루블짜리 초호화 다이아몬드에 눈독을 들이고 로앙 추기경에게 마리의 이름을 팔아 사기 행각을 벌인 것이었다. 그러나 민중들은 이 사건이 마리 앙투아네트의 사치와 허영심에서 비롯

📍 **프랑스혁명**

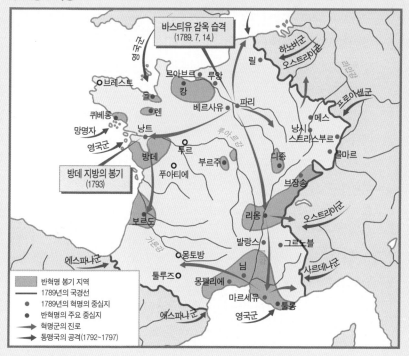

바스티유 감옥 습격
(1789. 7. 14.)

하노버군
오스트리아군

브레스트
모아브르   루앙
캉
뮐   렌
베르사유   파리
퀴베롱
망명자
영국군   낭트
투르   부르주
방데
방데 지방의 봉기
(1793)   푸아티에

보르도

에스파냐군
몽토방
툴루즈   님
몽펠리에
마르세유
에스파냐군   영국군

릴
메스
프로이센군
낭시
스트라스부르
콜마르
디종
브장송
리옹   오스트리아군
발랑스   그르노블
사르데냐군
툴롱

▨ 반혁명 봉기 지역
── 1789년의 국경선
● 1789년의 혁명의 중심지
● 반혁명의 주요 중심지
➡ 혁명군의 진로
➡ 동맹국의 공격(1792~1797)

된 것이라며 왕비를 비난했다.

## 입법의회와 혁명전쟁의 시작

1791년 헌법을 제정한 후 해산된 국민의회의 뒤를 이어 1791년 10월 1일 입법의
회가 수립되었다. 입법의회를 이끈 주된 정치세력으로 온건적인 공화주의자들이
었던 지롱드파는 해외로 망명한 귀족들에게 2개월 이내로 복귀할 것을 명하는 법
안을 통과시키기도 했다. 망명 귀족이 해외 정부와 결탁해 프랑스를 혼란스럽
게 할 것을 우려한 결과였는데, 이는 일견 타당했다.

당시 유럽 각국은 프랑스혁명의 영향을 받아 혁명 열기에 휩싸였고 각국 전
제 왕권들은 붕괴를 우려하고 있었다. 결국 프로이센과 오스트리아를 중심으
로 1792년 2월 '1차 대프랑스동맹'이 체결되면서 프랑스 침공이 가시화되었다. 특

히 오스트리아는 마리 앙투아네트의 오빠들이었던 요제프 2세1765~1790재위와 레오폴트 2세1790~1792재위 치하에 있었고, 프랑스와 같은 시기에 일어났던 벨기에의 시민혁명을 무자비하게 진압한 바 있어 서유럽에서는 반시민혁명의 국제본부로 통하고 있었다. 루이 16세가 국외 탈출을 시도하다 잡힌 직후인 1791년 8월에는 프로이센과 함께 프랑스 왕의 지위 회복을 요구하는 '필니츠 선언'을 발표하기도 했다. 또 망명한 프랑스 귀족들을 돌보는 등 프랑스 내 반혁명 활동에 대한 국제적 지원을 강화하고 있었다.

1792년 4월 20일 브리소1754~1793를 의장으로 한 입법의회는 오스트리아와 프로이센에 대해 전쟁을 선포했고, 라파예트 등이 이끄는 10만 프랑스군은 국경을 넘어 오스트리아로 진격을 개시한다. 그러나 혁명전쟁은 국내 왕당파들의 정보 유출과 장교들의 태업으로 연전연패하면서 국민군은 붕괴 직전까지 내몰리는 상황에 처한다. 결국 파리 시민들은 패전 책임자의 처벌과 왕정 유지를 주장하는 보수파 의원의 축출을 요구하며 들고 일어났고, 입법의회는 의용군을 모집해 이 같은 난국을 타개하려 했다. 공화주의자들에게 시민 봉기를 일으킬 절호의 기회가 된 이 시기를 기점으로 프랑스혁명은 비교적 온건했던 국면을 지나 그 누구도 예측할 수 없었던 급진적인 상황으로 변모해나간다. 세계사록

# 공포의 기요틴

기요틴　　　이게 아닝데ㅜㅜ

기요틴　　　　　　싹둑

## I

### 新 망나니

죄수에게 처해지는
최고의 극형, 사형.


지역마다 다른 방법이 있겠지만,
우린 이걸 쓰기로 했어.
#단두대

[실시간 Live] NEW 단두대 최.초.공.개! 사형집행 현장실황

나쁜놈! 死여!!!
死여라!!!!!!

그 단두대…
내가 추천한 건데ㅜㅜ


난 그냥.. 사형수에게도
고통 없이 죽을 권리가
있다고 생각했을 뿐이야ㅜㅜ


.  근데 왜…?

단두대에 내 이름을
갖다 붙이냐고오ㅜㅜ

 로베스피에르 님이 댓글에서
회원님을 언급했습니다.
@기요틴 기요틴은 사랑입니다. 방금

기요… 아니 단두대를
칭찬하는 사람도 있네??


역시 내 의도를
제대로 간파한 건가?ㅎ??

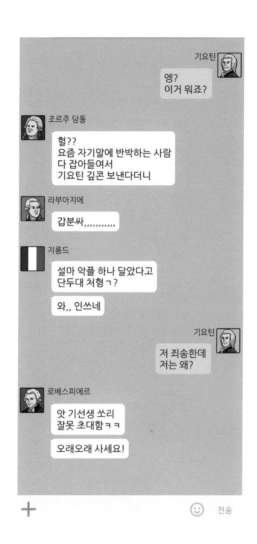

그랬다고 합니다.

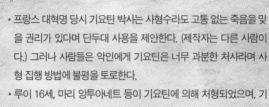

- 프랑스 대혁명 당시 기요틴 박사는 사형수라도 고통 없는 죽음을 맞을 권리가 있다며 단두대 사용을 제안한다. (제작자는 다른 사람이다.) 그러나 사람들은 악인에게 기요틴은 너무 과분한 처사라며 사형 집행 방법에 불평을 토로한다.
- 루이 16세, 마리 앙투아네트 등이 기요틴에 의해 처형되었으며, 기요틴으로 수만 명의 사람들을 죽였던 로베스피에르 역시 기요틴에 의해 처형된다.
- 기요틴 박사도 기요틴으로 처형되었다, 라고 알려졌으나 이는 잘못된 정보. 그는 76세의 나이로 자연사했다고 한다.

18세기 프랑스

1300년  1400  1500  1600  1700  1800

# 프랑스혁명, 공포를 넘어 보수로 막을 내리다

1793년 1월 21일 혁명광장. 시민 루이 카페가 된 루이 16세는 단 위로 올라가 기요틴 밑에 머리를 들이밀었다. 죄목은 국고 낭비와 국가에 대한 음모였다. 북소리가 울리고 육중한 칼날이 그의 목 위로 떨어졌다. 민중들의 청원이 빗발쳤던 절대왕정을 끝내는 역사적 순간이지만 이상하게도 군중은 조용했고, 적막이 감돌았다. 국민방위대가 어색한 고요를 깨고 "공화국 만세!"를 외쳤음에도 다시 파리에는 고요가 엄습했다. 그의 죽음은 혁명의 질주에 보내는 경고가 되었고, 유럽 왕정들을 경악케 하며 유럽을 혁명 대 반혁명의 구도로 몰고 갔다.

## 국민공회와 공포정치

혁명전쟁이 잇따른 패배로 위기를 맞으면서 1792년 8월 프랑스 시민 대표를 자처한 지구 의원들이 파리 코뮌자치 공동체를 수립하며 시민 봉기를 호소했다. 상퀼로트들이 튈르리궁을 습격, 루이 16세 일가를 체포한 뒤의 한 달여 동안 정부, 의회, 코뮌이라는 세 세력이 충돌하면서 극도의 혼란은 계속되었다. 여기에 9월 오스트리아의 침공 소식과 반혁명주의자들의 봉기 소문이 퍼지자 왕당파 귀족, 가톨릭 사제 등 1,000여 명이 대량 학살당하는 사건이 발생9월 학살한다.

프랑스혁명기 민중은 '상퀼로트'라 불린다. 귀족과 상층 부르주아가 입는 퀼로트 바지가 아닌 통바지를 입고 육체 노동하는 이들을 지칭하는 말이었다. 국민의회는 이들의 정치 활동을 제약했지만 이들은 선거 자격에 상관없이 정치 클럽과 구민 회의에서 함께 신문을 읽고 정치적 주제에 대해 토론하거나 선거권과 청

원권을 요구하며 시위에 나서는 등 다양한 방식으로 정치 활동을 계속했다.

입법의회가 해산되고 긴급 구성된 국민공회는 이들의 지지를 바탕으로 왕정을 폐지하고 공화정을 선포프랑스 제1공화정1792.9.21.하기에 이른다. 이로써 프랑스 혁명의 결과로 들어선 입헌왕정체제는 2년여 만에 막을 내리고 혁명은 한층 급진적인 2단계로 돌입하게 되었다.

국민공회는 봉건적 공납을 폐지했고 혁명의 적들의 재산을 몰수해 가난한 시민에게 판매했다. 그들은 1793년 헌법혁명력 1년 헌법과 그 서문인 새로운 인권선언에서, 사회 구성원이 평등한 권리를 누리게 하는 것을 정부 설립의 목적이라 선언했다. 인간이 사회 구성원으로서 누려야 하는 사회적 권리를 강조했으며 공화제와 보통선거에 기초한 이 헌법은 혁명전쟁이 끝날 때까지 시행이 유보되었다. 이와 함께 식민지 생도맹그에서 일어난 반란1791에 대해 노예제 폐지를 승인1794.2하면서 전 식민지의 노예에게 자유와 시민권 또한 부여했다.

프랑스군이 프로이센, 오스트리아 연합군에 기적적으로 승리1792.9.20.하면서 분위기가 반전되기 시작한 것도 이 시기였다. 국민공회 시기 군대는 징병제를 통해 성공적으로 재조직되어 1793년 영국, 네덜란드, 에스파냐, 오스트리아와 전쟁을 벌여 국토를 수호했다. 1795년에는 저지대 지방현 베네룩스 3국 등이 있는 유럽 북서부 연안 지역, 라인란트, 에스파냐의 일부, 스위스, 사보이를 점령했으며, 1796년에는 이탈리아의 핵심 지역을 공격해 점령함으로써 반프랑스동맹을 무너뜨리기까지 했다.

그러나 이러한 승리는 그만큼의 대가를 필요로 했다. 그 시작은 국민공회를 구성하는 자리에 노선이 유사한 정파들끼리 모인 것이었다. 급진적 성향의 장 폴 마라1743~1793를 중심으로 한 코르들리에 클럽과 막시밀리앙 로베스피에르1758~1794, 조르주 당통1759~1794 등 자코뱅파는 의장석 좌측에, 보수적 성향의 지롱드파와 푀양파는 의장석 우측에 자리를 차지하면서 급진파는 좌익, 보수파는 우익으로 불리던 것이 자리를 잡았다.

원래 자코뱅 클럽은 다양한 사상을 가진 사람들이 모인 정치 클럽으로 프랑스 전국에 지부를 가지고 체계적으로 혁명을 추진했다. 그러나 혁명을 거치면서 신념과 정책에 의해 분열되었다. 먼저 입헌군주파이던 푀양파가 이 클럽에서 탈퇴하고, 이어 온건공화파인 지롱드파도 탈퇴했다. 그 결과 궁극적으로 빈민과 산업노동자 및 급진 지식인들로 구성된 '산악파몽테뉴파'라는 급진공화파가 자코뱅 클럽에 남아 주도권을 쥐었다. 따라서 자코뱅파는 일반적으로 급진공화파를 가리키는 말이 되었다. 산악파라는 이름이 붙은 것은 몽테뉴로 분류된 좌익이 지롱드파의 평원파와 반대되는 개념으로 설정되면서 국민공회 의석에서 제일 위에 위치했기 때문이다.

지롱드파와 산악파는 루이 16세의 처리를 둘러싸고 극심한 대립을 보였다. 산악파는 파리의 과격한 민심을 등에 업고 "국왕이 무죄라면 혁명이 유죄가 된다"는 유명한 말을 남기며 투표 끝에 승리했다. 결국 루이 16세는 처형되었고, 마지막까지 자신들의 근거지인 파리 코뮌에 탄압을 가한 지롱드파에 대항하기 위해 자코뱅파는 공안위원회를 설치1793.4.6.하며 국민공회를 장악한다.

그러던 중 산악파의 정신적 지주이자 혁명가였던 마라가 암살당하는 일이 일어난다. 마라는 의학 분야에서 명성을 얻은 인물로 다른 프랑스 사상가와 다르게 영국이 부패하고 전제적이라고 생각했다. 박해를 받은 그는 비위생적인 하수구나 지하 감옥에 피신하느라 감염에 노출되어 잦은 목욕으로만 완화되는 만성적이고 고통스러운 피부병에 걸렸다. 혁명의 위기가 고조되던 1793년 7월 13일 목욕을 하며 일을 하던 마라는 지롱드파의 샤를로트 코르데1768~1793라는 젊은 여성의 칼에 찔려 즉사했다. 이는 자크 루이 다비드1748~1825가 그린 「마라의 죽음」에서 혁명의 순교자의 모습으로 남았다. 이에 로베스피에르는 '방종한 자유의 폐기'를 선언하며 공안위원회 의장을 맡는다. 그리고 그는 이후 '절대 부패하지 않는 자'라는 별명에 어울릴 만큼 혁명의 진보를 위해 필수적이며 정당화된 무자비함의 대명사가 되었다.

1793년 헌법이 제정1793.8.19.되고 공정가격제를 비롯한 통제 경제가 실시1793.9.26.된 가을. 그 시기부터 1794년 여름까지는 일명 '공포정치' 시기라는 이름이 붙어 있다. 1793년 9월 남부의 툴롱이 왕당파와 영국군에게 함락되었다는 소식이 전해진 뒤 상퀼로트는 반혁명 혐의자 체포, 혁명 재판소 재조직, 혁명군대 창설을 포함하는 공포정치를 요구했다. 이를 지지하는 에베르1755~1794의 주장에 로베스피에르가 동조하면서 주민을 감독하고 반혁명 혐의자를 체포하는 본격적인 공포정치가 시작되었으며 마리 앙투아네트 역시 이 시기에 단두대의 이슬로 사라졌다.

공포정치 시기 반란 지역은 특히 가혹하게 진압되었다. 3월 징집령 반발로 시작된 방데 반란의 중심지 중 하나인 낭트에서는 1793년 12월부터 2개월 동안 2,000~3,000명의 반란군과 동조자들을 루아르강에 빠뜨리는 익사형이 자행되기도 했다. 리옹에서는 반란 가담자 약 2,000명이 단두대와 총살, 심지어 포격으로 처형되었다. 1793년 말 반란은 진압되었고 프랑스군은 프로이센, 오스트리아, 에스파냐군을 국경에서 격퇴했지만 국내의 정쟁과 폭력은 공포정치의 지속 여부를 둘러싸고 계속되었다.

민중의 요구에서 시작된 공포정치는 결과적으로 산악파와 민중의 결속뿐 아니라 민중운동 자체를 약화시켰다. 산악파의 권력이 강화되고 강력한 중앙집권화가 나타나면서 민중운동에 앞장섰던 사람들은 입대하거나 봉급을 받는 관리가 되어 자율성을 잃었고, 회합들은 규제를 당했다. 그 와중에 50만 명에 달하는 자코뱅 당원들은 약 30만 명의 지롱드 당원과 왕당파를 체포하고, 그 가운데 1만 5,000명을 기요틴으로 보냈다. 귀족, 왕족, 가톨릭 사제 등 수십만 명이 체포된 가운데 귀족들이 주도하던 과학, 예술 아카데미가 폐쇄되었으며 화학자 앙투안 라부아지에1743~1794 또한 징세청부인 경력으로 기요틴에 올랐다. 그를 보며 누군가 "그의 머리를 자르는 데는 단 몇 초면 충분하지만 그런 두뇌를 다시 만드는 데는 수백 년이 걸릴 것이다"라며 탄식했다.

특히 1794년 산악파의 분열과 숙청은 산악파에 대한 민중의 불신을 초래했다. 공포정치 와중에 산악파는 에베르를 중심으로 한 급진파, 당통을 중심으로 한 온건파, 로베스피에르의 파벌로 나뉘어 끊임없는 권력다툼을 벌였다. 결국 에베르1794.3.와 당통1794.4.이 차례로 처형되었는데, 이들의 처형은 로베스피에르에게 산악파의 장악을 가져왔지만, 파리 시민의 지지는 잃게 만들었다. 그나마 브레이크를 걸어주던 당통이 처형되면서 로베스피에르의 공포정치는 폭주했다.

결국 1794년 7월 27일 반로베스피에르파는 로베스피에르에게 유죄를 선고하고 다음 날 그를 기요틴의 이슬로 사라지게 한 '테르미도르 반동'을 일으켰다. 테르미도르는 프랑스혁명력의 달의 이름으로 '더운 달'이라는 의미를 갖고 있어 '열월 반동'이라고도 한다.

## 총재정부의 출범

테르미도르 반동이 일어났을 때 상황은 이전과 달랐다. 공정가격제와 통제경제가 철회되면서 식료품 가격이 급등해 식량 위기가 닥친 반면, 군납과 투기로 부를 쌓은 이들의 사치와 사교계의 활력이 되살아났다. 파리 민중은 다시 봉기했지만 무력으로 진압되었다.

경제적 상황이 더욱 악화되고 반대 세력인 왕당파가 반란을 일으키자 국민공회는 최대의 위기를 맞게 되면서 결국 다른 형태의 정부를 구성했다. 1795년 10월 '혁명력 3년 헌법'을 토대로 국민공회 우파연합이 출범을 선포한 총재정부가 그것이었다. 의회는 원로원과 500인회로 나누고 행정권은 바라스, 카르노 등 다섯 명의 총재가 공동 통치하는 총재정부는 대상인과 대부르주아 위주의 자유주의 시장경제 노선을 대내외에 천명했다. 소유권을 토대로 한 경제적 자유를 최대한 인정한 헌법에 따라 납세액에 따른 제한선거제가 다시 도입되었다. 그러나 최악의 인플레이션과 화폐 가치의 폭락으로 민중들은 생활고에 시달렸고 왕당파는 계속 도전하면서 총재정부는 좌우로부터 끊임없는 공격에 시달렸다.

한편 전쟁이 정복전쟁으로 변모되자 군대는 무시할 수 없는 정치세력이 되었다. 테르미도르 반동 이후 군수품 제조와 조달업은 개인 사업으로 변화되었다. 정부의 재정적 무능력과 상인들의 착복 등으로 군대 상황은 나빠졌고, 장군들은 정부와 의회의 통제에서 벗어나 야심을 채웠다. 군대가 직업군인화되면서 병사의 혁명적 열정은 약화되었고 국민에 대한 헌신은 장군에 대한 충성심과 모험심, 약탈 정신으로 변질되었다.

이런 상황을 대표하는 인물이 나폴레옹 보나파르트1769~1821다. 나폴레옹은 1796년 27세로 이탈리아 원정군 총사령관에 임명되어 연전연승 끝에 프랑스를 구할 젊은 영웅의 이미지를 스스로 창조했다. 1795년 10월 2차 대프랑스동맹이 형성된 후 프랑스가 연이어 패배하고 국내에서는 자코뱅파가 선거에서 승리하자, 총재 시에예스를 중심으로 쿠데타가 모의되었다. 이집트에서 파리에 도착한 보나파르트가 음모에 가담했고, 11월 9일브뤼메르 18일 그의 군대가 의회를 협박하는 가운데 임시통령 자리에 오른 쿠데타로 10년에 걸친 프랑스혁명은 그 대단원의 막을 내린다.

## 프랑스혁명이 남긴 것

프랑스혁명의 영향은 유럽 전역과 아메리카 대륙에까지 파급되었다. 혁명 초기 유럽의 지식인과 작가들은 프랑스혁명이 18세기 동안 진행된 지적 변화의 결말이자 계몽된 인류의 희망이라며 찬사를 보냈다. 「인권선언」은 러시아와 헝가리에서도 번역될 정도였다. 네덜란드, 벨기에, 스위스, 영국과 아일랜드의 민주적 개혁 지지자들 모두 프랑스에서 동맹을 찾았다고 여겼다. 영국의 시인 워즈워스, 미국 작가 페인 등은 프랑스혁명을 칭송했다. 결국 프랑스혁명은 전형적인 시민혁명이라는 평가를 받았으며 프랑스혁명의 정신인 자유, 평등, 박애는 프랑스만 바꿔놓은 것이 아니다. 이는 전 유럽의 보편적인 이상으로 확산되기에 이르렀다.

그러나 한편으로는 1792년 4월 프랑스와 유럽과의 전쟁이 시작되자 도처에서 저항 또한 발생했다. 특히 보수주의자들에게 프랑스혁명은 구체제의 문화적·도덕적 토대에 도전하는 위험한 것이었다. 이에 영국의 에드먼드 버크1729~1797는 『프랑스혁명에 관한 고찰』1790을 발표해 구체제를 옹호했다. 이 책에서 버크는 수세기에 걸쳐 확립된 과거 유산을 폐기한 채 추상적 원리를 토대로 합리적 사회를 건설하려는 혁명의 시도는 인간의 본성과 자연에 반하는 행위라고 비판했다. 몇 주 만에 유럽 여러 나라에 상당한 반향을 불러일으킨 이 책은 한 세기 반 동안 혁명에 반대하는 모든 지적 저작의 토대가 되었다.

프랑스혁명은 정치제도만이 아니라 생활의 변화에 이르기까지 프랑스의 모든 것을 바꿔놓았다. 장원제도가 폐지되면서 행정단위가 달라졌으며 작게는 결혼식 풍경까지 바뀌었다. 사제가 아닌 사람도 결혼식과 장례식을 집전할 수 있으며 식을 올리지 않고 단지 신고만으로도 결혼이 허락되었고 사제의 결혼도 허용되었다.

각 지방의 서로 다른 도량형과 언어도 통일되었다. 누구에게나 동일하게 적용되는 척도가 있어야 지방 간의 원활한 교류를 통해 혁명정신이 전파될 수 있다는 입장에 따라, 길이와 질량과 부피의 단위를 정한 미터법이 제정되었다. 길이의 경우 북극점과 적도를 잇는 지구의 사분원 길이의 1,000만 분의 1이 1미터로 정해졌다. 1그램은 물 1세제곱센티미터의 질량이고, 물 1세제곱미터의 1,000 분의 1의 부피를 1리터로 확정했다.

일상에서 가톨릭을 뿌리 뽑기 위한 노력의 일환으로 새로운 혁명력도 채택되었다. 공화국의 탄생일로부터 시작되고 가톨릭의 주일을 없애는 방식으로 달을 나누었고, 고대 신들의 이름을 딴 달 이름을 버리고 계절과 기후를 반영한 달 이름을 지었다. 3월은 제르미날씨, 7월은 테르미도르열, 10월은 브뤼메르안개 등이었다.

봉건제의 폐지로 농노제와 영주의 특권, 불평등한 과세가 사라지고 대신 무료 재판제, 법 앞의 평등이 보장되기 시작했다. 특히 가난한 민중들에게 부담이 되었던 소금세와 파리시 통행세가 폐지되었다. 로마가톨릭은 더 이상 프랑스의 국교가 아니었고 신교도에게도 시민권이 주어졌으며, 유대인 역시 귀화를 원하면 시민권을 얻을 수 있었다. 배우들에게도 시민권이 주어졌다. 모든 체포와 기소, 구금은 법적 절차를 거쳐야 했다. 국왕의 명령이라도 절차를 거치지 않으면 함부로 사람을 투옥할 수 없게 되었고 귀족과 영주들도 마찬가지였다.

1792년에는 죽는 방법에까지 따라다니던 신분 차별도 사라졌다. 국민공회는 조제프 기요탱 박사가 제안한 사형기구를 받아들여 죄인의 신분에 관계없이 사용하기로 결정했다. '기요틴'으로 불린 사형기구는 죄인을 눕혀놓고 칼을 떨어뜨려 목을 한번에 자르는 것이었다. 그동안은 평민에게는 사지를 잘라 죽이거나, 교수형, 익사형의 방법을 사용해 고통을 오래 느끼도록 한 반면, 귀족들에게는 쉽고 빠르게 죽는 참수형을 적용했었다.

프랑스혁명은 패션에도 혁명 바람을 몰고 왔다. 가발이 사라졌으며 빨간색 프리지앙 모자로 혁명과 자유를, 상퀼로트로 공화주의자를 표현했다. 파리 코뮌을 수립한 민중들은 붉은색, 파란색, 흰색의 줄무늬 깃발을 내세웠다. 붉은색과 파란색은 파리의 문장에서, 흰색은 부르봉 왕가의 문장인 백합에서 따왔는데, 민중들은 이를 프랑스혁명의 이념인 자유와 평등, 박애의 의미로 받아들였다. 세계사록

talk 16

# 모차르트 was a car

 **모차르트**      다 나가...
혼자이꼬시퍼...

 **마리**           ㅎ;

## I
## 핵인싸

난, 네 살 때부터 피아노를 친
천재만재 뮤지션,
모차르트ㅋ

지금은 연주에 초대받아서
이곳저곳 돌아댕기며
공연하고 이써~

아아… 여기서
내 운명을 만날 줄은…♥

쿡… 누나…
이게 연하남의 패기야!

누나랑 결혼하면
알콩달콩 잘살아야지~

황새가 우리 닮은 애기도
물어와줄꺼야ㅋㅋㅋ 꺄악~~~

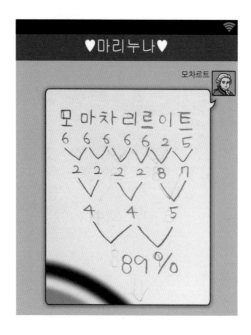

크흡… 내 나이 여섯 살…
인생 최대의 아픔을 맛보았다

다 나가…
혼자잇고 십어…

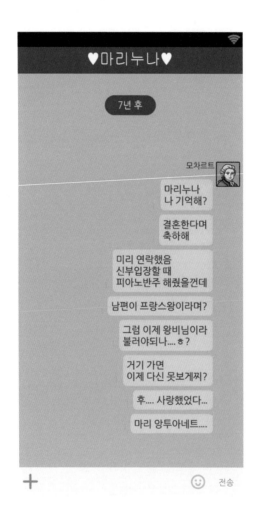

♥마리누나♥

7년 후

모차르트

마리누나
나 기억해?

결혼한다며
축하해

미리 연락했음
신부입장할 때
피아노반주 해줬을껀데

남편이 프랑스왕이라며?

그럼 이제 왕비님이라
불러야되나....ㅎ?

거기 가면
이제 다신 못보게찌?

후.... 사랑했었다...

마리 앙투아네트....

전송

그랬다고 합니다.

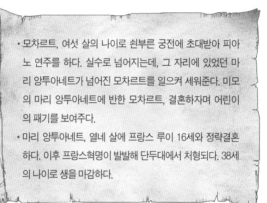

- 모차르트, 여섯 살의 나이로 손부른 궁전에 초대받아 피아노 연주를 하다. 실수로 넘어지는데, 그 자리에 있었던 마리 앙투아네트가 넘어진 모차르트를 일으켜 세워준다. 미모의 마리 앙투아네트에 반한 모차르트, 결혼하자며 어린이의 패기를 보여주다.
- 마리 앙투아네트, 열네 살에 프랑스 루이 16세와 정략결혼하다. 이후 프랑스혁명이 발발해 단두대에서 처형되다. 38세의 나이로 생을 마감하다.

1762년 오스트리아

| 1300년 | 1400 | 1500 | 1600 | 1700 | 1800 |

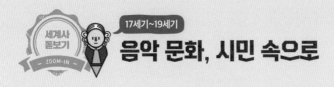
# 음악 문화, 시민 속으로

모차르타그램

모차르트 @Mozart

♥ 7,548명이 좋아하오
모차르트 여왕님한테 초대바다쏘~
#인싸어린이 #천재만재뮤지션 #최연소피아니스트

## 바로크 음악의 전성기

이탈리아 악기 제작자 크리스토포리에 의해 '피아노'라는 악기가 음악사에 등장1709한 18세기 전반기. 일그러진 진주, 비뚤어진 진주라는 뜻의 '바로코'에서 명칭이 유래된 바로크 음악이 17세기에 시작된 이래 마지막을 꽃피웠다. 인간의 심장 박동과 가장 유사한 리듬을 가져 편안함을 준다는 바로크 음악 전성기의 주역은 독일의 동갑내기 위대한 작곡가 요한 제바스티안 바흐1685~1750와 게오르크 프리드리히 헨델1685~1759이다. 각각 '음악의 아버지'와 '음악의 어머니'라는 별칭을 갖고 있는데, '악성 베토벤', '가곡의 왕 슈베르트', '피아노의 시인 쇼팽'과 같은 별칭들은 표제 붙이기 좋아하는 일본 출판사에서부터 유래된 것이라고 한다.

바흐는 200년 동안 50명 이상의 음악가를 배출한 유럽 최대의 음악 가문 출신으로, 루터가 신약 성경을 번역한 아이제나흐에서 출생했다. 이러한 태생적 배경은 그의 루터파 프로테스탄트로서의 신실한 종교적 품성과 음악성이 결합되는 데 큰 영향을 미쳤다. 바흐는 평생을 독일에 머물며 교회 음악가로 활동했는데, 당시 칸토르합창장와 같은 지위는 음악가가 지위와 명예를 얻을 수 있는 최고의 직업이었다. 그는 두 부인과의 사이에서 나은 자식들을 위해 쉴 틈 없이 곡을 쓰고 레슨을 하며 돈을 벌었던 성실한 가장이었다. 또한 최고의 오르간 연주자이자 화려한 기교를 넘어 깊은 감동을 주는 작품을 창조해낸 장인이었다.

그의 작품 대다수는 200여 곡 이상이 남아 있는 종교적 칸타타와 종교 합창곡인 모테트 등이다. 하지만 그 외에도 무반주 독주곡에서 성악곡, 합창곡, 협주곡 등에 이르기까지 당대 모든 음악 형식을 넘나들며 1,200여 곡이 넘는 다작을 남겼다. 프리드리히 대왕의 지휘 아래 진군하는 프로이센의 위용을 표현한 합주협주곡 최고의 걸작 「브란덴부르크 협주곡」1721과 장엄한 성악곡인 「마태 수난곡」1729 등 그 대표작은 일일이 열거할 수 없을 정도다. 명쾌한 협주, 대위법, 풍부한 화성과 섬세한 건반 작업 등 당대의 음악 전통은, 아무리 복잡한 악보라 해도 음표 하나 틀린 것까지 정확히 집어냈던 그의 천재적 능력 안에서 정교하고 차분하게 융합되어 최고의 경지를 이루었다.

헨델은 같은 독일 출신이지만 바흐와는 대조적인 삶을 살았다. 음악가 집안에서 태어나 음악적 배경 속에서 성장한 바흐와 달리 헨델은 법학도의 길을 걷다가 18세에 음악을 시작한다. 이탈리아에서 바로크 양식을 익힌 그는 영국 런던에 정착1712해 앤 여왕의 비호를 받으며 활동하다 귀화해 영국에서 생을 마감했다. 바흐와 같이 독실한 루터파 프로테스탄트였기 때문에 교회 음악을 작곡했고 오라토리오음악회로 연주되는 음악극도 대개 성경 이야기가 배경이다. 하지만 그는 드럼과 트럼펫이 자주 등장하는 화려한 기악으로 편성된 세속적 음악을 통해 대규모의 청중을 즐겁게 해준 세계인에 가까웠다. 국왕의 음악 교사이자 궁정 음악가로 상류 사회에서 칭송받았던 그의 지위에 걸맞게 장례도 3,000명이 자리한 가운데 진행되었다.

헨델의 가장 위대한 오라토리오인 「메시아」는 2시간 40분의 대곡임에도 불과 24일 만에 완성한 것으로 유명하다. 1742년 4월 13일 아일랜드 더블린에서의 초연 이후 런던 초연1743 때 연주회에 참석한 조지 2세는 2부의 마지막 곡 「할렐루야」 합창이 울려 퍼지자 감동한 나머지 자리에서 일어나 끝날 때까지 선 채 들었다고 한다. 그 이후로 이 곡이 연주될 때 모든 청중이 기립하는 관행이 만들어졌다. 킹 제임스 성경 구절에 곡을 붙인 이 오라토리오는 예수 그리스도의 일생을 다루고 있는데, 그의 생존시 공연만 34회나 이루어졌고 현재까지도 성탄절마다 전 세계에서 널리 연주되고 있다.

## 고전주의

바흐와 헨델이 바로크 음악 최후의 그리고 가장 위대한 작곡가들이었다면, 오스트리아인 볼프강 아마데우스 모차르트1756~1791와 프란츠 요제프 하이든1732~1809은 18세기 후반 유럽을 휩쓸었던 고전적 형식을 이끈 대표자였다. 고전주의는 고대 음악을 모방하는 것을 일컫는 것이라기보다 고전적 원칙을 따르려고 했던 음악 양식이라고 볼 수 있다. 당시 서유럽에서는 프랑스혁명 등 격변이 일어나고 중동부유럽에서는 계몽 절대군주체제가 절정을 이루고 있었다. 이러한 때 질서와 조화, 균형을 특징으로 하는 그리스 신전의 모양을 음악으로 표현하려는 유행이 시작된 것이다.

고전주의 시대는 현악 4중주, 그리고 '음악의 소설'로 불리는 교향곡이 발달한 시기였다. 4악장으로 구성되고 제1악장이 소나타로 시작되는 교향곡 형식이 특히 인기를 끌었다. 거기에 바로크 시대 이탈리아에서부터 발전된 오페라가 전성기를 누렸다. 성악가, 연주자, 극작가, 무대 미술가 등의 능력이 화려한 무대에서 하나가 되어 펼쳐진 오페라는 어떤 예술 형태보다 당시 음악가들의 열정을 뚜렷하게 표현해냈다. 그리고 모차르트는 교향곡과 오페라에서 모든 시대를 통틀어 가장 사랑받는 작품을 남긴 위대한 음악가다.

모차르트를 탄생시킨 오스트리아는 당시 요제프 2세1741~1790 치세였다. 마리아 테레지아의 맏아들이었던 그는 어머니와의 공동 통치 시기에 여행을 통해 선진적 문물을 접했고 특히 스위스에서는 볼테르를 만나 계몽사상을 받아들였다. 그 영향으로 이후 국가 개혁을 실시했는데 이는 19세기 '요제프주의'라는 이름으로 부활해 오스트리아 근대화의 근간이 되기도 한다. 그런 요제프 2세는 음악에도 조예가 깊어 '음악 황제'라 불릴 만큼 음악가들에게 물심양면 지원을 아끼지 않았다. 모차르트는 경제적으로 가장 곤궁했던 시절 요제프 2세로부터 연 800플로린의 급여를 받으며 황실 음악가라는 직함을 받기도 했다.

'음악의 신동'이라는 별칭에 걸맞게 세 살에 클라비어 연주, 다섯 살에 작곡을 시작했던 모차르트는 여섯 살 무렵 이미 피아노 연주의 거장으로 알려졌으며 아홉 살에 첫 교향곡을 작곡했다. 그의 아버지는 모차르트가 여섯 살이 될 때부터 유럽 연주 여행길에 올라 그를 신동으로 알렸다. 10년의 여행은 한편으로는 모차르트가 각국 음악가들로부터 교육을 받을 수 있는 기회이기도 했다. 빈에 있는 오스트리아 왕족 여름휴가 궁전이자 요제프 2세가 태어난 쉰브룬 궁전에서 여섯 살의 모차르트가 초연을 한 후 마리 앙투아네트에게 청혼했던 것은 유명한 일화다. 교황과 마리아 테레지아로부터 상과 영예를 받은 모차르트는 전 유럽에 걸쳐 주목을 끌었으며 가족의 생계를 책임졌다.

그러나 일단 신동이라 불리는 나이를 벗어나자 모차르트도 후원에 의존해야 했다. 권위적인 틀 속에서 마찰을 빚기 일쑤였던 그는 이전의 음악가들이 궁정 악사나 악장, 교회 전속 음악가로서 활동했던 전례를 따르지 않고 프리랜서 작곡가의 길로 들어선다. 모차르트가 거의 최초로 전업이자 프리랜서 음악가의 모형을 만들어놓은 덕분에 이후 베토벤1770~1827의 음악가로서의 삶도 가능했다. 빈 생활 시기 엄청난 창작 능력과 천재성을 발휘해 작곡료나 연주료, 피아노 강습으로 풍족한 생활을 했던 모차르트였지만, 사교 모임 여는 것을 좋아했던 부부의 생활 패턴, 그리고 제8차 오스트리아-튀르크전쟁1788~1791에 따른 경기 침체로 중산층의 문화 소비가 줄어들면서 점차 생활이 곤궁해졌고 빚에 시달리게 되었다.

그는 35세라는 짧은 생애 동안 현존하는 작품만도 쾨헬 번호 626편에 이를 정도로 많은 작품을 남겼다. 무엇보다 음악성에서 최고의 경지이자 음악사에서 중요한 기점이 된 곡들이 다수다. 모차르트의 41개 교향곡 중 마지막 39, 40, 41번 교향곡은 극심한 생활고에 시달렸던 1788년 6월에 시작해 6주 만에 완성되었음에도 우아함, 다양성, 기교의 완성도에서 고전 교향곡의 극치를 보여준다고 평가받는다. 또한 오페라 「피가로의 결혼」1786, 「돈 조반니」1787, 「마술 피리」1791는 가사를 효율적으로 아름답게 처리하는 모차르트의 탁월한 능력이 담긴 모든 시대에 걸쳐 사랑받는 오페라가 되었다.

모차르트의 장례는 그가 속했던 프리메이슨의 원칙과 계몽주의에 따라 소박하고 저렴한 비용으로 치러졌다. 당시 요제프 2세의 개혁 중 장례 규정에 따르면 전염병으로 사망했거나 그렇다고 추정되는 환자는 공동묘지에 묻혀야 했고, 매장지까지 아무도 동행하지 못하게 되어 있었다. 모차르트는 이에 해당된 데다 사후 묘지 관리도 좋지 않아 유해를 찾을 수 없게 된다.

하이든의 생애는 모차르트와 뚜렷한 대비를 보인다. 빈소년 합창단으로 이어지는 성 슈테판 성당 부속 소년 성가대에서 천상의 목소리를 자랑했던 하이든은 변성기 이후 연주자의 길을 걷기 시작했다. 그는 오케스트라를 소유하고 있던 부유한 오스트리아-헝가리 귀족 가문에 고용되어 생의 대부분을 보내며 안정적인 삶을 유지했다.

특히 그는 유연함과 유머를 갖고 음악을 대한 것으로 유명하다. 그의 고용주였던 후작은 여름마다 별궁에 기거하곤 했는데 그때마다 하이든과 음악가 동료들은 집으로 돌아갈 날만 손꼽아 기다렸다. 그러던 1772년 여름 2개월이 지나도 후작이 돌아갈 생각을 하지 않자 음악가들은 모두 불만이 쌓여갔다. 이를 보며 그가 작곡한 것이 「고별 교향곡」. 마지막 악장에서 연주자들이 하나둘씩 퇴장하는 형식의 곡을 듣고 본 후작은 의도를 알아차리고 집으로 돌아가기로 했다.

하이든은 에스테르하지 후작이 사망하자 60세의 나이였음에도 불구하고 런던으로 자리를 옮겼다1791. 그리고 5년 동안 개인적 후원자가 아닌 요금을 지불하는 청중을 위해 「놀람 교향곡」1792년 초연과 같은 훌륭한 작품들을 만들며 창조적 천재로서 환영받았다. 그가 교향곡을 처음 만들지 않았음에도 '교향곡의 아버지'라고 불리는 것은, 100편이 넘는 그의 교향곡 중 런던에서 작곡한 마지막 12편이 교향곡 형식의 표본이 되는 확고한 기준으로 자리 잡으면서 교향곡의 창조성을 충분히 보여주었기 때문이다.

18세기 클럽에서 과학 논문을 읽었던 영국인들은 주말용 시골 주택을 고전 양식으로 다시 설계했다. 유럽의 궁정들은 귀족적 취향을 고수하는 회화 아카데미들을 후원했고, 볼테르와 토론을 주최했던 오스트리아 살롱들은 모차르트의 연주회를 개최했다. 계몽주의 사상가들은 정치이론에서 소설에 이르기까지 장르를 넘나들며 집필했다. 루소는 논문과 소설을 썼을 뿐 아니라 음악을 작곡하고 오페라 대본을 쓰기도 했다. 이런 현상들은 런던을 기점으로 진지한 음악들이 귀족을 대상으로 하는 소규모의 살롱을 떠나 도시의 대규모 연주회장으로 무대를 옮겨가도록 이끌었다. 그리고 이는 피아노가 대규모의 연주회장에 맞게 음량을 확대시키며 변화해가는 모습에도 그대로 반영되었다.

talk 17

# 인도는 내꺼

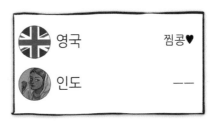

I

# 신
# 상

좋은 거 있음
꼭 지가 먼저 가져야 되는
애들이 있어.


인수다하기 두렵다니까~!

이거봐~ 이거봐~
글 올리면 바로 톡이 와~~~

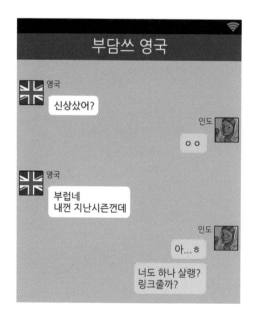

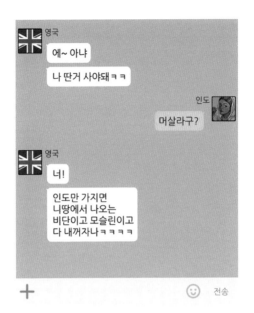

## Ⅱ
## 양아치

와씨.. 예전부터
향신료고 옷감이고
우리 꺼 탐낸다 싶었는데


진짜 목적이 이거였어?
우리땅 날로 먹기?


지금이라도
쫓아내버리고 싶은데….

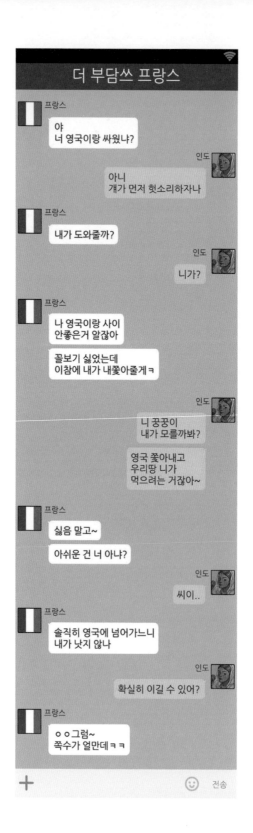

내 편 니 편

그래, 일단 이기고 보자.
머릿수로 밀고 나가는데
설마 우리가 지겠어?

음??? 왜 안 받지??
이거 뭔가 불길한데???

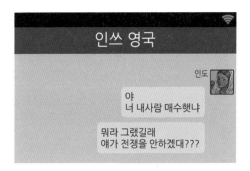

그랬다고 합니다.

- 영국 동인도회사는 우세한 해군력을 바탕으로 해안의 거점 도시를 장악해 프랑스 동인도회사와 대결을 펼친다. 1757년, 인도 동부의 벵골 지역에서 플라시 전투가 벌어지다.
- 프랑스의 지원을 받은 인도 군대는 6만 명에 달한 반면, 영국군은 불과 800명 정도로 용병을 합쳐도 3,000명뿐이었다고. 그러나 인도군의 장군을 매수한 영국은 플라시 전투를 승리로 이끈다.

1757년 인도

1300년  1400  1500  1600  1700  1800

# 인도, 동방 항로의 중심에서 식민지의 길로

## 무굴 제국의 통제권 약화

17세기 후반 무굴 제국의 6대 파드샤 아우랑제브1658~1707재위는 종교적 관용 조치를 타파하고 엄격한 이슬람교 제일주의 원칙을 세워 지즈야를 부활시켰으며 영토를 최대로 확장해 대제국을 건설했다. 이는 한편으로 힌두교도의 저항을 불러일으켰고 막대한 군사비의 소모를 가져왔다.

무굴 제국의 파드샤와 개별 유력자는 전쟁 공로만 세우면 녹봉을 하사받으며 충성스런 신하로 인정을 받는 충성서약으로 맺어져 있었기 때문에 혈통과 출신에 따른 여러 족벌이 난립해 있었다. 그런 와중에 아우랑제브가 군사비를 메꾸기 위해 잉여 토지를 녹봉이 아닌 황제 직할로 돌리면서 유력자들의 불만이 심화되었다. 공적 의식도 희박해진 유력자들에게 무능과 부패가 뒤따른 것은 당연했다. 게다가 녹봉으로 줄 토지가 점차 줄어들자 새로 영입된 유력자와 기존의 기득권 세력들 사이의 갈등이 고조되었다. 아크바르1556~1605재위 대제 시기부터 150여 년의 전성기를 누렸던 인도의 마지막 통일 제국 무굴의 통치력은 그렇게 약화되었다.

결국 아우랑제브 사후 지방 세력은 중앙 권력의 통제를 벗어나기 시작했다. 그러나 중앙 권력의 공백을 지방 권력이 차지하며 지방 자체는 오히려 풍성해진 면이 많았다. 본래 무굴 제국의 지방 업무는 크게 두 부문으로 나뉘어 있었는데, 군사력을 갖고 조세징수를 담당한 '디완'과 일반 행정 업무를 담당한 '니잠', '나왑'이었다. 주요 지방 세력인 벵골, 아와드 등의 지도자는 모두 무굴 제국의 니잠 또는 나왑이었다. 단 지방 세력을 승인하는 무굴 파드샤의 상징적 권위는 여전히 인정되었으므로 지방 세력들은 무굴 제국의 권위에 정면으로 도전하지는 않았다. 그러나 그들끼리는 점차 '번왕국'으로의 영향력 확대를 꾀하면서 상쟁하기에 이른다.

이러한 지방 세력과 더불어 무굴 제국의 통치권 밖에서 남인도를 중심으로 형성된 정치체제들 또한 공존하고 있었다. 데칸고원의 마라타족이 시바지를 중심으로 마라타 왕국을 형성1674한 뒤 마라타동맹으로 이어졌다1720. 프랑스로부터 새로운 문물을 도입하며 근대화를 꾀했던 마이소르 왕국과 마이소르 왕국의 침략을 막기 위해 영국군과 손잡은 트라방코르 왕국 등의 지배력이 남인도에서 확장되어갔다.

한편 무굴 제국 성립 이전부터 존재해왔던 힌두 왕조 비자야나가르1336~1649는 데칸 일대를 넘어 남하하려는 무슬림 정복자들과 전쟁을 벌여왔다. 결국 지속적인 공격을 받아 멸망해 무굴 제국에 편입1565되지만, 크리슈나데바 라야1509~1529 재위 시절을 중심으로 포르투갈과의 교류를 통해 화약 무기를 받아들이고 해상 무역으로 경제적 부를 누리기도 했다. 비자야나가르 왕조가 붕괴된 이후 벵골과 같이 비옥하고 물산이 풍부한 곳을 비롯한 남부 인도에 눈독을 들인 서양 각국의 침략은 거세졌다.

## 인도에 진출한 유럽 국가들

15세기 이베리아반도 국가들로부터 시작된 신항로 개척 루트의 끝은 인도였다. 동방 항로 개척의 선진국이었던 포르투갈은 바스쿠 다가마가 인도 항로를 개척1498한 이래 비자야나가르의 고아를 점령1510했고, 디우, 다만과 봄베이뭄바이도 무역거점으로 차지했다.

이곳의 포르투갈 거주민들은 인도 여성과 결혼하기는 했지만 문화적으로는 인도에 동화되지 않은 채 포르투갈풍의 건축물을 짓고 살았다. 아크바르 시절 궁중에 선교사를 파견할 만큼 적극적으로 가톨릭 선교에 나섰던 이들은 특히 고아에서는 가톨릭 개종을 강요했는데, 이때부터 시작된 강제 선교에 대한 인도인의 반감은 식민지 시기에 더욱 강력하게 표출된다.

포르투갈은 이후 인도의 항구뿐 아니라 호르무즈, 믈라카, 마카오도 점령해 인도양 항로를 장악하며 통과세로 막대한 이익을 누렸고 동방 무역 독점으로 엄청난 부를 거머쥐었다. 그러나 17세기 황금시대를 맞이하는 네덜란드가 믈라카를 장악1641하면서 포르투갈의 위세는 본격적인 위협을 받기 시작한다. 이미 네덜란드 동인도회사는 인도 동부 첸나이 북쪽 프리 커팅에 상관을 세웠던 상태였다1612. 스리랑카에서 포르투갈령 콜롬보로 장악한 뒤 인도 남부 코친에도 진출한 네덜란드는 결국 고아를 해상 봉쇄하면서 포르투갈을 제압하기에 이른다.

포르투갈은 네덜란드의 확장을 두려워해 잉글랜드 왕실과 결혼동맹을 맺고 봄베이를 영국에 지참금으로 제공한다. 그 주인공은 청교도혁명 이후 왕정복고에 성공한 찰스 2세다. 그는 즉위 2년 뒤 포르투갈 공주 브라간사 왕조의 카타리나와 결혼1662했는데 그녀의 지참금이 봄베이였던 것이다. 그녀는 시집올 때 마중 나온 시동생 제임스 2세에게 차를 한 잔 달라고 했다. 당시 잉글랜드에서는 사치품이었던 차를 마실 수 없었던 반면, 부유했던 포르투갈 왕실에서는 차를 넉넉하게 마실 수 있었다. 이 때문에 캐서린카타리나의 영어식 발음 왕비는 차 마시는 문화를 영국으로 들여온 인물로 불린다. 캐서린의 차 문화와 함께 잉글랜드로 넘어온 봄베이는 잉글랜드로 하여금 인도에서 반네덜란드 전선에 뛰어들게 했다.

사실 동남아시아에서 영국과 네덜란드의 각축은 이미 시작된 상태였다. 네덜란드는 1623년 암보이나 사건 등을 통해 영국의 동남아 진출을 단호하게 차단했고, 향료제도인 몰루카를 장악한 뒤 인도네시아에 집중했다. 물론 인도산 면직물이 유럽에서 대유행하면서 유럽 각국은 인도와의 무역을 중시하기 시작했지만, 영국과 3차에 걸친 전쟁을 했던 네덜란드는 북아메리카 대륙과 함께 인도에서도 세력을 축소해야 했다.

반면 영국은 인도에 보다 집중하게 되었다. 1639년 영국 동인도회사는 프리 커팅과 포르투갈의 근거지 산 토메 요새의 중간 첸나이 지역을 마드라스라고 칭하고 세인트 조지 요새를 건설1640했다. 이후 봄베이등 거류지를 완전히 장악하면서 인도로 파고들기 시작한다. 원래 포르투갈과 네덜란드의 인도양 각축 과정에서는 인도 해안 일부가 거류지로 장악되긴 했지만 인도 대부분은 서구의 침략과는 무관한 상태였다. 그러나 18세기에 접어들며 인도에 뛰어든 영국은 달랐다. 유럽인만 아니라 세포이(현지 용병)까지 대거 채용해 군사력을 강화하며 본격적으로 인도 장악에 나선 것이다. 1759년 네덜란드는 인도 본토에서 축출되었고 스리랑카에서도 짐을 쌌다(1782).

영국은 인도를 탐냈던 경쟁자 프랑스도 제압했다. 프랑스는 인도에서 후발주자였지만 그 불리함을 만회하기 위해 자신에게 유리한 나왑들을 지원하는 방식으로 인도의 내부정치에 개입했다. 그를 통해 자신의 경제적 이권을 확대해간다는 전략은 성공했고 찬다나가르(1673), 퐁디셰리(1674)를 획득했다. 그러나 이로 인한 영국과의 충돌은 필연적이었고 이들의 충돌은 신대륙에서와 마찬가지로 계속되었다. 결국 남부 해안과 벵골에서 벌인 7년전쟁 끝에 영국은 프랑스를 패배시켰으며 플라시 전투는 그 결정적인 사건이었다.

## 플라시 전투의 전개와 결과

1756년 20세의 나이로 벵골 나왑으로 부임한 시라지 웃다울라는 번왕으로서의 자신의 입지를 위협하는 영국을 벵골에서 몰아내려 했다. 윌리엄 요새 확장 작업을 중지하고 병력을 철수시키라는 그의 요구를 동인도회사는 받아들이지 않았다. 시라지는 코끼리 50마리를 포함한 5만 병력과 화포 50문의 대군으로 윌리엄 요새를 완전히 포위했고, 5일 만에 수비군으로부터 항복을 받아냈다. 시라지는 이들을 요새 내의 지하감옥 '블랙홀'에 가뒀는데 갇힌 146명 중 대부분은 질식사하고 23명만 살아남는다. 이에 격분한 영국은 로버트 클라이브 중령이 이끄는 군대로 윌리엄 요새를 탈환했고, 시라지가 영국인의 재산을 반환하고 배상금을 지불한다는 내용의 조약을 체결했다. 그렇게 양측에 평화가 찾아온 듯했다.

그러나 시라지는 클라이브가 프랑스 요새인 찬다나가르를 허락 없이 공격하자 이를 명목으로 협정을 파기, 클라이브도 전쟁을 선포하면서 1757년 6월 23일 팔라스(플라시)에서의 격돌이 벌어졌다. 11시간의 전투 끝에 패배한 시라지는 도주했으나 얼마 뒤 시라지 군대 사령관이자 영국군에게 매수된 미르 자파르의 부하들에게 체포되어 처형되었다. 이후 영국군 사령관 클라이브는 미르 자파르를 허울뿐인 나왑에 앉히고 동인도회사의 벵골 지사로서 실권을 쥐기 시작했다. 미르 자파르 나왑은 영국을 몰아내려 했으나 실패하고 강제로 물러나게 된다. 영국군은 프랑스 동인도회사 군대와 연합한 벵골 번왕국과의 전투에서도 승리함으로써 벵골의 지배권을 장악했다.

결국 7년전쟁의 결과를 결정한 파리 조약에 의해 프랑스 세력을 인도에서 몰아내는 데 성공한 영국이 1765년 벵골의 디워니징세권를 획득한 것은 인도 식민지화의 신호탄이 되었다. 이후 영국 동인도회사가 주도하는 식민지화가 진행되었으며, 여기에 저항한 번왕국들이 벌인 4차에 걸친 마이소르전쟁1766~1799, 3차의 마라타전쟁1775~1818, 2차의 시크전쟁1845~1849 등에도 불구하고 인도는 영국의 식민지 지배라는 격랑에 휘말리기 시작했다. 세계사록

## 📍 18세기말 인도

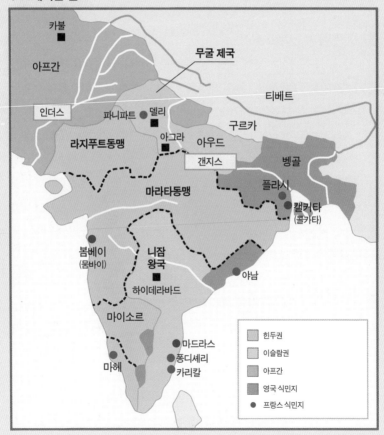

# 인사 자~알 하신다

| | | |
|---|---|---|
|  건륭제 | | 인사해야지 |
|  매카트니 | | 꾸벅 |

하나요

무역 원해요

나는 영국 귀족!
조지 매카트니.
이번에 큰 거래를 맡았어.


후아~ 떨린다ㅎㅎ
내가 잘할 수 있을까??

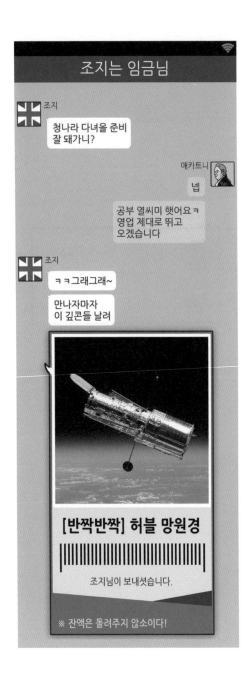

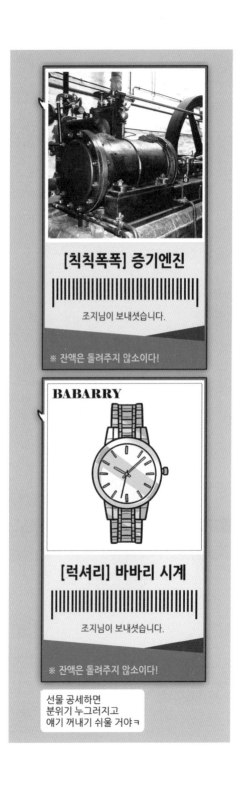

**[칙칙폭폭] 증기엔진**

조지님이 보내셨습니다.

※ 잔액은 돌려주지 않소이다!

**BABARRY**

**[럭셔리] 바바리 시계**

조지님이 보내셨습니다.

※ 잔액은 돌려주지 않소이다!

선물 공세하면
분위기 누그러지고
얘기 꺼내기 쉬울 거야ㅋ

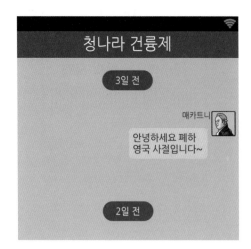

## 삼궤구고두

ㅋㅋㅋ청나라 황제~
선물 받으면 엄청 좋아하겠지?

난 젠틀하니까ㅋㅋ
인사로 선톡을 날려볼까?

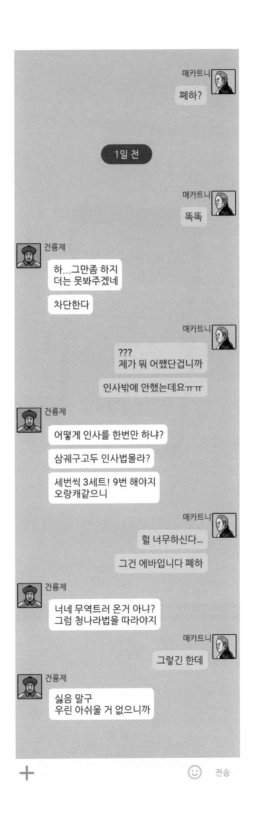

하씨~ 어쩌지?
첫인상부터 망쳤네ㅜㅜ

아니 너무 굴욕 아냐? 난 못해!
조지 임금님한테 뭐라 말하지….

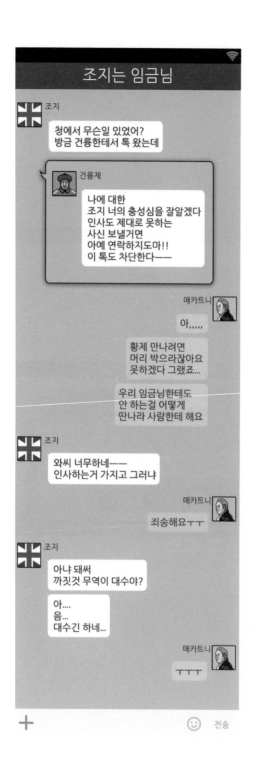

그랬다고 합니다.

- 1793년, 영국과 청나라의 불평등한 무역 구조를 개선하기 위해 매카트니 백작을 청나라로 보내다.
- 매카트니, 청의 인사 방식인 삼궤구고두를 거절하다. 청나라 관리들이 건륭제 뒤에 조지 3세의 초상화를 거는 타협안을 제시했으나, 매카트니는 왼쪽 무릎만 굽힌다.
- 이후 건륭제는 조지 3세에게 "중국은 부족한 게 아무것도 없으니 교역도 필요 없다. 그대의 충성심을 알았으니 일부러 사신을 먼 길로 보낼 필요도 없다"고 편지를 보낸다.

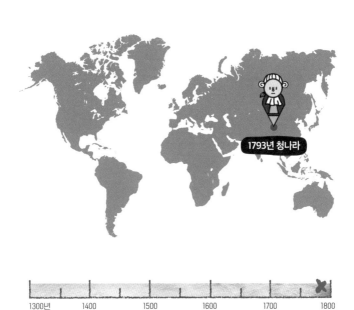

1793년 청나라

1300년    1400    1500    1600    1700    1800

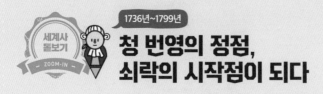

# 청 번영의 정점, 쇠락의 시작점이 되다

### 건륭제 시기의 번영

**우정스타그램**

건륭제 @乾隆帝

♥ 1,210명이 좋아하오

**건륭제** 기사 모니터하다가 찾은 화신이랑 투샷ㅋㅋ
#내하나뿐인화신 #늘고맙고미안해

중국 대륙을 장악한 뒤 중화 문명을 수용한 만주족 청은 17~18세기 강희제, 옹정제, 건륭제 3대에 걸쳐 발전을 거듭하며 강건성세를 이룩했다. 특히 건륭제 대의 청은 최전성기로 전례 없는 번영을 누렸다. 건륭제는 열 번의 원정에서 모두 승리했다고 해 스스로 '십전노인十全老人'이라고 칭할 만큼 활발한 정복전쟁을 벌였고, 대부분의 전투에서 승리해 몽골과 중앙아시아 민족까지 지배하는 대제국의 황제가 되었다.

강건성세 동안 청에서는 국가적 문화 역량을 총동원한 문화 프로젝트가 진행되었고 이 시기의 중국 문화는 유럽 사회에도 널리 알려졌다. 강희제는 오늘날에도 한자 사전의 기본서로 쓰이는 『강희자전』을 완성1716했으며, 백과사전인 『고금도서집성』을 편찬1725했다. 건륭제도 학문 진작에 관심을 기울여 『사고전서四庫全書』를 편찬하기도 했는데, 1772년부터 9년에 걸친 수집과 편집 후 10년간의 교열과정을 거쳐 총 7만 9,582권에 이르는 방대한 분량으로 간행1781되었다. 프랑스 계몽주의 사상가들이 비슷한 시기에 펴낸 『백과전서』는 실제로는 질과 양에서 『사고전서』의 비교 대상이 되지 못했다. 이는 반만反滿 사상을 가진 문헌의 제거 의도가 다분했지만 한편으로 당시 문화적 역량을 보여준 대사업인 것도 확실했다.

이처럼 막강한 군사력과 문화적 능력을 겸비한 청은 분명 대제국이었다. 그러나 모든 제국의 역사가 보여주듯 번영의 최고 정점은 쇠퇴의 시작점이기도 했다. 이는 외부적으로는 영국을 비롯한 서양 세력의 청에 대한 무역체제 개선을 요구한 도전으로 나타났다. 내부적으로는 오랜 평화로 인한 인구의 급증과 이를 감당할 수 없었던 정책의 한계, 기강이 해이해진 관리들의 부패에 대한 백성들의 저항으로 표출되었다.

## 대외적인 도전

1757년 청은 해외 무역을 광동성의 광주 한곳으로만 제한했다. 이전에는 광동, 복건, 절강, 강소 등 4성의 항구가 무역항으로 개방되었고 외국 무역은 큰 사건 없이 꾸준히 성장해갔다. 외국 상인들과만 전문적으로 거래하는 중국 상인들은 급속히 증가해 강희제 말년 광동에만 40곳이 넘었다. 옹정제는 상인들이 소속된 상인 조합을 만들었고1725 무역을 감시하는 법적 책임도 있었던 이 기구가 외국인들에게 공행으로 알려지게 된다. 당시 대외 무역은 중국의 차, 비단, 도자기 등이 서양을 통해 아메리카나 일본산 은과 교환되는 구조였다. 중국 각지에서는 목화와 차, 사탕수수 같은 상품 작물이 재배되었고 송 대부터 곡창 지대였던 창장강 하류 지방은 명·청 대에 들어와 면직업, 견직업 등 수공업 발달 지역으로 탈바꿈해 대외무역 발달을 뒷받침했다. 한편, 도시 부유층 사이에서는 '유럽풍'이 유행하기도 했는데, 광주 등을 통해 들어온 시계와 손목시계, 담배와 담배 보관함, 영국의 모직물 등이 그 현상의 주역이었다. 특히 세련된 도시였던 양주 등은 의복을 비롯한 소비재의 최신 유행에 매우 민감해 가발과 애완동물, 주름치마 등이 인기몰이를 하다 하루아침에 사라지곤 했다고 한다. 그러나 영국 동인도회사가 수출했던 향료, 보석, 모직물, 시계 등의 제품이 중국인의 필수품이었던 것은 아니다. 하지만 영국에서는 차 마시는 습관이 유행하면서 필수 기호품이 되어 수입이 급증했기 때문에 영국은 수입 초과로 막대한 양의 은을 지급할 수밖에 없었다.

영국 동인도회사와 왕실은 처음에는 내륙으로 접근하는 데 용이한 주강이 있고 특히 차의 안정적 공급에도 유리하다고 판단했기 때문에 '광동 무역체제'를 수용했다. 그러나 점차 청의 규제들에 불만을 갖기 시작한다. 광동 무역체제 도입은 18세기 초 선교 금지령으로 인해 청 제국 거의 모든 지역에서 엄격히 제한되기 시작한 서양인들의 개별적 출입을 더욱 감소시켰다. 무역 창구가 단일화되어 판로 개척은 원천적으로 봉쇄되었고 출입국 세금과 관세 등의 납부를 공행이 대행해 정부와 대화할 수 있는 통로도 막혔다. 거기에 1759년에 선포된 '방범외이장정오랑캐범죄방지법'은 외국 상인들이 지켜야 할 행동 규정을 정하며 족쇄와 같은 역할을 했다. 이에 따르면 외국인은 중국인을 고용하거나 돈을 빌려줄 수 없었고 매년 5, 6월에 입국했다가 9, 10월에 출국해야 했다. 또 자신들의 창고 13개소가 있는 성벽 밖의 강기슭 지역을 벗어날 수 없었고 산책도 제한되었으며, 중국인과 접촉해서도 안 되었다. 영국은 특히 청 영토 안에서 발생한 외국인의 범죄에 대해 청의 법률로 처벌하는 것을 못마땅하게 여겼다.

결국 영국은 사절을 파견해 자유 무역을 요구하기 시작했다. 1787년 영국 왕실이 조지 3세의 친서를 동봉해 보낸 찰스 카스타트 중령이 바다에서 폐결핵으로 사망한 5년 후, 조지 매카트니 자작이 특사로 파견1793된다. 매카트니는 전직 러시아 대사, 아일랜드 총리, 영국령 카리브제도와 마드라스 식민지의 총독을 역임한 인물이었다. 그에게는 영파, 천진, 주산에 대한 직접 무역 개방, 보급 기지로 사용할 광주와 주산에 인접한 작은 섬들의 할양, 수도인 북경에 상업용 창고를 열수 있는 권리를 요구할 임무가 주어졌다.

조지 3세의 친서를 가진 매카트니는 사절단을 이끌고 청에 도착, 북경과 만리장성 밖 승덕열하의 피서 산장황제의 여름 산장에서 건륭제를 알현하고 "대외 무역을 광동 등에 한정시킨 광동체제를 완화하고 무역을 확대할 것"을 요청했다. 그러나 건륭제로부터 "우리 중국은 땅이 넓고 물산이 풍부해 대외 무역이 필요 없으니 조공만은 허용토록 하겠다"는 대답을 들었을 뿐이었다.

건륭제는 알현 절차에서부터 상징적으로 자신이 전 세계의 통치자라는 것을 받아들이도록 매카트니에게 강요했다. 엎드려 머리를 땅바닥에 조아리는 이른바 '고두의 예'를 갖출 것을 요구했던 것이다. 반면 매카트니는 건륭제와 완전히 동등한 '바다의 제왕조지 3세의 표현'이 보낸 특사라는 지위를 인정받기 위해 자신의 입장을 고수했다. 영국의 선물을 공물로 간주했던 청 앞에서 결국 매카트니는 빈손으로 돌아갈 수밖에 없었다.

영국 선전 기관에서는 그가 왕과 조국에 굴욕을 주려는 요구에 지조 있게 저항했기에 그의 임무는 실패할 수밖에 없었다면서 매카트니를 추켜세웠다. 그리고 '고두'는 서양의 합리주의와 실용주의에 반대되는 중국의 아집과 인간 평등과 존엄, 국민 주권과 대비되는 전제적 권위에 대한 비굴한 순종을 의미하게 되면서, 앞으로 영국이 시행할 정책을 정당화하는 비유가 되었다. 이후 영국은 식민지 인도에서 생산한 아편을 중국에 밀수출하는 본격적인 삼각 무역을 통해 무역 적자에 대응하게 된다.

## 대내적 위기

18세기 후반 건륭제 대는 청의 전성기였지만 정치 사회적으로 이미 느슨해지고 있었다. 당시 청에는 인구의 폭발적 증가로 사회 전반에 경제적 압력이 가중되는 가운데 행정 체계의 한계, 사치와 부패의 만연 등 여러 문제가 나타났다. 게다가 18세기 말 감숙의 회족 반란, 운남과 귀주의 묘족 반란, 호북 사천의 백련교도의 난 등 각종 반란이 연이어 일어났다. 특히 백련교도의 난1796~1804은 약 10여 년간 지속되면서 청 사회의 기반을 흔들었는데, 반란을 진압하느라 막대한 인적·물적 자원을 소모한 청은 쇠락의 길을 걸을 수밖에 없었다.

건륭제의 뒤를 이은 가경제1796~1820재위가 의무를 등한시하거나 능력이 부족한 황제는 아니었다. 그러나 모든 중요한 순간에 우유부단했고, 눈앞에 닥친 위기는 그를 압도할 만큼 거대했다. 가경제가 직면한 행정 부패는 화신의 출세가 대표적이었다. 20대 하급 궁정 시위로 복무하기 시작한 화신은 대단한 가문 출신은 아니었다. 1776년 군기대신으로 발탁된 그는 젊은 시절 건륭제의 구애를 거절했던 궁녀를 닮았다고 한다. 화신을 총애한 건륭제는 2년 동안 화신에게 군기대신, 호부시랑, 이부시랑 등을 비롯한 20여 개의 관직을 수여했다. 재치 있고 야망이 있으면서도 탐욕스러웠던 화신은 건륭제의 총애를 이용해 엄청난 부를 축적했다.

1796년 아버지의 양위를 통해 35세 나이로 즉위한 가경제는 화신이 암적 존재라는 것을 알고 있었지만 건륭제가 죽을 때까지 그를 제거할 수 없었다. 그리고 그 몇 년 동안 부정부패는 조정의 최고위층까지 퍼져나갔다. 화신 사후 밝혀진 재산이 대략 8억 냥이었는데, 이는 그가 권세를 누리던 20년 동안의 청 전체 세금의 절반이 넘는 액수였다. 청의 모든 행정 영역에서 이루어진 조직적인 횡령으로 인해 조정에서 실제로 집행되는 사업들은 줄어들 수밖에 없었다.

조선 실학자 홍대용1731~1783은 건륭제 시기의 사치와 백성들의 곤궁함을 예리하게 주목했다. 그는 잠깐의 쾌락을 위해 돈을 쓰는 불꽃놀이, 손님을 끌기 위해 화려하게 장식한 술집, 손을 대기만 하면 부서질 것 같은 장난감 등을 통해 민간에 사치 풍조가 만연하고 있다고 분석했다. 또 한편으로는 머리를 깎아주거나 귀지를 파주는 직업이 생기고 해질 무렵 행인의 발길이 뜸해지면 여자와 어린아이들이 길에 나와 키질해 사람들이 흘린 물건을 줍는 모습 등을 보며 오랜 평화로 인구가 많아져 백성들의 삶이 곤궁해지고 있다고 청의 쇠퇴를 짐작했다.

1791년에 발표되고 120회로 마무리된 연작소설 『홍루몽』은 당시 베스트셀러였다. 조설근이 80회를 썼으나 완성하지 못하고 사망하자 정위원과 고악이 이를 완성했다. 이 작품은 남주인공 가보옥과 여주인공 임대옥의 비극적 사랑을 담고 있으나 단순한 사랑 이야기가 아니었다. 몰락한 상류층 출신의 작가 조설근은 홍루몽을 통해 당시 청의 현실을 비판했다. 어른들은 봉건제를 지키려는 세력이며 가보옥과 임대옥은 '평등한 삶'과 '자유'를 외치며 봉건에 반기를 드는 세력을 상징한다. 몰락해가는 봉건 가문이었음에도 200여 명의 노비 없이는 생활할 수 없고 농민의 고혈을 짜내 '그들의 1년치 생활비'로 개고기 연회를 여는 자신의 집안을 보옥은 경멸했다. 그럼에도 기성세대에 저항하거나 자기주장을 관철시키지 못한 채 엉뚱한 여인 설보채와 결혼하고 만다.

건륭제는 경제를 발전시키고 정치를 안정시켜 태평성대를 이룬 성군으로 칭송받지만 이는 겉모습일 뿐 청의 내부는 썩어가고 있었다. 건륭제는 승덕 피서 산장에 웅장한 정원을 건설하고, 모든 것이 질서 정연하게 보이도록 만드는 데 비용을 아끼지 않았다. 또한 양주를 방문하기에 앞서 양주에 대한 자신의 상상과 일치하도록 양주를 다시 건설하라고 명하기도 했다. 그뿐 아니라 강희제의 치세 기간보다 하루 전에 자신의 치세를 끝냄으로써 조부에 대한 효심을 연출한 것은 그의 허세를 보여주는 대표적 사건이었다.

당시 청은 위로 건륭제에서 시작된 지배체제의 갈수록 심화되는 모순과 악폐, 아래와 밖으로부터 밀려드는 새로운 사상의 도전을 받고 있었다. 이처럼 사회 변화를 부지불식간에 느끼고 있었던 백성들이었기에, 그리고 그러한 청의 앞날이 불투명했기에 『홍루몽』은 그렇게 환영받았을 것이다. 세계사록

## 📍명청 시대의 산업

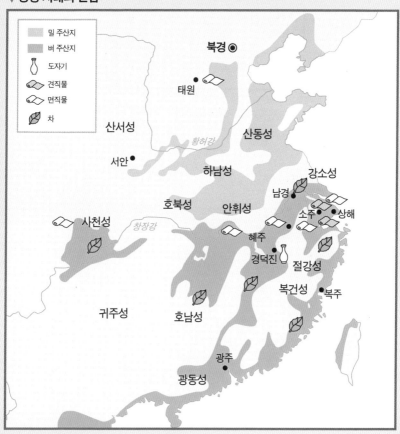

# 인싸랑 인쓰랑

| | | |
|---|---|---|
| 건륭제 | | ♥ |
| 화신 | | ♥ |
| 가경제 | | 쳇 |

하나요

♥

잘나가는 핵인싸는
나 같은 인재가 지켜줘야 하는 법ㅋ


각종 위험으로부터
아피를 지키는 나는
#보디가드 @화신

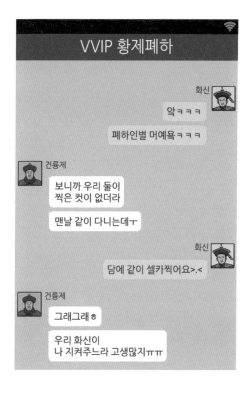

상사에게 예쁨받는
부하직원의 삶이란ㅋ


근데 꼭 시기질투
하는 애들이 있더라~!

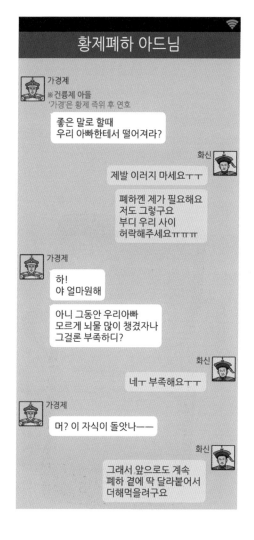

## 황제폐하 아드님

가경제
※건륭제 아들
'가경'은 황제 즉위 후 연호

> 좋은 말로 할때
> 우리 아빠한테서 떨어져라?

화신

> 제발 이러지 마세요ㅜㅜ

> 폐하껜 제가 필요해요
> 저도 그렇구요
> 부디 우리 사이
> 허락해주세요ㅠㅠㅠ

가경제

> 하!
> 야 얼마원해

> 아니 그동안 우리아빠
> 모르게 뇌물 많이 챙겼자나
> 그걸론 부족하디?

화신

> 네ㅜ 부족해요ㅜㅜ

가경제

> 머? 이 자식이 돌앗나ㅡㅡ

화신

> 그래서 앞으로도 계속
> 폐하 곁에 딱 달라붙어서
> 더해먹을려구요

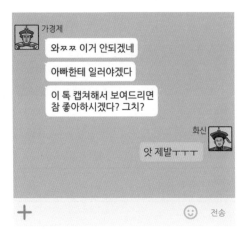

# 우리 화신이

아 증말--
내가 어떻게 잡은
황제라인인데!

황제 아들이면 다야?
다냐고!!

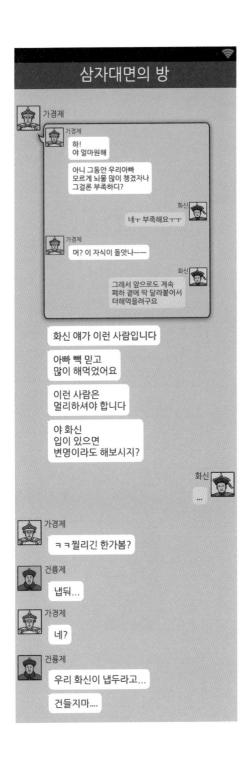

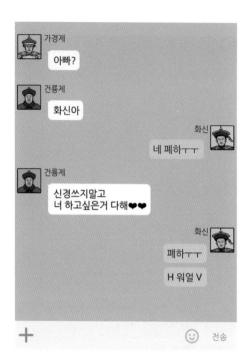

그랬다고 합니다.

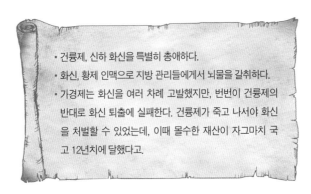

- 건륭제, 신하 화신을 특별히 총애하다.
- 화신, 황제 인맥으로 지방 관리들에게서 뇌물을 갈취하다.
- 가경제는 화신을 여러 차례 고발했지만, 번번이 건륭제의 반대로 화신 퇴출에 실패한다. 건륭제가 죽고 나서야 화신을 처벌할 수 있었는데, 이때 몰수한 재산이 자그마치 국고 12년치에 달했다고.

18세기 후반 청나라

1300년 1400 1500 1600 1700 1800

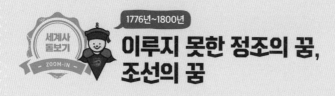
# 이루지 못한 정조의 꿈, 조선의 꿈

1776년 영조의 세손이 시련과 역경을 뚫고 조선 22대 국왕 정조1776~1800재위로 왕위에 올랐다. 그해 영국의 북아메리카 식민지가 왕의 지배를 거부하고 국민이 통치하는 공화정을 추구하며 독립을 선언했다. 1789년 재위 13년을 맞은 정조가 아버지 사도세자의 능을 수원으로 옮기는 사업을 시작한 그해, 프랑스에서는 혁명이 발발해 절대왕정을 무너뜨리고 미합중국과 같은 공화국으로 가는 첫발을 뗐다.

자신을 '만천명월주인옹萬川明月主人翁'이라 칭했던 정조는 '만 개의 냇물에 비치는 달의 주인'이라는 뜻에서 보듯, 스스로 만백성을 밝게 이끄는 군주로 여겼다. 이러한 자신감 위에서 그는 군주가 강력한 권위로 만백성을 통치하는 국가의 기틀을 마련하기 위해 재위기간을 바쳤다.

정조가 가장 중점을 둔 것은 아버지 사도세자 문제로 분열되었던 사대부 사회를 군주 중심으로 모이게 해 모든 인재를 국가 운영에 끌어들이는 일이었다. 이는 외척과 환관 세력을 제거하고 영조 때 탕평파를 비판했던 노론, 소론 일부와 권력에서 소외되었던 남인 계열 등 붕당에 관계없이 능력 있는 인재를 고루 등용하며 실행되었다. 탁월한 능력과 기지로 그가 계획한 탕평은 거의 성공했고 그동안 국가 운영에서 배제되었던 많은 인재들이 재능을 발휘할 기회를 얻었다.

정조는 즉위 직후 역대 군왕이 지은 글과 글씨를 봉안하기 위해 규장각을 설치했다. 그러나 1781년부터 규장각은 그 기능이 확대되어 정책 자문 기구 역할을 하게 된다. 규장각 관리들은 국왕 가까이에서 실록의 초고를 집필하며 과거 시험까지 담당했고, 국왕과 신하들이 학문과 국정을 논하는 경연도 규장각의 일이 되었다. 규장각에 소속된 제학, 직제학 등은 37세 이하의 젊고 재능 있는 중하급 관리 중에서 초계문신을 선발하는 권리도 가졌다. 일명 '초계문신제'를 통해 육성된 개혁 세력은 직무를 면제받고 규장각에서 연구에 전념한 뒤 40세가 되면 졸업해 연구 성과를 국정에 적용했다. 군신 간에 정치적 이상을 공유하는 사대부를 양성하고 싶었던 정조는 친히 교육하고 친히 시험하는 등 인재 육성에 공을 들였던 것이다. 조선 실학을 집대성한 정약용1762~1836, 학문이 깊고 의리에 정통했던 홍석주1774~1842 등 당대 최고의 학자와 관료들이 초계문신 가운데 배출되었다.

이런 정조의 인재 육성 자세는 사회를 개혁하고자 했던 실학자들이 사상을 펼칠 배경이 되기도 했다. 청의 문물 수용을 주장한 북학파의 대두는 정조 시대인 18세기 후반의 중요한 사상적 흐름 가운데 하나로 꼽힌다. 북학파는 1778년 연행사 행렬에 끼어 북경을 방문하고 돌아온 박제가1750~1805가 저술한『북학의北學議』에서 비롯되었다. 요동과 북경에서 발달한 문물을 목격한 그는 청의 문물을 받아들이자는 주장을 펴기 시작했다.

북학파는 청의 문물뿐 아니라 서양 문물도 수용하고자 했는데, 청 문물이 중화의 옛 제도를 계승한 것이므로 수용해야 한다는 논리를 서양 문물에도 적용시킨 것이다. '중국원류설'로 표현되는 이 논리는 서양 천문 역법의 많은 부분이 고대 중국의 성과를 계승했다는 내용으로, 주가 멸망하면서 세계 각지로 흩어진 천문 역법을 담당한 관리들이 서양으로도 넘어가 천문역법을 발전시켰다는 게 주요한 논거다. 중국원류설은 이미 중국에서 서학 수용에 따른 반감을 줄이는 중요한 역할을 했다. 이들은 도덕 윤리와 과학기술의 영역을 분리해 도덕 윤리는 성리학을 통해 함양하고 과학기술은 서양의 성과를 받아들여 발전시켜야 한다고 보았다.

또한 이들은 세계 각국의 문물이 집결되는 곳으로 중국 강남을 주목하고, 해양을 통해 강남과 통상해야 한다는 '강남통상론'을 주장했다. 고려까지만 해도 송의 배가 예성강에 들어와 서적과 각종 물품을 수입했지만 조선은 뱃길로 강남과 통상하지 못하는 한계가 있음을 지적한 것이다. 반면 일본은 중국의 강남과 통상해 번영하고 있다면서 이에 따라 조선이 일본에 경제적·문화적으로 뒤처지고 있다는 위기감을 피력했다. 이는 육로를 통한 기존의 조공 무역 방식에서 벗어나 해양을 통해 국제 무역에 동참할 것을 주장했다는 점에서 예리한 지적이었다.

한편 정조는 국왕 호위 전담부대인 장용위를 창설1783한 뒤 이를 장용영으로 확대1791해 왕권을 뒷받침하는 군사 기반도 확보했다. 본래 도성을 방위하는 기능은 금군과 5군영이 담당하고 있었는데, 이들과는 별개의 조직을 만들어 무과 출신 정예병을 국왕이 직접 장악하고 훈련시킨 것이다. 장용영의 교범 『무예도보통지』1790는 전투 동작 하나하나를 그림과 글로 해설한 실전 훈련서로, 활이나 총포의 기술은 담지 않은 대신 총 24가지의 근접 전투 기술이 수록되어 있다. 규장각과 장용영이 왕권을 뒷받침함으로써 왕권을 흔들 수 있는 어떤 상황에 대해서도 정조는 주도적으로 대응할 수 있었다.

정조 최후의 꿈은 화성을 건설해 정치적, 군사적 기능을 부여함과 동시에 상공인을 유치하여 개혁정치의 중심으로 만들고자 한 것이었다. 1793년 정조는 영조가 사도세자를 죽인 것을 후회했다는 사실을 입증하는 충격적인 문서를 공개한다. 영조가 직접 작성한 것으로 알려진 문서의 이름은 「금등金縢」으로, 이는 본래 『서경』 주서 「금등」 편에 수록된 고사에서 유래된 것이다. 그 고사의 내용은 이랬다. 주 무왕이 위독해지자 아우인 주공이 쾌유를 비는 「금등지서」를 지어 자신을 대신 죽게 해달라고 빌자 무왕이 회복되었다. 무왕이 죽은 뒤 주공은 조카인 성왕을 보좌하다 관숙 등에게 모함을 받고 추방당했다. 관숙 등이 잡혀 죽은 후 성왕이 「금등지서」를 읽고 주공의 진심을 알게 되어 그를 더욱 존경하자 재해가 그치고 다시 풍년이 들었다.

정조는 「금등」에 영조의 지극한 자애와 사도세자의 지극한 효심이 담겨 있다고 해석했다. '영조가 반세자 세력의 모함을 깨닫고 사도세자의 효성을 인정해 자신의 처분을 후회했다'고 해석되는 문서를 공개한 것은 화성 건설 사업 시작의 일환이었다. 당시 이미 양주에 있던 사도세자의 무덤 영우원을 수원화성으로 옮길 것을 결정하고 현륭원으로 격상시킨 후 공사를 완성한 상태였다. 이어 1794년 건설이 시작된 수원 화성은 현륭원을 옮기고 상왕이 될 정조가 거처하며 개혁을 추진할 도시로 구상된 것이다. 그리고 그 건설 사업에는 당시 실학자들의 고민과 개혁 의지가 담겨 있기도 했다.

시전 상인의 특권을 없애 자유로운 상업 활동을 보장하는 신해통공을 발표1791

하고, 서얼 출신 학자를 규장각 검서관에 등용하기도 했으며, 문화발전과 학문 장려에도 힘을 쏟아 전통문화를 총 정리하는 사업을 벌이기도 했던 정조. 그러나 안팎의 변화를 수용해 정조가 구상한 국가체제로 끌어들이기에 그의 재위는 너무 짧았으며, 성리학적 세계관의 한계도 분명했다.

정조의 탕평정치는 붕당 간 대립은 완화했지만 근본적 문제점을 해결하지는 못했다. 정치권력이 왕과 주변 소수 정치 집단에 집중되었으며 이는 정조 사후 세도정치가 전개되는 배경이 된다. 그리고 그동안 나타났던 사회 변화를 꿈꾸던 움직임은, 압도적인 성리학적 전통과 폐쇄적인 권력 아래에서 유의미한 세력을 이루지 못했다. 결국 건륭제 사망 1년 후인 1800년 정조가 갑작스럽게 죽음을 맞이한 후 조선은 꿈을 잃고 표류하기 시작한다. 세계사록

# 배고파죽겠다데쓰

배 　　　　　　꼬르륵

하나요

## 긴급재난

와따시 일본인ㅠㅠ

요즘에 재난문자
넘 많이 온다요ㅜㅜ

하루에도 몇 번씩
긴급재난 알림이 울려서
깜짝깜짝 놀란다데쓰ㅠㅠ

⚠ 긴급재난문자                    X

[백성안전처] 6.8 아이슬란드 라키화산 분화.
유라시아 대륙 온도하강 예보.
폭설 및 추위에 유의하세요.

⚠ 긴급재난문자                    X

[백성안전처] 화산주의보 발효!
8.3 일본 아사마화산 분화.
인근 주민들 대피 요망.
용암 및 화산재 주의

⚠ 긴급재난문자                    X

[백성안전처] 화산주의보 발효!
8.3 일본상공에 화산재 날림으로 인한
일조량 저하 예보.
급격한 기상 악화로 날씨 변화에 대비.
냉해로 인한 농작물 피해 등 우려.

으으~ 무섭다요ㅜ
화산이 팡-하고 터지고
용암도 꿀럭꿀럭 흐르고!

그치만 더 큰일은!
먹을 게 없는 거다요ㅠㅠ

날씨가 이상해져서
농사 다 망쳤다데쓰ㅜㅜㅜ

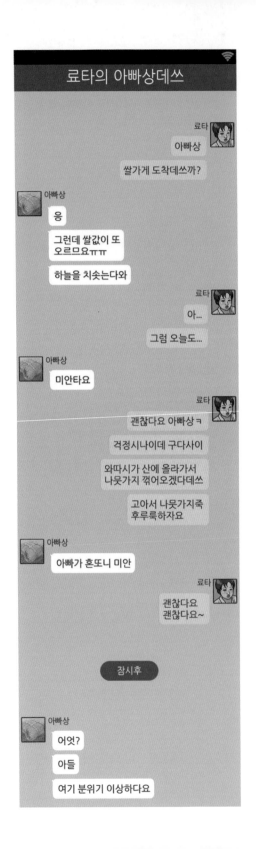

싸움낫다ㅏㅏ

료타

에에엑ㄱ???

전송

셋이요

굶주림

**일본일보**

## 전국으로 기근 확산…

"쌀 내놔라" 시위…

일부 쌀가게 쳐들어가 폭동 일으켜…

헐ㅜㅜ 다들
배고파서 눈에 뵈는 게
없다요ㅠㅠㅠㅠ

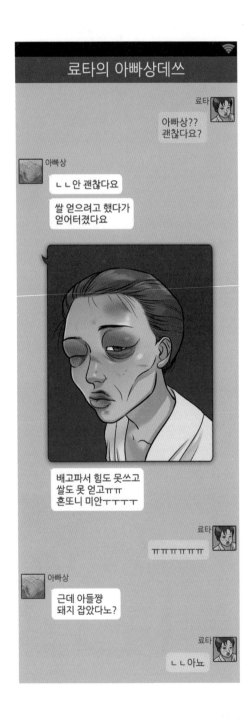

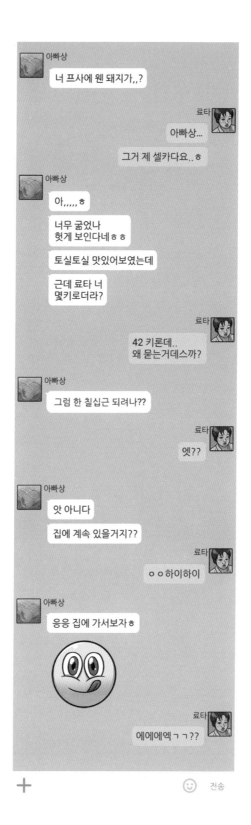

그랬다고 합니다.

- 1783년 일본에 덴메이 대기근이 발생하다.
- 아이슬란드에서 화산이 폭발해 유라시아 대륙 전체에 기상 이변이 온 데다, 일본에서도 화산이 폭발해 화산재가 하늘을 덮는 등 급격한 날씨 변화로 유례없는 흉작을 기록하다.
- 극도의 굶주림에 사람을 잡아먹기도 했다고 한다.

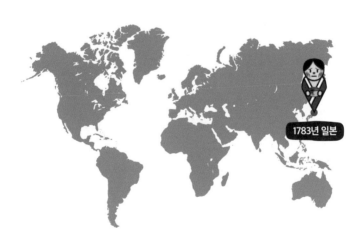

1783년 일본

1300년 1400 1500 1600 1700 1800

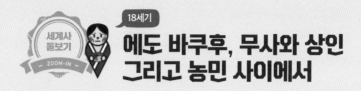

# 에도 바쿠후, 무사와 상인 그리고 농민 사이에서

약 260년간 지속된 에도 바쿠후는 1603년 세워진 후부터 18세기 초까지 다이묘의 산킨코타이, 무사들이 지켜야 할 법, 가톨릭 금교, 쇄국체제 등의 성립을 이루며 지배체제를 거의 완성시켰다. 전란으로 불안했던 앞선 시대들과 달리 비교적 긴 시간 동안 평화가 지속되고 상대적으로 중앙집권을 이룰 수 있는 기반을 닦았던 것이다.

에도 시대는 특히 도자기와 우키요에 등의 수출과 금, 은의 대대적인 채굴, 화폐 사용의 일반화와 교통의 통합 등에 힘입어 상업 발달이 두드러진 시기이기도 했다. 이에 에도 시대의 중반으로 구분되는 17세기 후반~18세기 초반에는 경제 호황기로 국부가 축적되고 국력도 신장되었다.

그러나 교호개혁1716~1735 이후 개혁들의 미비한 성과, 자연 재해의 빈발이 거듭되며 해결해야 할 과제들은 쌓여가기 시작했다. 상인과 농민들의 이익이 상충되는 가운데 무사들의 지지도 지켜야 했던 바쿠후는 근본적인 해결방법을 제시하지 못했고, 이에 불만을 품은 지방의 강력한 번들은 개혁을 주장하며 반란을 거듭하는데, 이 과정은 교호개혁과 덴메이 대기근1782~1788에서 단적으로 표출되었다.

## 조닌 문화와 교호개혁

에도 바쿠후 초기부터 시작된 산킨코타이는 다이묘와 무사들의 소비를 촉진시켰다. 이로 인해 화폐가 통일되고 도로가 건설되면서 일본 전체가 하나의 상권으로 묶였다. 이런 모든 조건은 시장의 발달을 가져왔고 그를 통한 막대한 이익이 조닌에도 시대의 상인에게 흘러들어갔다. 거부가 된 조닌은 다이묘와 무사들에게 돈을 빌려주면서 영향력을 키웠다. 이에 따라 고리대금업, 환전업, 은행업 등이 발달했는데, 바쿠후의 재정대리인이었던 미쓰이 다카토시1622~1694, 미쓰이 그룹 창업주가 고리대금업을 통해 전국 최대 상인으로 급성장한 것은 대표적인 예다.

조닌이 전국 시장을 무대로 무시할 수 없는 세력으로 성장함에 따라 이들의 자녀에게 글과 예절을 가르치는 학교가 문을 열었다. 무사의 자녀들이 번교에 다녔던 것처럼 조닌들은 '테라코야'라는 민간학교에 자녀를 보내, 장남은 신분 상승을 위한 교육을 받게 했고 장남 아래로는 상업을 가르쳐 가문을 유지했다.

신분 상승의 욕구만큼 문화 수준도 높아진 조닌은 가부키와 우키요에를 즐겼다. 가부키는 배우가 관객들 앞에서 가歌, 무舞, 기伎, 즉 노래와 춤, 재주를 보이는 공연 예술이다. 당시 에도의 나카무라, 모리타 등 유명한 극장 앞은 가부키를 보기 위한 조닌들로 북적였다고 한다. 가부키는 문화 욕구를 채워주고 신분적 한계로 인한 한을 달래주었던 한편 조닌들 사이의 유행을 선도하는 장이기도 했다. 가부키 배우들의 분장과 머리 모양, 화려한 의상은 조닌뿐 아니라 무사들에게까지 퍼졌고, 이는 이미 곤궁했던 바쿠후 재정을 위기로 몰아갔다. 바쿠후는 화려한 의상을 금지하는 명령을 내렸지만 조닌은 듣지 않았다.

조닌은 목판에 새겨 찍어낸 풍속화인 우키요에 제작에도 돈을 대고 유통을 맡았다. 우키요에는 본래 '뜬구름 같은 세상'을 뜻하는 불교 용어지만 이 당시에는 세속적 즐거움을 의미했다. 에도 시대에 들어 안정과 번영을 누리면서 쾌락을 즐기는 사회적 분위기가 마련되었기 때문이었다. 가부키 배우, 미인의 자태, 자연 풍경이 소재가 되었고 대량으로 인쇄되어 서민도 부담 없이 구입할 수 있었던 우키요에는 심지어 색도 소비자의 기호에 따라 바꿀 수 있었다. 바쿠후는 이 역시 사치를 조장하고 풍속을 문란하게 한다는 이유로 규제했고, 화려한 의복 금지와 마찬가지로 한 작품당 8색 이내 사용을 규정했다. 그럼에도 우키요에는 인기를 등에 업고 조닌의 생활 깊숙이 뿌리내렸으며 네덜란드 상인에 의해 유럽에 전해지면서 서양에서도 주목을 받았다. 인상파 화가였던 폴 고갱1848~1903, 클로드 모네1840~1926 등의 그림에서도 우키요에의 흔적을 찾을 수 있다. 특히 네덜란드 출신으로 프랑스에서 활약했던 빈센트 반 고흐1853~1890는 우키요에 마니아였다고 한다.

한편 에도를 비롯한 대도시들에는 전국에서 몰려든 청년들과 독신 생활을 하는 하급 무사들이 대거 거주했다. 이에 대도시는 요식업이 전례 없이 발전해 덴푸라, 장어꼬치, 스시, 오뎅, 우동, 소바, 모치, 단고, 오징어구이 등 노점 음식의 천국이 되기도 했다. 17세기 에도에서 서민들을 대상으로 한 요리 전문점이 최초로 등장했으며, 류큐를 통해 설탕이 대규모로 수입되면서 다도의 필수인 화과자도 오늘날과 같은 형태로 자리 잡았다. 나가사키에서 만들어진 빵인 카스텔라도 포르투갈인과의 교류 이후 에도 시대에 출현한 것이다.

그러나 풍족했던 조닌의 삶이나 도시의 풍경과 달리 바쿠후의 재정은 열악했다. 1650년대 바쿠후가 다이묘에게 강경책을 펴자 몰락하는 다이묘들이 생겼고, 주군을 잃고 로닌낭인이 된 무사들이 떠돌아다니며 소요를 일으키자 대책을 마련해야 했다. 특히 5대 쇼군 무렵 바쿠후 관할지 광산 생산량이 5분의 1로 줄었음에도 재정은 방만하게 운영되면서 지출은 계속 늘었다. 게다가 1657년 발생한 메이레키 대화재는 바쿠후의 재정을 위협할 정도로 치명적이었다. 3일 밤낮 계속된 대화재로 인해 피해 복구에만 약 100만 냥이 들었는데, 당시 바쿠후 전 재산은 300만 냥이었다고 한다. 결국 지속된 평화와 여유로 인한 조닌의 사치풍조가 쇼군의 재정 악화로까지 이어지자 이를 개혁해야 할 필요성이 절실해졌다.

8대 쇼군에 취임한 도쿠가와 요시무네1684~1751가 이 과제를 해결해야 할 책임을 맡았다. 요시무네는 취임 직후 '이에야스로 돌아가자'는 취지하에 바쿠후의 재정 확보와 강력한 쇼군 권력 부활을 목표로 개혁을 실시했는데 이것이 교호개혁이다. 교호는 요시무네가 취임한 해1716부터 1735년까지의 연호로, 교호개혁은 이후 간세이개혁1787~1793, 덴포개혁1841~1843에 영향을 주었고 이들은 에도 시대 3대 개혁으로 불린다.

요시무네는 바쿠후 재정의 악화가 농업 생산량의 증가에도 불구하고 세금으로 연결되지 못한 것에 기인한다고 보았다. 그래서 다이묘에게 산킨코타이 기간을 반년으로 줄여주는 대신 매년 세금을 더 납부하게 해 바쿠후 전체 수입의 10분의 1을 추가로 징수하기로 했다. 또한 토지 조사를 철저히 해 농민에게 징수할 세금을 빠짐없이 거두었다.

교호개혁을 통해 바쿠후는 중흥의 기틀이 마련되는 듯 보였다. 요시무네 또한 백성들의 신망을 얻었고, 오늘날까지 일본 사극의 주인공으로 자주 등장하는 인물이 되기에 이르렀다. 하지만 결과적으로는 연공 부담이 심해진 농민들의 불만이 커져 농촌 경제가 흔들리기 시작했고, 이에 농민들의 잇키집단 저항가 빈발해졌다. 또한 조닌 세력을 누르려던 계획도 실패하면서 그들의 사치풍조는 여전히 진행 중이었다.

## 덴메이 대기근과 간세이개혁

1782년부터 6년간 계속된 덴메이 대기근은 덴메이1781년에서 1788년까지의 연호 연간에 일어난 기근 사태로, 에도 시대 4대 기근 중 최악으로 평가된다. 당시 기록에 따르면 이 기간 중 도호쿠 지역을 중심으로 전국에서 2만 명 내지 수만 명의 아사자가 발생했다. 그러나 이는 각 번에서 문책을 피하기 위해 아사자 수를 줄여 보고했을 것이기 때문에 실제보다 축소된 수치였다. 이와키산 근처 히로사키번의 경우 사망자가 8만 명에서 13만 명인 것을 볼 때 기근뿐 아니라 역병까지 감안한다면 전국적으로 약 92만 명이 사망했을 것으로 추정된다. 기근의 참담함이 얼마나 심했는지 사람을 죽여 인육을 먹는 사태가 벌어지기도 했고, 살인을 할 수 없는 이들은 밤에 갓 매장한 시체를 꺼내 먹기도 했을 정도였다. 난민들이 속출했을 당시 그나마 상황이 양호했던 지역민들이 식량을 나눠주기도 했는데, 몇 개월간 아무 음식도 먹지 못한 상태에서 갑자기 음식을 섭취한 사람들에게 쇼크가 일어나 사망한 사례도 부지기수다.

1770년대부터 도호쿠 지역에서는 이미 악천후나 이상 냉해로 인한 급격한 농업 생산력 하락이 나타나고 있었다. 결정적으로 1783년 4월 아오모리현 이와키산, 8월 아사마산이 분화하면서 화산재가 하늘을 덮었다. 이에 따라 일조량이 줄었고 냉해로 인해 농작물 생산은 치명타를 입었다. 화산학자들에 따르면 아사마산의 분화 직전에 아이슬란드의 라키화산이 폭발해 유라시아 전체적으로 일조량이 준 것도 피해를 더 키운 요인이 되었다고 한다.

여기에 당시 바쿠후가 중상주의 정책을 추진해 상인을 통제하지 못하면서 쌀값이 급등했고, 이 때문에 전국으로 기근이 확산되었다. 18세기 중반 에도 시대는 오랜 평화와 난학의 도입으로 출산율은 증가하고 사망률은 감소해 인구 증가가 계속되었다. 하지만 부유한 조닌들은 투자 대신 고리대금업 등을 통해 부를 축적하고 사치를 일삼으며 결국 불황으로 접어들게 된다. 바쿠후는 이를 압박하는 교호개혁을 추진하다 실패한 뒤 반대로 불황 극복을 위한 광산 개발, 무역 흑자를 낳는 중상주의 정책을 실시했다. 이 때문에 일시적으로는 경제가 좋아졌지만 반대로 농업 분야에는 소홀할 수밖에 없어 쌀값은 계속 올랐던 것이다. 결국 농촌에 먹을 것이 없어지자 난민들은 도시로 몰려들었고, 치안 상태가 악화되면서 1787년 에도와 오사카에서 쌀가게 폭동을 비롯한 각종 폭동과 소요가 빈발하였다.

마쓰다이라 사다노부1758~1829가 간세이개혁을 추진할 수 있었던 것은 덴메이 대기근 중 번주로 취임한 시리카와번에서 신속한 구제조치로 아사자 발생을 막아 능력을 인정받았기 때문이었다. 간세이개혁은 교호개혁의 정신을 이어받아 무사와 조닌에게 검약을 강조하고 농촌 부흥책을 펼쳤다. 농민은 귀향시키고 도시 이주를 엄격하게 제한했으며 기근 대책의 하나로 각지에 사창과 의창을 설치해 쌀을 비축했다. 이에 기근 상태가 완화되었고 바쿠후의 재정 상태가 일시적으로 호전되는 등 상당한 성과를 거두었다. 하지만 원칙을 중시하는 엄격한 성품의 사다노부가 실각하면서 추진력을 잃고 만다.

이 시기 에도 바쿠후에는 내부의 안정 못지않게 타고 넘어야 할 거대한 역사적 파도가 외부로부터 밀려들어오고 있었다. 러시아를 비롯한 유럽 각국의 통상 요구가 거세게 시작되면서 바쿠후의 대처 능력은 또 다른 시험대에 오르게 된다. [세계사록]

대서양 세계의 혁명들

영국령 북아메리카

허드슨만

오리건

루이지애나
1800~1803 프랑스령
1803이후 미국령

퀘벡

보스턴
뉴욕
워싱턴D.C 필라델피아

산타페

미국
1775~1783

찰스턴

멕시코 1821

플로리다

멕시코만

아이티공화국
1791~1804

쿠바

푸에르토리코

멕시코시티

벨리즈

자메이카

과들루프(프랑스령)

중앙아메리카
연합주
1823

마르티니크(프랑스령)

카르타헤나

카라카스

트리니다드(영국령)

베네수엘라 1821

태평양

콜롬비아공화국 1819

가이아나
수리남 프랑스령
가이아나

키토

에콰도르
1822

리마

브라질 1822

페루 1824

볼리비아 1825

리우

파라과이
1811

아르헨티나 1816

몬테비데오

칠레
1818

부에노스아이레스

우루과이
1828

영국령

에스파냐령

프랑스령

포르투갈령

네덜란드령

✳연도 혁명 또는 정치적 독립 달성한 해

# 자유의 확산

## 1800전후 》 1840전후

# 물고 뜯고 씹는 방

**나폴레옹**

베토벤 바뀐 전번 아는 사람?

걔 내 팬이거든? 나 곧 황제되는데
내 전화 안 받네?

**시몬**

그냥 차단한 거 같은데..;;

그나저나 취임 부럽네
난 이번 취준도 글렀는데

**페닌술라르**

ㅉㅉ애초에 신분이 천한데 니 주제에
가당키나 해?

**시몬**

아니 내 고향이랑 신분이 먼상관이냐고

니 나한테 찐으로 맞아볼래——?

**임칙서**

맞아야할 양아취 또 있지

영국 깡패넘덜아~! 어디서 마약을 팔어!!!

**영국**

마약도 엄연히 제 사유재산이죠ㅎ
어? 근데 지금 나.한.테 욕했어?
당신이 선빵친거다 뭔일나도 책임못져ㅎ

  전송

# 베토벤의 덕질 라이프

| | | |
|---|---|---|
|  베토벤 | | 어덕행덕 |
|  나폴레옹 | | 유럽센터 |

**I**

**내마저**

사람은 누구나
덕질을 하며 산다고 생각해.

나도 덕질 중이야.
#나폴레옹
그가 바로 나의 대슈스지ㅋ

나의 뮤즈
그만 보면
악상이 절로 떠올라.

베토벤

아직 미완이라,, ㅋ

다 완성되면
들려드릴게요ㅎ

나폴레옹

크으~
벤부심ㅎㅎ

니가 내 팬이라
다행이야ㅋ

베토벤

저도 형이 제 최애라
다행이에요ㅎ

팬송 만들수있게
웅뽕차게 해줘서
고마워요>.<

형한테 찰떡인 곡이 될거예요!

나폴레옹

ㅋㅋ고맙다
기대하고 있을게!!

+                    ☺  전송

III

영웅

누가 알았겠어?
내가 이렇게 빠져들 줄.

원래 덕통사고는
갑자기 온다잖아ㅋ

근데 탈덕도
한순간이긴 하더라ㅜㅜ

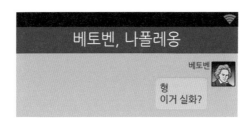

베토벤, 나폴레옹

베토벤

형
이거 실화?

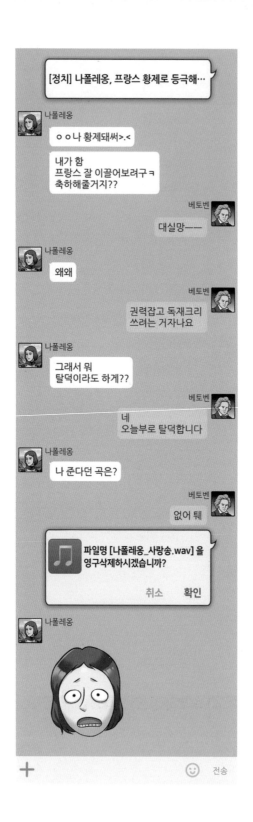

그랬다고 합니다.

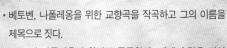

- 베토벤, 나폴레옹을 위한 교향곡을 작곡하고 그의 이름을 제목으로 짓다.
- 1804년 나폴레옹이 황제로 등극한다. 이에 수많은 지식인들은 충격을 받고, 소식을 들은 베토벤도 실망감을 감추지 못했다. 결국 작곡했던 곡의 제목을 바꿔버린다.
- 후에 나폴레옹과 그의 군대가 베토벤에게 곡 연주를 부탁하지만, 그 어떤 요청도 받아들이지 않는다.

19세기 초 프랑스

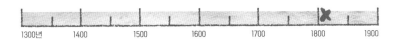

1300년  1400  1500  1600  1700  1800  1900

# 역공 맞은 나폴레옹

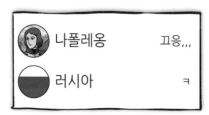

나폴레옹      끄응,,,

러시아      ㅋ

## I

## 따돌림

선톡하기엔 부담스럽고
친삭하자니
그건 그것대로 곤란하고


전번만 저장해둔
친구가 있어.

참 신경 거슬린단 말이지~!

왜 따돌리냐구?
재수없잖아ㅋㅋ

근데 내가
간과한 게 있더라.

영국 걔가
있어도 너~~~어무
있는 집 자식이란 거야ㅠ

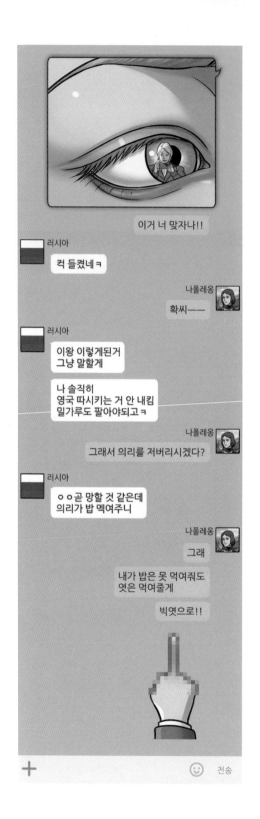

**Ⅲ**
**러시아**

감히 내 말을 거역하고
날 배신해?

그렇다면 응징해줘야지!
아주 처절하게.

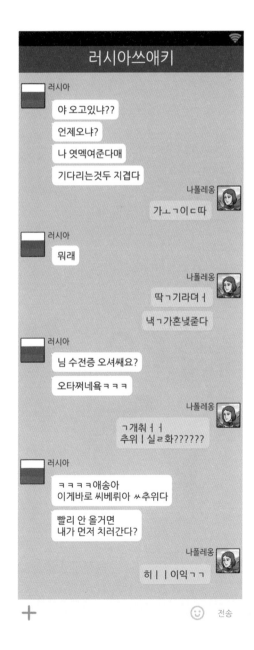

러시아쓰애키

러시아
야 오고있냐??
언제오냐?
나 엿멕여준다매
기다리는것두 지겹다

나폴레옹
가ㅗ ㄱ이 ㄷ따

러시아
뭐래

나폴레옹
딱ㄱ기라뎌ㅓ
냑ㄱ가혼냊준다

러시아
님 수전증 오셔쌔요?
오타쩌네욬ㅋㅋㅋ

나폴레옹
ㄱ개춰ㅓㅓ
추위ㅣ실ㄹ화??????

러시아
ㅋㅋㅋㅋ애송아
이게바로 씨베뤼아 ㅆ추위다
빨리 안 올거면
내가 먼저 치러간다?

나폴레옹
히ㅣㅣ이익ㄱㄱ

\+        ☺ 전송

그랬다고 합니다.

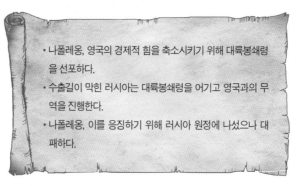

- 나폴레옹, 영국의 경제적 힘을 축소시키기 위해 대륙봉쇄령을 선포하다.
- 수출길이 막힌 러시아는 대륙봉쇄령을 어기고 영국과의 무역을 진행한다.
- 나폴레옹, 이를 응징하기 위해 러시아 원정에 나섰으나 대패하다.

1806년 프랑스

| 1300년 | 1400 | 1500 | 1600 | 1700 | 1800 | 1900 |

## 작은 거인, 유럽의 역사가 되다

### 통령 나폴레옹 보나파르트

나폴레옹은 이탈리아 코르시카섬의 하급 귀족 출신으로 사관학교를 졸업1785하고 16세에 장교로 임관하였다. 작은 키에다 빈약했던 소년 장교는 8년 후 툴롱에서 천재적인 전략으로 영국군과 왕당파를 몰아내면서 두각을 나타냈다. 이후 국민공회에 반대하는 반란을 진압한 것을 계기로 정치권력에 가까이 다가갔고 이탈리아 원정군 사령관으로 임명되었다. 그는 장교 세 명이 신발 한 켤레와 바지 한 벌, 셔츠 세 장을 공유할 정도로 열악했던 원정 상황 속에서 오합지졸 군대를 며칠 만에 최정예 부대로 변화시키는 탁월한 지도력을 펼친다. 결국 16만 명의 포로와 2,000대 이상의 대포를 전리품으로 획득하고 귀국1797함으로써 프랑스 영웅의 탄생을 알렸다. 이후 이집트 원정, 팔레스타인과 레반트 지역 정벌을 통해 권력 장악을 준비한 그는 위태롭던 총재정부를 쿠데타로 무너뜨렸다.

백인 남성의 보통 선거제와 양원제 입법부를 확립한 나폴레옹은 제1통령인 자신에게로 권력을 모으는 데 주력했다. 특히 일반 투표로 직접 찬반을 묻는 국민투표를 제도화해 국가 수장이 정적이나 입법부로부터 보호받을 수 있는 수단을 만들었다. 또한 교황과 정교협약1801을 맺어 10년 이상 지속된 프랑스와 가톨릭의 적대감을 종식시켰다. 교황은 프랑스 주교를 해임하고 성직자들을 징계할 권한을 얻은 대신 혁명으로 몰수된 교회 재산 문제를 묻어두기로 했다. 과거 정치 경력에 관계없이 인재를 기용하는 정책과 오스트리아, 영국과의 평화를 가져온 군사적 승리, 조세핀 드 모아르네1763~1814와의 결혼으로 그의 입지는 더욱 공고

해졌다. 이를 기반으로 나폴레옹은 상원의 반대에도 불구하고 행정 재판소로부터 지위를 부여받고 국민투표로 비준, 종신통령의 지위에 오른다.

나폴레옹은 군인이었으나 역사, 법, 수학 등 다양한 분야에 대한 지적 관심이 풍부했다. 이집트 원정 중에도 그는 고고학자들과 동행해 로제타스톤이집트 도시 라시드에서 발견된 비석을 발견1799하고, 이집트 상형문자를 해독함으로써 유럽에 '오리엔탈리즘'이 유행하는 결정적 계기를 마련했다. 끊임없이 읽고 쓰며 군사, 법, 재정 계획 등을 착상하고 잠도 거의 자지 않은 채 쉼 없이 일했던 나폴레옹. 그의 치세 아래 프랑스에서는 이제까지 실현된 적 없는 질서 있고 비교적 공정한 조세 제도가 만들어졌고, 능력에 따른 출세가 가능해졌다. 이렇게 프랑스는 통합된 행정, 전문적 관료제 등에 힘입어 부르봉 절대주의 국가에서 근대국가로 이행한다.

1804년 나폴레옹의 가장 큰 업적이 그 모습을 드러내게 된다. 총 3편 2,281조로 구성된, 출생, 결혼, 이혼, 분배, 증여, 상속, 사망과 같은 개인과 가족에 관한 모든 사항을 다룬 『민법전나폴레옹 법전』이 5년여의 산고 끝에 탄생한 것이다. 『민법전』을 통해 법 앞의 평등, 양심의 자유, 국가의 비종교화를 확립했다. 그리고 귀족과 성직자, 길드와 자치도시 등의 권리를 포함한 모든 봉건적 특권을 확실히 폐지했다. 또한 자본가와 소농민의 소유권 보호를 중심으로 '사유재산의 신성불가침'을 명문화했고, 남편을 아내의 상위에, 아버지를 자식의 상위에 두어 가족 내 위계질서를 세우기도 했다.

나폴레옹은 전쟁의 와중에도 102회의 법률 회의에 57회 이상을 참석하며 민법전을 향한 지대한 애정을 보였다. 이는 세인트헬레나섬에서 "나의 진정한 영광은 40번의 전투에서 거둔 승리에 있는 것이 아니라 나의 민법전을 말살시킬 수 없다는 데 있다"고 회고할 정도였다. 이후 여러 법전으로 확대된 나폴레옹 법전은 약간의 개정을 거치며 현재까지도 통용되고 있다. 또한 네덜란드, 벨기에, 독일, 스위스, 이탈리아, 룩셈부르크 같은 유럽 국가들의 법률에 많은 영향을 미치며 그의 자부심을 증명했다.

## 프랑스 제1제국과 나폴레옹전쟁

1804년 12월 2일 종신통령 나폴레옹은 부인 조세핀을 비롯한 참석자들의 축하 인사를 받으며 장엄한 음악이 울려 퍼지는 가운데 교황 피우스 7세로부터 황제의 관을 받아 스스로 자신의 머리에 썼다. 국체를 공화국에서 제국으로 바꿀 것인가를 놓고 치러진 국민투표는 찬성 3,572,392표, 반대 2,569표의 압도적 차이로 이미 가결되었다. 프랑스 제국이 탄생하는 순간이었다.

유럽 여러 나라들은 1789년 혁명 이래 경외감과 두려움, 놀라움이 섞인 눈으로 프랑스를 예의주시하고 있었다. 오스트리아, 프로이센, 영국이 주도하는 유럽 열강 연합은 안정 유지를 바라며 프랑스와 전쟁을 벌였다. 초반에는 목적을 달성하는 듯했지만 혜성같이 등장한 나폴레옹에게 패배하며 혼란 속에 붕괴되었다. 이는 혁명 초기 민병대로 동원되었던 프랑스 군대가 충성스러운 징집 군대로 변모했고 능력에 따라 진급한 장군들의 지휘로 강력해졌기 때문이다.

나폴레옹의 제국은 프랑스를 넘어 더욱 확장되었다. 남동쪽으로 로마와 교황령, 토스카나, 오스트리아의 달마티아크로아티아 해안선이 포함되었고, 동쪽으로는 라인 동맹 독일 국가 연합과 폴란드의 일부에까지 이르렀다. 한편 1806년 8월 6일 신성로마 제국 황제이자 오스트리아 황제였던 프란츠 2세1768~1835는 신성로마 제국의 제위에서 물러난다. 그는 나폴레옹이 독일 지방에 라인 동맹을 창설하며 신성로마 제국의 황위까지 넘보자 황제 자리를 없애 나폴레옹의 야심을 막으려한 것이다. 이는 결과적으로 1,000여 년간 역사를 이어온 신성로마 제국의 해체라는 결과를 가져 왔다.

나폴레옹이 정복한 지역에는 프랑스혁명의 결과인 구체제 종식, 중앙집권화된 국가, 행정의 근대화 및 단일한 법체계 성립 등이 '근대적'이라는 평가를 받으며 스며들었다. 독일 관념론 철학의 완성자로 평가받는 게오르크 빌헬름 프리드리히 헤겔1770~1831은 프로이센의 부패한 관료제도를 파괴하는 나폴레옹을 '살아 있는 세계정신'이라며 그를 찬양하기도 했다.

그러나 점차 시간이 지나면서 전쟁과 제국의 무리한 요구 사항으로 혁명가들이나 계몽 사상가들, 자유주의자들은 나폴레옹에 대한 지지를 철회하기 시작한다. 헤겔과 같은 해 출생했던 루트비히 판 베토벤은 절대왕정을 무너뜨린 프랑스혁명에서 희열을 맛본 후 그 수호자인 나폴레옹에게 헌정할 생각으로 제3교향곡 「영웅」을 작곡했다. 그러나 나폴레옹이 황제에 오르자 비통한 마음으로 악보의 첫 장을 찢으며 "이제 그도 인간의 권리를 짓밟고 자신의 야망에 빠지게 될 것이다"라고 예언했다. 독일이 나폴레옹의 침략으로 위기에 처했다고 본 요한 고틀리프 피히테1762~1814는 나폴레옹의 이상이 아무리 좋다 해도 다른 국가 국민의 주권과 자유를 짓밟은 침략자에 불과하다고 평가했다. 그는 프러시아 학사원에서 4개월간 행한 우국 강연을 『독일 국민에게 고함』1808이라는 책으로 묶어내며, 독일 재건의 길은 국민교육으로 국민정신을 진작시키는 데 있다는 주장을 펼쳐 독일 발전의 기틀을 다졌다.

## 나폴레옹의 몰락과 프랑스 왕정복고

승승장구하던 나폴레옹이 몰락하게 된 신호탄은 영국 상품의 대륙 유입을 금지한 정책인 대륙봉쇄령1806~1812의 실패였다. 산업혁명을 성공적으로 이끈 영국이 강력한 국가로 떠오르자, 프랑스가 유럽에서 독점적 우위에 있어야 한다고 생각한 나폴레옹은 위기감을 느꼈다. 이에 영국을 정복하려 시도했으나 넬슨 제독과의 트라팔가르 해전1805에서 참패를 겪었다.

마침내 나폴레옹은 영국을 동요시킬 유일한 방법은 경제력에 타격을 주는 것이라고 분석하고, 유럽과의 무역을 막아 영국 경제를 인플레이션과 부채로 몰락시키고자 했다. 1806년 11월 나폴레옹은 유럽 대륙 전 국가에게 영국과의 무역 전면 금지를 명령했다. 영국이 역봉쇄로 이에 맞서자, 그는 영국 항구를 이용하거나 관세를 내는 중립국 상선도 영국 국적의 상선으로 간주, 포획할 것이라고 맞받아쳤다. 그렇게 유럽 해안선은 모두 봉쇄되었다.

이 조치는 프랑스의 해군력이 영국의 절반 이하 수준이라는 사실을 간과한 것이었다. 그 결과 대륙으로의 면화, 설탕, 커피의 수송대를 차단한 영국에게 프랑스가 오히려 해상 봉쇄를 당한 형국이 되었다. 게다가 프랑스는 유럽에 필요한 물품을 충분히 공급할 수 있을 만큼 산업이 발달하지 못했고 그나마 육로로 수송해야 했다. 대륙 내에서 생산되는 물품에만 의존하게 된 유럽은 관세 장벽으로 서로 대립하게 되었다. 대륙봉쇄령으로 인해 프랑스를 비롯한 유럽이 영국보다 훨씬 많은 것을 잃었고, 이를 계기로 유럽에서는 반나폴레옹 움직임이 본격화되었다.

나폴레옹은 로마 제국과 같은 유럽을 창조하려는 야망으로 인해 실패에 한 걸음 더 다가섰다. 그는 조세핀과 이혼하고 프란츠 2세의 딸이자 22세 연하인 합스부르크 공주 마리 루이즈와 결혼해1810 황가 계승자로서의 지위를 확고히 했다. 이 둘 사이에서 황태자샤를 나폴레옹, 로마왕 나폴레옹 2세가 태어난 해인 1811년에는 코냑을 비롯한 프랑스 전역에서 포도가 풍작이었다. 이를 기념하기 위해 최상품의 포도로 만든 고급 코냑 브랜디에 '나폴레옹'이라는 등급 명을 부여하며 제국의 힘을 과시했다.

나폴레옹의 제국이 지나치게 확대되는 동안 그의 적들은 점차 힘을 길렀다. 특히 1808년 에스파냐전쟁은 나폴레옹에게 큰 타격을 입혔다. 이 전쟁은 대륙봉쇄령을 거부했던 포르투갈 정복으로 시작되었는데, 나폴레옹은 이베리아반도를 정복하고 에스파냐 왕을 폐위시킨 후 자신의 형을 왕위에 앉혀 개혁을 실시했다. 그러나 영국군과 에스파냐 게릴라들은 단호한 저항을 이어갔고 프랑스군은 더욱 잔인하게 이들을 진압했다. 에스파냐 화가 프란시스코 데 고야1746~1828는 불후의 명작 「1808년 5월 3일」에서 이를 적나라하게 묘사해 역사 속에 새겨놓았다. 에스파냐전쟁은 나폴레옹도 패퇴할 수 있음을 증명하였고 이후 저항에 불을 붙이는 계기가 되었다.

대륙봉쇄령으로 특히 심각한 손해를 감수해야 했던 러시아가 나폴레옹에게 몰락을 안긴 결정적 주연이었다. 농업국이었던 러시아는 잉여농산물을 영국에서 생산된 다양한 물품과 교환할 수 없게 되자 심각한 경제 위기에 처했다. 결국 러시아는 영국과의 무역을 재개했고, 프랑스의 항의를 무시하거나 회피했다. 이를 묵인할 수 없었던 나폴레옹은 1812년 봄 60만 명의 대군을 이끌고 러시아를 침공한다. 전제군주 차르를 응징하기 위해 유럽 전역에서 동원된, 나폴레옹 제국 원정 중 최대 규모의 군대였지만 이는 재앙의 시작이었다.

러시아 군대는 직접 맞서는 대신 프랑스 군대를 러시아 내륙 깊숙한 곳까지 유인했다. 나폴레옹은 검게 그을린 크렘린 궁전의 벽 외에 아무것도 남지 않은 모스크바에 당당히 입성했다. 차르의 항복을 기대하며 폐허 속에서 한 달 이상을 버텼지만 그는 결국 10월 19일 본국 귀환을 명령할 수밖에 없었다. 게다가 국경 도착 전에 나폴레옹과 군대를 덮친 것은 러시아의 무시무시한 겨울과 코사크 군대의 반격이었다. 불어난 강물, 산더미처럼 쌓인 눈, 살을 에는 추위와 질병, 굶주림, 패배 등으로 처참하게 무너진 나폴레옹과 부상병 수천 명은 12월 13일에야 겨우 국경을 넘어 독일로 들어올 수 있었다. 이는 이후 러시아 음악가 표트르 일리치 차이콥스키1840~1893에 의해 「1812년 서곡」1880으로 남은 러시아의 승리였다.

러시아 원정 실패 이후 프로이센, 러시아, 오스트리아, 스웨덴, 영국 등 연합국의 공격을 받은 프랑스는 결국 1813년 10월 라이프치히 전투에서 철저히 패배한다. 이듬해 3월 러시아의 알렉산드르 1세와 프로이센의 프리드리히 빌헬름 3세는 파리에 입성했다. 폐위된 나폴레옹은 수치심에 음독자살을 시도했으나 실패하고, 이탈리아 해안에서 멀리 떨어진 엘바섬으로 추방되었다1814.5.4.

나폴레옹을 추방한 연합국은 루이 16세의 동생을 즉위시키며 부르봉 왕가를 복고하고, 5월에는 루이 18세1815~1824재위가 파리에 입성하여 탈레랑 등 관료들의 환영을 받았다. 그는 행정적 측면에서 나름의 능력을 발휘했지만, 나폴레옹의 퇴위로 인한 공백, 프랑스 국민의 박탈감 등을 완전히 메울 수는 없었다. 결국 채 1년도 지나지 않아 나폴레옹이 프랑스 땅에 발을 들여놓자1815.3 그는 벨기에로 망명을 떠나야 했다. 엘바섬에서 탈출해 돌아온 이전 황제에 대한 프랑스인의 지지는 막강했다. 빈손으로 돌아온 그가 단시일에 12만 5,000명의 정예군을 꾸린 것은 그의 저력과 그를 뒷받침한 프랑스 국민의 열렬한 지지 덕분이었다. 그는 벨기에 근교 리그니에서 프로이센군 12만 명을 격파하며 다시금 전략가로서의 천재성을 유감없이 발휘했다.

프랑스와 평화조약을 체결하기 위해 빈에 모였던 연합국 측은 나폴레옹의 복귀 소식에 경악을 금치 못했고 서둘러 군대를 조직해 다시 전쟁에 나섰다. 결국 1815년 6월 워털루 전투에서 웰링턴 장군이 이끄는 영국군 9만 5,000명과 맞붙은 나폴레옹은 퇴각했던 프로이센군의 기습을 받아 4만 명의 병력을 잃고 대패하며 '백일천하'를 끝내고 만다. 나폴레옹은 남대서양의 바위투성이 섬 세인트헬레나로 보내진 뒤 1821년 사망할 때까지 회고록을 쓰며 여생을 보냈다.

프랑스혁명의 혼란 속에서 당대 최고의 군사 전략가로서 프랑스 육군을 세계 최강으로 성장시키며 유럽을 석권하여 황제가 된 나폴레옹. 비록 막대한 경제력을 가진 영국과 광대한 영토의 러시아를 정복하는 데 실패하고 몰락했으나 그는 침략과 전쟁을 통해 나폴레옹 법전에 나타난 법치주의, 능력주의, 시민평등사

## 📍 1812년의 유럽과 나폴레옹의 러시아 침공

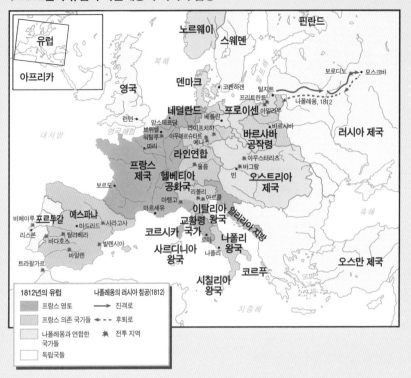

유럽

아프리카

노르웨이
스웨덴
핀란드

북해

덴마크
코펜하겐
틸지트
프리트란트
나폴레옹, 1812
보로디노 → 모스크바

영국
네덜란드
베를린
프로이센 아일라우
러시아 제국

런던
영국해협
암스테르담
라이프치히
바르샤바

대서양
브뤼셀
워털루
아우에르슈테트
예나
바르샤바
공작령

파리
라인연합
울름
아우스터리츠
바그람

프랑스
제국
헬베티아
공화국

오스트리아
제국

보르도
리볼리

마렝고
아르콜

마르세유
이탈리아
왕국
일리리아 지방

비메이루 포르투갈
에스파냐
사라고사
교황령
국가

리스본
마드리드
탈라베라
코르시카
로마

바다호스
발렌시아
사르디니아
왕국
나폴리
나폴리
왕국

트라팔가르
바일렌
시칠리아
왕국
코르푸

오스만 제국

흑해

지중해

**1812년의 유럽**
- 프랑스 영토
- 프랑스 의존 국가들
- 나폴레옹과 연합한 국가들
- 독립국들

**나폴레옹의 러시아 침공(1812)**
- → 진격로
- ---> 후퇴로
- ✳ 전투 지역

상 등을 유럽과 아메리카에 퍼뜨려 '자유주의'의 씨앗을 뿌렸다. 또 여러 나라에서 강력한 저항을 불러일으켰는데, 특히 독일과 이탈리아 등에서 '민족주의'가 발전하는 계기를 제공했다. 그의 몰락 이후 19세기 유럽 외교사가 '어떻게 하면 이런 인물이 유럽에 다시 나타나는 것을 막을 것인가'를 중심으로 이뤄진 것은, 나폴레옹이 유럽에 준 인상과 영향력의 막강함을 보여주는 단적인 장면이다. 세계사톡

talk 23

# 생도맹그 혁명의 추억

 **아이티**   로그인하셨습니다

**I**

## 검은 눈물

혀에 닿는 순간,
흔적 없이 사르르 녹는
달콤한 그 아이♥

#설탕 #슈가베이비

근데 그 설탕…
우리 흑인들이 피 땀 눈물
흘려서 만든 거다?ㅜㅜㅜ

드살린

대장
설탕농장 흑인노예
피해사례 또 접수요

일 못한다고 며칠동안
목에 쇠가시목걸이
걸어뒀다네요ㅜㅜ

투 대장

아이고.... ㅜㅜㅠ

드살린

대장ㅠ
우리 언제까지
존버만 해야하나요ㅜㅜ

투 대장

흠...
치자!

드살린

네?

투 대장

독립하자고!

드살린

오 드디어 가나요??
혁명ㄱㄱ??

투 대장

ㅇㅇ

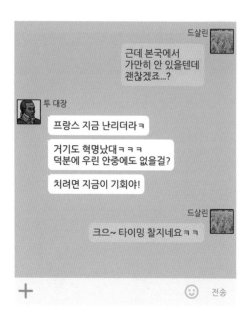

## 적과의 동맹

프랑스만 없으면
생도맹그는
자유로워질 거라 생각했어.


반쯤은 맞았고
반은 완전히 틀렸지.

# 마지막 유언

설탕 얻으려고 유럽국들이
자유롭게 우리 땅 넘보더라.


어쩔 수 없이 어제의 적인
프랑스와 다시 손잡았어.


우리가 처음에 제시한
노예해방 조건도 들어줬댔고.


그랬는데…

엥? 또???

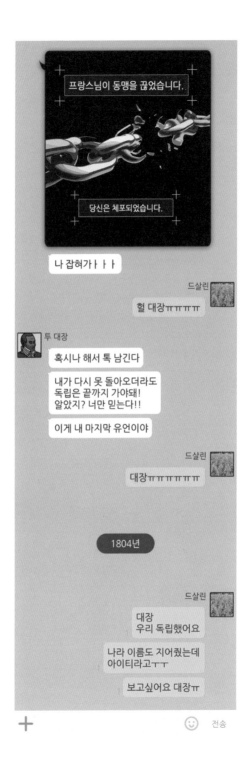

그랬다고 합니다.

투생님이 로그아웃하셨습니다

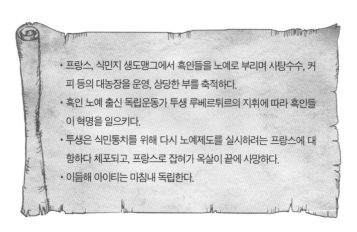

- 프랑스, 식민지 생도맹그에서 흑인들을 노예로 부리며 사탕수수, 커피 등의 대농장을 운영, 상당한 부를 축적하다.
- 흑인 노예 출신 독립운동가 투생 루베르튀르의 지휘에 따라 흑인들이 혁명을 일으키다.
- 투생은 식민통치를 위해 다시 노예제도를 실시하려는 프랑스에 대항하다 체포되고, 프랑스로 잡혀가 옥살이 끝에 사망하다.
- 이듬해 아이티는 마침내 독립한다.

1804년 아이티

1300년    1400    1500    1600    1700    1800    1900

# 캡틴 시몬 아메리카

 시몬 볼리바르      하...

I

차별

후아… 떨려
매번 합격자 발표 때마다
심장 쫄린당ㅎ

이번에는 꼭 취업해야 하는데ㅜㅜㅋ

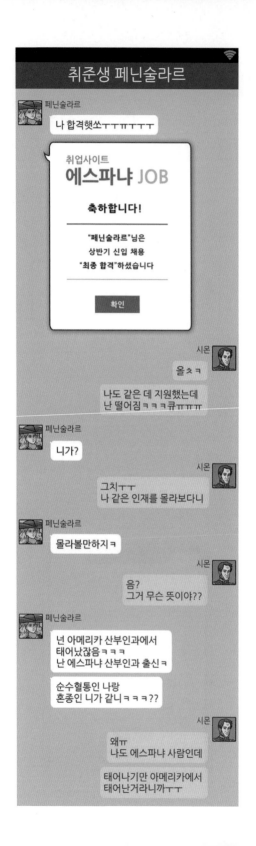

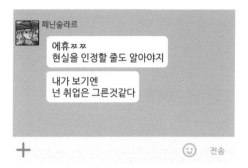

## 크리오요

하! 재수털려ーー
그래, 나 아메리카에서
태어나고 자란 #크리오요다!


그럼 뭐! 우리 엄빠가
모두 에스파냐인인데,
그럼 나도 에스파냐 사람 아냐?

머리끝부터 발끝까지
다를 것 하나 없는데
태어난 곳 하나로 차별받다니 하…

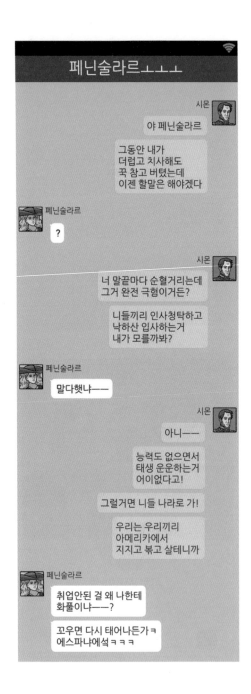

페닌술라르ㅗㅗㅗ

시몬
야 페닌술라르

그동안 내가
더럽고 치사해도
꾹 참고 버텼는데
이젠 할말은 해야겠다

페닌술라르
?

시몬
너 말끝마다 순혈거리는데
그거 완전 극혐이거든?

니들끼리 인사청탁하고
낙하산 입사하는거
내가 모를까봐?

페닌술라르
말다했냐ㅡㅡ

시몬
아니ㅡㅡ

능력도 없으면서
태생 운운하는거
어이없다고!

그럴거면 니들 나라로 가!

우리는 우리끼리
아메리카에서
지지고 볶고 살테니까

페닌술라르
취업안된 걸 왜 나한테
화풀이냐ㅡㅡ?

꼬우면 다시 태어나든가ㅋ
에스파냐에석ㅋㅋㅋ

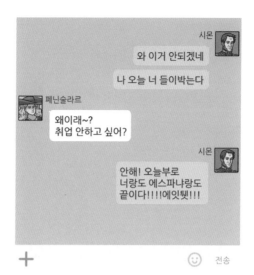

생각해보니,
꼭 취업할 필요 없잖아?


어차피 차별 받는 세상,
나도 역차별하지 뭐!


아메리카를 나 같은 사람들도
활약할 수 있는
기회의 땅으로 만드는 거야!

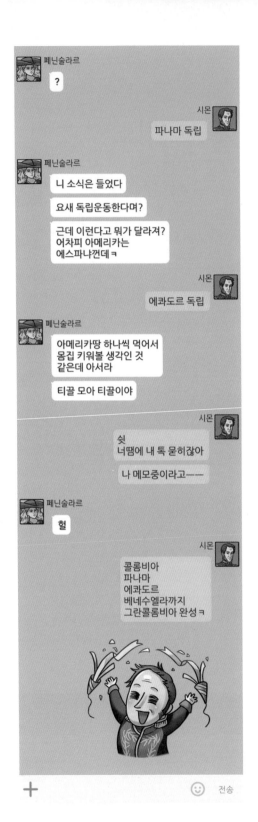

그랬다고 합니다.

• 뛰어난 경제력과 높은 지식수준을 보유한 크리오요들, 본국에서 태어나지 않았단 이유로 차별받다.
• 시몬 볼리바르, 에스파냐로부터 아메리카를 독립시키다. 유럽의 간섭을 받지 않도록 아메리카의 통일을 염원하지만, 각 나라들의 분열로 오래가지 못하다.

19세기 초 아메리카

# 포르투갈 왕자의 독립선언
## (feat. 브라질)

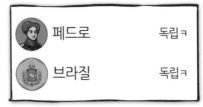

| | | |
|---|---|---|
| 페드로 | | 독립ㅋ |
| 브라질 | | 독립ㅋ |

**I**

## 아버지느님

아버지랑 갠톡하는 사람? 손?

어릴 땐 곧잘
애교도 부리고 그랬는데,
어느샌가 서먹해졌단 말이지.

보통은 연락 잘 안하는데
그날은 아버지한테서
먼저 톡이 왔어.

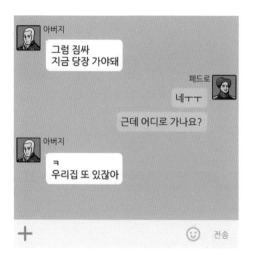

아주 오래전에
선조님들이 정복해버린
땅이 있지ㅋㅋ

좀 멀긴 해도
아버지 따라 새로운 곳에 가서
새로운 삶을 시작했어.

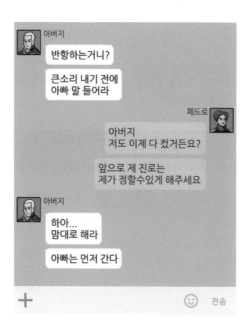

그래, 언제까지
품안의 자식일 순 없잖아?


나도 이제 슬슬
독립할 때가 된 듯ㅋ

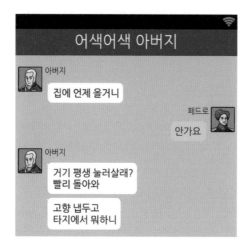

페드로

아니 다 컸는데
왜 끼고 살려고 하세요

다른집은 독립좀 하라고 난리더만

저 여기서 평생 살거고요

이제부터 브라질이
제 고향이에요

아버지

너 계속 그러면
후계자 박탈시켜버린다?

페드로

ㅋ 저 이미 왕자 아닌데요

브라질 제국의
신임 왕입니닼ㅋ

아버지

헐

페드로

그래서 말인데
독립할게요

이제 브라질은
포르투갈 식민지 아님
땅땅땅ㅋㅋ

전송

그랬다고 합니다.

- 포르투갈 왕가, 나폴레옹의 침략을 피해 식민지 브라질로 도망치다.
- 나폴레옹전쟁이 끝난 후, 포르투갈 왕실 사람들은 본국으로 돌아갔으나 왕자 페드로만 브라질에 남는다.
- 페드로, 브라질의 독립을 선언한 뒤 브라질 황제로 등극하다.

1822년 브라질

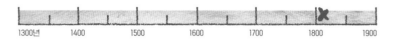

1300년 1400 1500 1600 1700 1800 1900

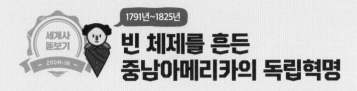

## 1791년~1825년
# 빈 체제를 흔든 중남아메리카의 독립혁명

포르투갈데일리

[속보] 나폴레옹, 포르투갈 쳐들어와…

### 유럽을 지배한 빈 체제

나폴레옹 보나파르트의 아들 샤를 나폴레옹은 프랑스와 아버지 나폴레옹 1세에 깊은 애정을 지닌 총명한 미소년이었다. 그는 아버지의 몰락 후 어머니의 나라 오스트리아로 망명했는데, 프랑스어 사용을 금지당하고 병에 걸려도 적당한 치료를 받지 못해 결국 21세 나이로 쇤부른 궁에서 숨을 거두었다1832. 이는 샤를에 의해 나폴레옹 제국이 재건될 것을 염려했던 오스트리아의 외무장관 클레멘스 폰 메테르니히1773~1859의 견제 때문이었다.

메테르니히는 나폴레옹의 몰락 후 유럽의 질서를 논의하기 위해 90개 왕국과 53개 공국의 대표를 빈으로 모아 회의를 열었다빈 회의, 1814~1815. 그러나 각국 대표들이 메테르니히가 오스트리아의 위상을 높일 목적으로 거액을 들여 매일 개최했던 향연과 무도회에 참가하거나 베토벤과 빈 소년 합창단 등의 공연을 관람하느라 바빠 정작 회의는 큰 진척을 보이지 못했다. "회의는 춤춘다, 그러나 진척은 없다"는 표현이 여기서 탄생했다.

결국 1년을 끈 빈 회의는 영토 분배 문제로 프로이센과 오스트리아가 전쟁 직전까지 가는 진통을 겪은 후 막판에 극적으로 타결된다. 특히 나폴레옹이 엘바섬을 탈출한 3월에 연합군 결성에 합의하면서 급진전을 보였고 그 결과 '빈 체제'

로 명명되는 보수적인 국제체제가 수립되었다.

빈 체제는 '정통성'과 '복고주의'에 따라 유럽 지배권과 영토를 프랑스혁명 이전으로 되돌리는 것을 원칙으로 했다. 오스트리아는 네덜란드를 포기하고 북이탈리아를 얻었으며, 프로이센은 바르샤바 대공국 일부, 작센, 라인 지방의 영토를 얻었다. 영국은 전쟁 중에 획득한 식민지 영유를 확인받았고, 네덜란드는 벨기에를 합병했다. 스위스는 영세중립국이 되었고, 나폴리, 프랑스, 에스파냐 등에서는 구 왕실이 복위했다. 이 과정에서 나폴레옹을 물리치는 데 결정적인 역할을 한 러시아를 중심으로 오스트리아, 프로이센이 함께 신성동맹1815을 결성했다. 그리고 곧 신성동맹에 영국이 함께하며 4국 동맹1815이 수립되었는데, 메테르니히는 이를 이용해 보수적인 질서를 지키고 혁명에 반대하는 사상을 주입시키고자 했다.

그러나 빈 체제가 추구했던 목표, 즉 유럽을 나폴레옹 이전의 시대로 되돌리는 일은 결코 쉽지 않았다. 이미 혁명과 저항을 통해 '자유'를 맛보고 '민족'을 찾기 시작한 사람들이 그것을 알지 못했던 시대로 돌아가는 것은 불가능했기 때문이다. 결국 산업화와 새 정치의 결합, 사회 변화는 빈 체제가 추구했던 보수주의적인 질서를 약화시켰고, 유럽 곳곳에서 빈 체제가 확립한 정치체제에 대한 실망과 사회적 불만이 저항으로 표출되었다. 중남아메리카에서 동시다발적으로 폭발한 독립혁명은 빈 체제를 동요시킨 출발점이었다.

## 중남아메리카 식민지의 특징

포르투갈의 식민지였던 브라질을 제외한 대부분 중남아메리카의 국가들은 에스파냐의 식민지였다. 에스파냐는 1560년경부터 중남아메리카를 식민지로 직접 경영하기 시작해 본국의 정치와 종교, 장원제도 등을 그대로 이식했다. 에스파냐가 중남아메리카를 4개의 부왕령누에바에스파냐, 누에바그라나다, 리오데라플라타, 페루으로 나누어 각각 부왕을 임명한 후 중앙집권적으로 통치한 식민지 시대는 약 300여 년간 계속되었다.

그동안 중남아메리카에서는 북아메리카와 구별되는 식민지적 특징이 나타나기 시작했는데, 중남아메리카 전반에 걸쳐 대규모의 인종 혼혈이 일어난 것이 대표적이다. 북아메리카에서 유럽인과 원주민 사이의 결혼이 드물고, 계급과 무관하게 모든 유럽인과 원주민이나 아프리카인 사이에 엄격한 인종적 구분이 있었던 것과 대조적이다. 이는 북아메리카에는 가족이나 마을 전체가 이주해 정착했던 반면, 중남아메리카에는 경제적인 이득을 목적으로 성인 남성이 홀로 오는 경우가 많아 그들과 원주민 여성 사이에서 자녀 출생이 빈번했기 때문이다. 이 같은 특징 때문에 중남아메리카에는 유럽인과 원주민 사이에서 태어난 '메스티소', 유럽인과 아프리카인 혼혈인 '물라토', 원주민과 아프리카인 혼혈인 '삼보' 같은 새로운 인종이 등장했다.

중남아메리카인들은 유럽인에 비해 철저하게 차별받았는데, 특히 크리오요가 체감하는 차별은 남달랐다. 같은 에스파냐인이었음에도 본토에서 출생한 페닌술라르가 출세를 보장받아 정부, 군대, 교회 등의 고위직을 독점했던 데 비해, 크리오요는 능력에 상관없이 식민지에서 출생했다는 이유만으로 냉대를 받았다. 이것이 페닌술라르에 비해 중남아메리카의 사정에 밝고 수적으로도 우세했던 크리오요들이 중남아메리카 독립혁명의 주도 세력이 된 이유다.

이와 함께 경제적인 면에서 중남아메리카는 기형화되고 발전이 저해되어 잉카 시대의 생산력에도 미치지 못하는 상황이 계속되었다. 식민지 초기 유럽인들은 원주민의 토지를 몰수하고 강제노역 체제레파르티미엔토를 확립했다. 그러다 이에 대한 가톨릭의 비판이 거세지자 원주민 거주 지역의 광활한 토지를 감독관엔코멘데로에게 관리하게 하면서, 원주민을 보호하고 가톨릭을 전파하는 대신 세금과 노역을 부과할 수 있는 권한을 주는 엔코미엔다를 시행했다. 드러내놓고 착취하던 강제노역 대신 '원주민 보호'라는 포장을 입힌 이 제도로 노동력 착취는 계속되었고 원주민은 결국 노예화되었다. 엔코미엔다로 인해 형성된 대농장 아시엔다는 이후 중남아메리카의 전형적인 토지 소유 형태로 고착된다.

한편 아시엔다의 농장주가 농장 소유와 유지에만 관심을 두고 생산성 향상에는 별 관심이 없었던 것은 비극이었다. 이들은 국내 및 해외 수출과 관련해 이윤과 직결된 작물만 플랜테이션을 통해 집중적으로 재배했는데, 이 때문에 중남아메리카는 사탕수수, 커피, 바나나 등 단일작물 재배체제가 고착화되었다. 중앙아메리카 5개국의 별칭이 바나나 공화국이었고, 혁명 이전 쿠바의 수출 중 85퍼센트가 사탕수수였던 것이 이해되는 대목이다.

## 독립혁명, 절반의 성공

사회적, 경제적으로 차별과 수탈에 시달렸던 중남아메리카 식민지들이 독립을 향한 움직임을 폭발시킬 수 있었던 것은 프랑스혁명 덕분이었다. 계몽사상의 영향을 받아 깨어 있던 중남아메리카의 크리오요들은 지도자 역할을 수행할 준비가 되어 있었고, 거대한 제국으로 발돋움하던 영국은 에스파냐를 약화시키기 위해 이들을 원조하고자 했다. 결정적으로 나폴레옹이 포르투갈과 에스파냐를 침략해 자신의 형을 국왕으로 세우면서 에스파냐의 식민지 관리 체계에 공백이 생겼다.

앞서 1791년 8월에는 중앙아메리카의 프랑스 식민지 생도맹그에서 아프리카인 노예들이 그들을 지배하던 '그랑 블랑위대한 백인'에게 저항하는 혁명을 일으켜 성공했다. 같은 해 5월 프랑스 혁명정부가 유색인, 혼혈인에게 선거권을 부여하려 하자, 생도맹그의 플랜테이션 경영자들은 식민지 자치를 구실로 이를 거부했다. 이에 100만 노예 가운데 10만 명이 봉기에 참여해 백인들을 살해하고 설탕, 커피 등 농작물을 불태우며 섬 일부를 장악했다. 이후 본국에서 원정군을 파견했으나 역부족이었고, 결국 1804년 중남아메리카 최초의 독립국 아이티가 탄생한다. 아이티혁명 이후 중남아메리카에는 1810년부터 약 15년에 걸쳐 신생 독립국들이 잇달아 세워졌다.

멕시코의 독립혁명은 가톨릭 성직자인 미겔 이달고1753~1811가 멕시코시티의 북서쪽 돌로레스에서 원주민과 메스티소를 지휘하며 시작되었다. 프랑스에서 계몽사상과 인권사상을 익혔던 그는 1810년 교구민들에게 무기를 나누어주며 "형제여, 부도덕한 정부와 에스파냐인에게 죽음을!"이라고 외친 '돌로레스의 절규'를 선포했다. 과달루페 성모 그림을 군대 깃발로 내걸고 600여 명으로 출발한 봉기는 며칠 만에 10만여 명으로 늘었다.

1811년 미겔의 죽음 이후에는 성직자 호세 마리아 모렐로스1765~1815가 멕시코 독립전쟁을 주도하며 멕시코 남부 지방 대부분을 평정했고 독립정부를 세웠다. 에스파냐군 대령이었던 이투르비데1783~1824는 모렐로스의 멕시코해방군을 격파했으나, 이후 본국의 차별에 반기를 들고 멕시코시티에 입성하여 에스파냐인을 추방하고 독립을 선언한다. 1821년, 그렇게 멕시코 독립혁명은 성공한다. 미겔 이달고는 멕시코 독립의 아버지로 추앙되었고, '돌로레스의 절규'가 선포된 9월 16일은 멕시코 독립기념일이 되었다.

시몬 볼리바르1783~1830는 베네수엘라, 콜롬비아, 에콰도르 및 페루 등 남아메리카 북부의 독립전쟁 영웅이다. 베네수엘라 출신의 크리오요로, 에스파냐에서 사관 교육을 받은 그는 결혼한 지 열 달 만에 아내가 사망하며 실의에 빠진다. 그러다 프랑스혁명과 나폴레옹 전성기의 유럽 상황을 목격한 뒤 남아메리카의 독립혁명에 헌신한다. 1810년 독립혁명에 뛰어든 그는 2년 만에 베네수엘라와 에스파냐를 격파하고 '해방자'라는 칭호를 얻었다. 그러다 에스파냐의 반격으로 망명생활을 하기도 했지만 아이티 공화국과 영국의 지원으로 재기에 성공한다.

1819년 8월 7일, 볼리바르는 보야카에서 눈부신 승리를 거두면서 누에바그라나다콜롬비아를 해방시켰다. 그는 미국이 하나의 연방이 되어가는 것을 보며 중남아메리카도 하나로 모여 힘을 키워야 한다고 생각했다. 베네수엘라, 누에바그라나다, 키토에콰도르 등을 하나의 연방으로 묶는 그란콜롬비아를 꿈꾸었던 것이다. 그는 또한 "토착민은 많은 수가 절멸했고 유럽인은 아메리카, 아프리카 인종과 섞였다. 우리는, 어머니는 같지만 아버지는 서로 다른 이방인이다"라고 외치며 그동안의 크리오요들만의 독립운동에서 벗어나 다양한 인종을 포괄하는 독립운동을 주장했다. 그를 게릴라전으로 도왔던 원주민과 아프리카인 노예, 혼혈 메스티소, 그리고 크리오요의 열렬한 환영을 받으며 보고타에 입성한 볼리바르는 대통령이 되어 그란콜롬비아 공화국 임시정부를 수립한다.

이후 1821년 6월 카라카스 외곽의 카라보보 평원에서 6,500명의 볼리바르 부대는 에스파냐 군대에 맞서 승리를 거두며 베네수엘라 해방의 결정적 계기를 만들었다. 이듬해에는 키토 교외 피친차 전투에서 대승을 거두며 에콰도르에 해방을 안겨주었고, 1823년 9월 리마에 입성해 페루를 독립1824. 12시켰다. 남부의 알토 페루 지역은 그의 업적을 기려 국명을 볼리비아로 바꾸어1825 그에게 영광을 돌려주었다. 이로써 남아메리카 북부의 독립전쟁은 끝났다.

그러나 1825년 보고타로 돌아온 볼리바르가 목격한 상황은 기대와 달랐다. 새로운 기득권층이 된 크리오요들과 각 계층이 대립 중이었고, 강력한 통일국가 건설을 견제하던 유럽 국가들의 방해로 그란콜롬비아 구상은 허물어졌다. 그리고 그에 대한 암살 기도까지 있었다. 결국 볼리바르는 모든 정치적 권한을 포기하고 카리브 해안의 별장에서 칩거하다 47세를 일기로 세상을 떠났다.

한편 아르헨티나, 파라과이, 칠레 등 남아메리카 남부 지역의 해방자는 호세 데 산마르틴1778~1850이다. 그는 아르헨티나 출신 크리오요로 에스파냐에서 군사 교육을 받았다. 전략가로서 출중한 능력을 인정받은 그는 나폴레옹전쟁에 참전해 대령까지 진급했다. 그러나 크리오요라는 태생적 한계는 더 이상의 진급을 막았고, 결국 독립혁명에 헌신하게 만들었다. 1812년 부에노스아이레스에서 독립혁명군에 투신한 그는 약체였던 혁명군을 강력한 군대로 변화시켜 에스파냐군을 무찌르며 리오데라플라타아르헨티나의 독립1816을 이끌었다.

산마르틴은 거기서 멈추지 않았다. 그는 칠레의 독립을 돕기 위해 군대를 조직했는데 5,000명의 군대와 1,600마리의 말을 이끌고 고도 2,000미터의 고산이 즐비한 안데스산맥을 넘어 에스파냐 군대를 공격했다. 그리고 차카부코 전투1817, 마이푸 전투1818 등에서 승리를 거두어 칠레를 해방1818시켰다. 이러한 그의 전략은 한니발에 비견될 만큼 뛰어난 것으로 평가받는다. 그 후에도 칠레 해군 지휘관이었던 영국 제독의 도움으로 칠레 함대를 보강해 페루 비스코에 상륙하여 리마를 함락시키고 페루의 독립을 선언1821함으로써 '페루의 보호자'란 칭호를 얻었다.

모든 권한을 볼리바르에게 넘기고 페루를 떠난 산마르틴은 1830년 이후에는 프랑스에서 여생을 보냈다. 1880년 그의 관은 부에노스아이레스 대성당으로 옮겨져 안치되었는데, 아르헨티나, 칠레, 페루를 상징하는 세 여인상이 석관을 에워싸 그를 진정한 해방자로 기리고 있다.

포르투갈로부터 독립한 브라질은 여타의 중남아메리카 국가들과 사정이 좀 달랐다. 1500년 포르투갈인 카브랄에 의해 발견된 브라질은 당시 유럽에서 적색염료로 쓰이던 목재인 브라질우드가 많이 생산되는 곳이라 하여 이런 이름이 붙었다. 금과 다이아몬드가 발견된 17세기까지만 해도 브라질은 포르투갈 재정에 도움이 되는 식민지에 불과했다. 그러나 나폴레옹의 침략은 브라질의 지위를 바꾸어놓았다.

나폴레옹에게 리스본이 함락되기 하루 전, 포르투갈 왕실은 16척의 선박에 올라 영국의 호위를 받으며 브라질 리우데자네이루로 피난을 떠났다. 그 후 브라질은 식민지가 아닌 포르투갈-브라질 연합 왕국이 되었고, 리우데자네이루는 4만 5,000명이었던 인구가 10년 만에 10만 명으로 늘어나 근대 도시로 탈바꿈하며 발전을 거듭한다.

## 📍 중남아메리카 독립국의 탄생

나폴레옹전쟁이 끝난 후 포르투갈 의회의 귀환 요청을 받아들인 왕실은 본국으로 돌아갔으나 왕자 돔 페드로Dom Pedro는 브라질에 남았다. 이후 포르투갈 의회가 연합 왕국을 해체하고 브라질을 식민지로 되돌리려 하자 브라질인들은 거세게 반발했다. 귀환을 종용받던 왕자 돔 페드로는 브라질의 반발에 편승, 1822년 9월 7일 브라질의 독립을 선언하기에 이른다. 그가 포르투갈 왕위 계승권을 포기하고 돔 페드로 1세로 즉위1822~1831재위하자 3년 뒤 포르투갈 왕실은 브라질의 독립을 승인1825했다. 다른 중남아메리카의 식민지들과 달리 유혈 투쟁 없이 독립을 달성한 브라질, 그 중심인 리우데자네이루의 상징인 예수상은 브라질 독립 100주년을 기념해 만들어진 것이다.

중남아메리카 대륙 전체에 광범위한 변화를 가져온 혁명은 1492년 시작된 신항로 개척 시대에 안녕을 고했다. 이 혁명의 성공은 프랑스혁명의 중요성을 보여주는 한편, 빈 체제를 흔들어 유럽 국가들에도 영향을 미쳤다.

그러나 군주제주의자였던 산마르틴도 공화주의자였던 볼리바르도 중남아메리카의 미래를 놓고 꾸었던 꿈을 이루지 못했다. 독립을 이룬 각국에서 에스파냐로부터 자신의 해방만을 목표로 삼았던 크리오요와 토지개혁, 노예제 종식, 사회적 인종적 계급의 폐지를 원했던 급진 세력 간의 대립이 격렬했기 때문이다. 결국 급진 세력은 진압되었고, 독립한 국가는 지주 및 군대 장교단의 지배를 받게 된다. 이후 정치적 갈등과 내전에 휩싸인 신생 독립국들은 건국 영웅들의 공백을 메워줄 정당한 권력의 부재로 '카우디요'라 불리는 지방군인 수령들이 득세하며 각각 혼란의 시기에 돌입했다. 세계사록

# 12월의 데카브리스트

 데카브리스트 　자유를…!

 니콜라이 　　폽ㅋ

## I

## 부러우면 지는 거다

으으~ 춥다 추워
얼른 집에 가서
이불 폭 덮고 폰질해야지ㅋㅋ

@러시아인_데카브리스트

역시 이불 밖은 위험해.
자기 전에
인수다 눈팅이나 해볼까?

## 파리지앵그램

**파리지앵** @parisien  · · ·

♥ 1,027명이 좋아하오

**파리지앵** 한가로운 휴일 오후
커피를 곁들인 브런치
#옴뇸뇸 #마시쩡 #파리맛집 #브런치카페

 **데카브리스트** 좋아보이네요~ 역시 농사는
농노들한테 맡기고 휴일엔 쉬어야죠ㅎㅎ

**파리지앵** 넷? 농노요? 언제적 농노를...

**데카브리스** 아... 파리엔 농노가 없나보죠?

**파리지앵** 농담이시죠?ㅋㅋㅋ
중세에서 오신줄ㅋㅋㅋㅋㅋ

**데카브리스** ㅎ;

아ㅠ 회의감이 몰려온다.
인수다 하지 말걸ㅜㅜ


다들 인권이다, 자유다,
혁명 일으키는 분위긴데ㅠ
나는ㅜ 우리 러시아는ㅠㅠ

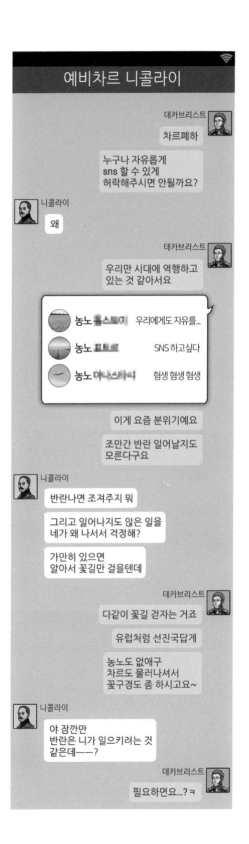

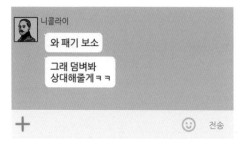

하지만 너무
패기만 만렙이었나 봐ㅜ

**데카브리스트**
오늘부로 인수다 접습니다
-closed-

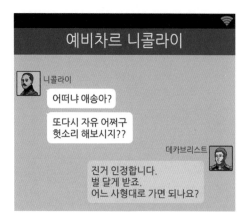

"혁명에 실패한 데카브리스트들,
일부를 제외하고,
대부분이 시베리아 유형을 선고받다."

그랬다고 합니다.

- 1825년 12월 러시아, 젊은 청년 장교들 중심으로 봉기가 일어나다. 러시아어로 12월을 뜻하는 데카브리에서 파생되어 데카브리스트라 불리다.
- 이들은 한때 나폴레옹 군대를 몰아냈던 군인들로, 나폴레옹을 추격하며 입성했던 파리에서 자유주의를 경험한다. 이를 계기로 전제정치와 농노제가 행해지던 러시아에 개혁이 필요하다고 느낀다.
- 하지만 봉기는 실패로 끝난다. 주동자 5명은 사형, 나머지는 시베리아로 쫓겨난다.

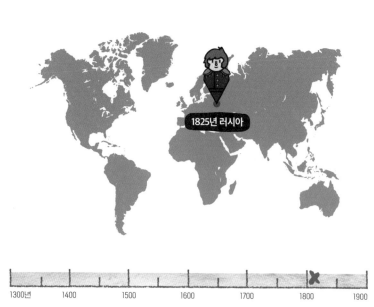

1825년 러시아

1300년 1400 1500 1600 1700 1800 1900

# 러시아와 그리스의 자유를 향한 움직임

나폴레옹전쟁 이전으로 되돌아가고자 했던 빈 체제에 대한 저항은 중남아메리카의 독립을 촉발시켰다. 또한 러시아에서의 봉기와 발칸반도 국가의 독립으로 이어지며 유럽 곳곳을 뒤흔들었다. 이러한 움직임의 기저에는 자유주의와 낭만주의 같은 19세기 사상들이 작동하고 있었다.

## 자유주의와 낭만주의

자유주의는 기본적으로 개인적 자유나 권리를 중요시하는 사상이지만 19세기의 그것은 오늘날 우리가 생각하는 자유주의와는 거리가 멀었다.

19세기 정치적 자유주의는 존 로크의 사회계약설에서 시작되어 18세기 계몽주의와 미국혁명, 프랑스혁명의 선언서를 통해 선포되며 발전했다. 개인의 권리는 양도될 수 없고 성문화된 헌법으로 보장되어야 한다고 주장했던 자유주의자들은 입헌을 중시했다. 군주제 세습에 반대하면서 권력을 남용하는 군주를 합법적으로 폐위시킬 수 있다는 데에도 동의했다. 하지만 이 시기의 자유주의가 민주주의를 뜻하는 것은 아니었다. 재산과 교육이 정치 참여의 필수적인 조건이라고 생각했던 부유한 지식인 자유주의자는 투표권을 보통 사람에게까지 확대하는 것에 반대했다. 당시 노예제를 찬성했던 이들에게 남성의 보통선거권 요구는 너무나 급진적인 일이었고, 여성이나 유색인에게까지 선거권을 확대하는 것은 상상조차 할 수 없는 일이었다.

경제적 자유주의는 애덤 스미스의 『국부론』에서 출발했는데, 이에 따르면 경제활동은 규제될 수 없었다. 노동도 길드나 노동조합의 방해 없이 자유로운 계약으로 이루어져야 했고, 상품도 자유롭게 유통되어야 했으며 재산권 행사도 봉건적 제약이 방해해서는 안 되었다. 국가도 경제의 자연적 활동인 자유방임주의를 간섭할 수 없었다. 그래서 국가의 기능은 질서를 유지하는 최소한에만 머물러야 했다.

또 자유주의는 각 국가가 처한 상황에 따라 다르게 작용했다. 강대국에 점령당한 국가에서 자유주의는 그들의 지배로부터 해방을 뜻했다. 중남아메리카의 식민지는 에스파냐, 포르투갈로부터의 자유를, 그리스와 세르비아는 오스만 제국으로부터, 북부 이탈리아는 오스트리아로부터, 폴란드는 러시아로부터의 자유를 의미했다. 이에 비해 러시아, 프로이센, 복위된 부르봉 왕조하의 프랑스 같은 유럽 중부 및 남동 국가에서는 자유주의가 봉건적 특권 폐지와 교육받은 지식인들의 정치권력 장악을 뜻했다. 이들은 입헌적이고 대의적인 정부를 목표로 했지만 프랑스혁명의 급진성과는 거리를 두었다. 정치적 자유가 상대적으로 확립되어 있던 영국의 경우, 자유주의는 제한적이면서도 효율적인 정부 정책 수립, 선거권 확대, 자유 무역 등을 목표로 한 개혁으로 표출되었다.

한편 19세기 초 문화운동인 낭만주의로맨티시즘는 이성, 질서, 조화를 추구했던 고전주의나 계몽주의에 반발하며 출현했다. 프랑스혁명 이후 영국과 독일에서 시작되어 프랑스 등으로 이어진 낭만주의는 개인의 감정, 직관, 자유 등을 중시하는 풍조였다.

오늘날 '로맨스'는 연애, 감성의 의미로 사용되는데, 그 어원은 '로마인'이다. 이 말은 라틴어가 유럽에 퍼지면서 '지방어'를 뜻하게 되었다. 12세기 이후, 용감한 기사와 여인의 사랑을 소재로 하는 기사도 문학이 주로 로맨스어로 창작되면서 사랑의 의미가 로맨스어에 부여되기 시작했다. 19세기의 로맨티시즘은 이런 중세 로맨스의 풍부한 감성과 사랑에서 명명된 것이다. 한편 낭만이라는 뜻을 가진 '로망'은 로맨스의 일본어 발음에서 비롯되었다.

계몽주의 아래 열등하다고 간주되어 억눌려왔던 개인의 감정들이 낭만주의에 의해 높이 평가되면서 여성에 대한 시각에 변화가 일어났다. 보통 사람들이 쓰는 지방어로 작품들이 저술되면서 반이성적, 민족적인 색채가 나타났다. 작가들은 지역의 민담이나 전설을 소재로 삼았고, 화가들은 현실적인 풍경을 화폭에 담았다. 독일의 시인 프리드리히 실러1759~1805가 14세기 스위스 독립의 영웅 전설을 토대로 쓴 희곡『빌헬름 텔』1804, 독일 민속춤에서 유래되어 영국으로 전파되자마자 순식간에 유럽 최고의 유행으로 떠오른 '왈츠'독일어 'walzen(돌다)'에서 유래, 이성에 대한 비판과 과학에 관한 반대 감정을 훌륭하게 표현해 낭만주의 대표작으로 떠오른 메리 셸리1797~1851의『프랑켄슈타인』1818, 그리고 베토벤이나 프란츠 페터 슈베르트1797~1828의 수많은 명곡 등은 낭만주의 시대가 남긴 기념비적인 문화였다.

시인 윌리엄 워즈워스1770~1850와 윌리엄 블레이크1757~1827를 낳은 영국의 낭만주의는 바이런으로 더 유명한 조지 고든1788~1824과 퍼시 셸리1792~1822, 존 키츠1795~1821 등에 이르러 절정에 달했다. 특히 바이런은 부유하고 잘생긴 귀족이었는데, 당시 정치 지도자들의 부패와 억압을 비난하면서 자유의 이름으로 노동 계급 운동을 옹호하기도 했다. 그는 그리스 독립전쟁에 참여하기 위해 그리스로 향했다가 그곳에서 말라리아로 사망했다. 이로써 바이런은 자유주의적 낭만주의 영웅의 전형이 되었다.

## 데카브리스트의 봉기

자유주의는 나폴레옹전쟁에서 승리한 뒤 보수주의 동맹의 심장부가 된 러시아에서도 파란을 일으켰다. 자유주의 사상에 영향을 받은 젊은 군 장교들이 1825년 개혁을 요구하며 봉기를 일으킨 것이다. 그들은 '데카브리스트12월 당원'라고 불렸는데, 다수는 귀족 출신의 엘리트였다. 나폴레옹을 몰아낸 군대에서 복무했던 데카브리스트들은 평화 정착 이후 프랑스에 주둔하면서 '자유주의'를 접한다.

젊은 이상주의자였던 그들은 '러시아는 유럽의 해방자'라는 알렉산드르 1세1801~1825재위의 주장을 진지하게 받아들였고, 그런 도덕적 위대함을 위해 러시아에도 개혁이 필요하다고 여겼다. 그들이 보기에 러시아의 농노제는 해방과 모순되었고, 전제적인 차르의 정치권력 독점도 마찬가지였다.

그런 와중에 알렉산드르 1세가 크림 지역의 군 시설 시찰 중 장티푸스로 사망한다. 불확실한 후계 문제를 뒤로 하고 황위는 보수적인 니콜라이 1세1825~1855재위에게 계승되었다. 1825년 12월 14일 상트페테르부르크 원로원 광장에서 거행된 신임 차르에 대한 충성 서약식, 바로 이날 입헌군주제주의자부터 공화주의자에 이르기까지 스펙트럼이 다양했던 데카브리스트들이 봉기를 일으켰다. 니콜라이의 형이자 폴란드 총독이었던 콘스탄틴1779~1831이 제위에 올라 헌법이 유지되길 바라며 새 차르의 즉위에 반대한 것이었다. 그들은 임시정부 수립, 농노제 폐지, 법 앞의 평등, 민주적 자유, 인두세 폐지, 입헌군주제나 공화제로의 전환 등 러시아의 자유화를 요구했지만 무참히 진압당하고 결국 실패한다.

니콜라이는 반란을 일으킨 수백 명의 군인을 무자비하게 심문했고 시베리아 유형을 선고했다. 한편 사형을 선고받은 다섯 명의 지도자는 장례식이나 매장지가 소요의 원인이 되지 못하도록 상트페테르부르크에 있는 페트로 파블로프스크 요새 안에서 새벽에 교수형에 처해졌고 사람의 눈에 띄지 않는 곳에 매장되었다. 이후 니콜라이는 국내 혼란을 방지하기 위해 비밀경찰을 설치한다. 이로써 유럽에서 가장 비타협적인 보수주의의 선봉에 서며 '유럽의 헌병'이라는 별칭을 얻는다.

## 그리스의 독립

19세기 초 그리스의 독립전쟁1821~1829만큼 유럽에서 주목과 동정을 받았던 봉기는 없었다. 이는 발칸반도의 현실보다는 이를 바라보는 유럽인들의 시각과 관련이 깊다. 유럽의 그리스도인들은 그리스 독립전쟁을 그리스도교의 이슬람교에 대한 투쟁의 연장선으로 바라보았고, 급기야 그리스를 유럽의 탄생지로 여기기 시작했기 때문이다.

1453년 콘스탄티노폴리스가 함락된 이래 그리스는 오스만 제국의 지배하에 있었다. 그러나 오스만의 세력이 점차 약화되면서 19세기 본격적인 변화가 시작되었다. 1814년 상인을 주축으로 '우호형제단'이라는 독립운동 비밀결사체가 결성된 이후 알렉산드로스 입실란티스1792~1828의 주도하에 그리스 독립을 향한 최초의 봉기가 일어났다1821. 전직 러시아군 장교였던 그는 러시아에 도움을 요청했지만 알렉산드르 1세는 개입을 거부했다.

오스만 제국은 그리스에 대해 강경 작전으로 일관해 1826년 즈음에는 독립군 진압에 거의 성공한 듯 보였다. 그리스는 유럽의 지원을 기대했지만, 메테르니히가 주도하는 빈 체제는 불간섭주의를 표명했다. 하지만 발칸반도에서 세력 확장을 꿈꾸던 러시아 니콜라이 1세가 그리스 독립을 지원하기로 결정하면서 상황은 급변했다. 러시아의 세력 확대를 우려한 영국과 프랑스가 참전을 결정하며 수많은 자원병들이 몰려들었고, 이에 빈 체제는 타격을 입었다.

영국의 대표적 낭만주의자이자 메리 셸리의 남편이었던 퍼시 셸리는 "우리는 모두 그리스인이다. … 그리스가 없었다면 … 우리는 여전히 야만인이자 우상숭배자로 남아 있을지도 모른다"라고 했다. 바이런은 그리스 독립전쟁에 직접 참여하기 위해 그리스로 떠났고, 파리 사람들은 그리스인의 대의에 공감한다는 것을 보여주기 위해 파란색과 흰색으로 된 리본을 달았다. 프랑스의 대표적인 낭만주의 화가 외젠 들라크루아1798~1863는 「키오스섬의 학살」로 그리스인의 투쟁을 기념했다. 사실 그리스 독립전쟁 중 양측 모두 무자비했지만 이 작품에는 튀르크인의 잔학 행위만 묘사되었다. 유럽 사람들은 튀르크인을 악마화하고 이슬람교를 야만적, 폭압적 이미지로 그리면서 이와 반대되는 그리스인의 유산을 유럽과 동일시했던 것이다.

러시아와 프랑스, 영국의 대규모 연합 함대가 1827년 10월 나바리노에서 오스만 군대에게 치명적인 타격을 입히며 그리스는 독립을 향해 한 걸음 다가갔다. 오스만은 이집트를 끌어들여 대항했지만 역부족이었고, 세르비아를 비롯한 발칸의 여러 공국들도 독립을 요구하기 시작했다. 결국 그리스는 오스만 제국의 세력 약화를 바라던 러시아와 영국, 프랑스의 지원과 유럽 지식인들의 후원에 힘입어 독립을 승인받고 바이에른 왕가의 오톤을 국왕으로 맞이한다1832.

그리스 독립은 전제적 이슬람에 대한 자유의 승리로 상징화되며 빈 체제에 균열을 일으킨 또 하나의 사건이 되었다. 그러나 실제 그리스인은 삶의 곳곳에서 여전히 오스만의 틀을 떨쳐내지 못했고 그들과의 관계 역시 완전히 단절하지 못했다. 이후 발칸반도는 유럽과 오스만 사이의 다민족, 다종교의 교차점으로서 공존과 갈등이 반복된다. 그리고 이는 결국 제1차 세계대전의 방아쇠를 당기게 될 것이다. 세계사록

# 자유의 이름으로 널

프랑스          펄럭

**I**

## 갑분샤

친구 따라 강남… 아니,
빈에 간 사람이 있다지.


바로, 우리 임금님.


걱정된다.
나쁜 물 들어오면
안 되는데….

아~~~
이거 느낌이 쎄한데??

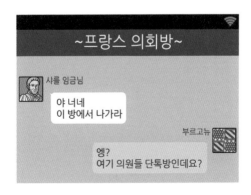

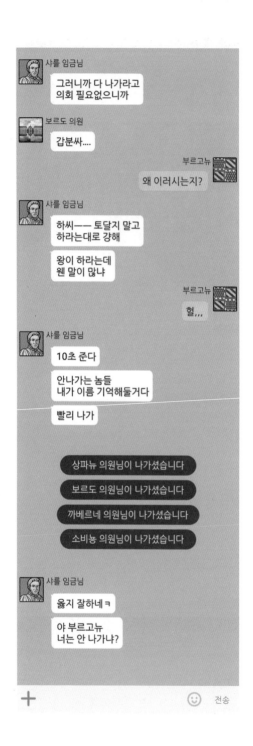

씨이… 방폭당했어ㅜㅜㅜ
ㅜㅜㅋㅋㅋ    ㅋ킄키ㅣ
그럼 뭐   ㅎㅎ
딴방 또 파면 되는   ㅋㅋㅋ

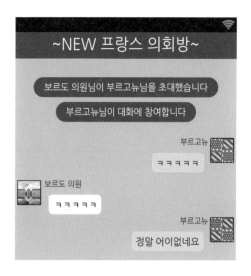

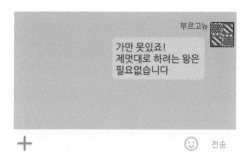

요즘 같은 세상에 독재라니,
시대 역행도
사람 봐가면서 해야지!


우리 몸속엔
혁명의 피가 흐르고 있다고!!!

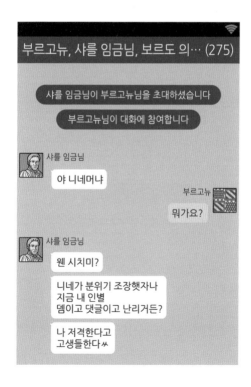

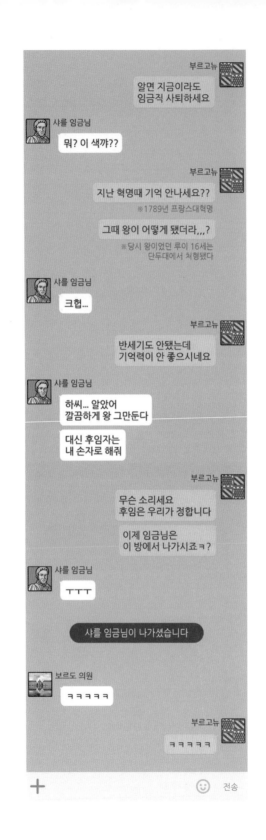

그랬다고 합니다.

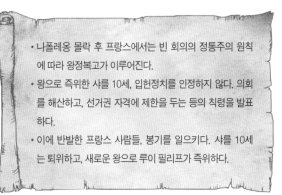

- 나폴레옹 몰락 후 프랑스에서는 빈 회의의 정통주의 원칙에 따라 왕정복고가 이루어진다.
- 왕으로 즉위한 샤를 10세, 입헌정치를 인정하지 않다. 의회를 해산하고, 선거권 자격에 제한을 두는 등의 칙령을 발표하다.
- 이에 반발한 프랑스 사람들, 봉기를 일으키다. 샤를 10세는 퇴위하고, 새로운 왕으로 루이 필리프가 즉위하다.

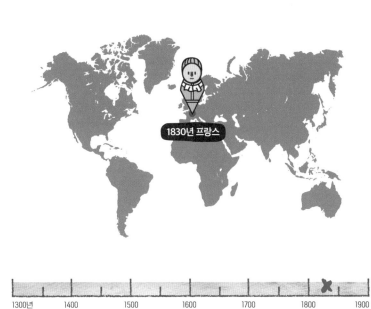

1830년 프랑스

1300년 1400 1500 1600 1700 1800 1900

## 프랑스와 영국, 자유주의로 물들다

### 7월혁명과 그 영향

나폴레옹 보나파르트 실각 후 빈 회의는 프랑스에 부르봉 왕가를 복위시키며 복고주의를 꿈꾸었다. 하지만 루이 18세는 프랑스가 혁명 이전으로 되돌아갈 수 없다는 점을 잘 알고 있었다. 프랑스혁명의 계승자들과 보나파르트주의자, 왕당파 사이에서 온건보수적인 노선을 견지했던 그의 시기, 프랑스는 외견상 안정되어 보였다. 그러나 비대한 몸에 다양한 질병으로 고통 받던 루이 18세가 괴저로 지독한 악취를 풍기며 사망1824한 뒤, 동생 샤를 필리프가 샤를 10세1824~1830재위로 왕위를 계승하면서 그동안 잠재되어 있던 갈등이 폭발한다.

샤를 10세는 구체제로의 복귀를 주장하는 극단적인 왕당파의 핵심 인물로 자유주의자들과 첨예한 갈등을 빚어왔다. 그가 혁명기와 나폴레옹 시대의 유산을 뒤엎기로 결정하면서 의회는 귀족에게 혁명 기간 중 몰수되거나 매각된 토지에 대해 배상해주기로 했고, 교육권도 가톨릭교회에게 돌려주었다. 여기에 1820년대 후반 경제 위기로 인한 실업과 기아까지 더해지면서 자유주의자를 중심으로 한 국민의 불만과 분노는 더욱 높아졌다.

1829년 성립된 폴리냐크 내각은 반동적인 정책을 더 강화했다. 그러나 정부에 대한 자유주의 반대 세력은 1830년 5월 총선거에서 하원에 대거 진출했다. 이에 샤를은 새로운 선거를 요구했으나 다시 실시한 7월 선거에서도 반정부 세력이 다수를 점했다. 샤를은 당시 알제리 진출에 성공한 여세를 몰아 강압적인 방법을 취하면서 1830년 7월 25일 소위 '7월 칙령'을 발표했다. 여기에는 새로 선출된 하원의 해산, 언론에 대한 엄격한 검열, 귀족이 아닌 자를 배제하기 위한 선거 자격의 제한 등 의회제를 무너뜨리려는 내용이 담겨 있었다.

이러한 조치로 인해 샤를에게 닥친 것은 학생, 지식인 등 파리 시민들이 다시금 거리로 나선 7월혁명이었다. 자유주의적 언론들의 호소에 27일 파리 민중들은 바리케이드를 치고 군대와 대치하는 시가전을 시작했다. 바리케이드 수가 더 늘어난 28일에는 그동안 금지되었던 삼색기가 나부끼며 혁명은 더욱 거세졌다. 이들을 진압해야 했던 군대는 알제리 파견으로 그 병력이 부족했고 복잡한 시가지는 효과적인 진압을 어렵게 했다. 29일 군중들이 왕궁으로 침입하면서 시가전은 결국 정부의 패배로 끝났다. 7월 27일부터 29일까지 7월혁명의 기간은 '영광의 3일'이라 불리며 들라크루아의 작품 「민중을 이끄는 자유의 여신부제: 1830년 7월 28일」1830과 함께 역사 속에 기록되었다.

샤를은 저항이 쓸모없음을 깨닫고 영국으로 망명했다. 당시 바리케이드를 메웠던 혁명가들 중에는 공화정을 추구하는 세력도 있었지만, 자유주의자들은 1789년 혁명이 일으켰던 혼란이 다시 발생하는 것을 원하지 않았다. 때문에 오를레앙 공작을 입헌 군주 루이 필리프1830~1848재위로 추대하며 혁명을 수습했다. '7월 왕정'이라 불리는 새로운 정부도 재산을 기준으로 선거권을 결정해 여전히 대부분의 민중들은 정치에 참여할 수 없었지만 그럼에도 유권자의 수를 2배로 늘려놓았다.

또한 7월혁명은 유럽에 1789년 프랑스혁명의 기억을 떠오르게 하면서 빈 체제에 반대하는 운동들을 자극했다. 특히 벨기에인의 독립의지를 고취시켰다. 벨기에당시 오스트리아령 네덜란드는 빈 회의에서 프랑스에 대한 완충국으로서 네덜란드에 편입되었다. 7월혁명 이후 브뤼셀 시가 반란을 일으키자 네덜란드는 군대를 파견했으나 바리케이드와 시가전에 직면해 철수할 수밖에 없었다. 어느 국가의 개입도 허용하지 않았던 강대국들은 벨기에의 중립을 보장하는 데 동의했고, 이는 1914년까지 효력을 유지했다.

폴란드에도 7월혁명이 영향을 미쳤다. 폴란드는 열강의 분할로 지도에서 사라졌다가1795 빈 회의에 의해 소왕국으로 살아났다. 그러나 영토의 80퍼센트가 러시아령이 되는 등 실질적인 독립국이 아니었다. 왕정을 무너뜨린 자유주의가 승리했다는 소식은 폴란드에 러시아에 대한 저항을 불러일으켰다. 폴란드 귀족 및 학생, 군 장교, 정치개혁 요구 세력으로 연합된 혁명가들은 러시아 총독 콘스탄틴을 몰아내는 데 성공했지만 1년도 채 지나지 않아 차르 니콜라이 1세의 군대가 바르샤바를 재탈환했다. '유럽의 헌병' 니콜라이 1세는 데카브리스트에게 했던 것과 똑같은 잔인한 방식으로 폴란드인의 반란을 진압하고 군정을 실시했다.

폴란드의 좌절된 독립혁명에 대한 안타까운 심정은 폴란드 출신 작곡가이자 피아니스트인 프레데리크 쇼팽1810~1849의 위대한 에튀드 「혁명」1831으로 남았다. 당시 폴란드에 우호적이었던 파리의 살롱과 카페에서는 이 곡이 널리 회자되었고, 이주해온 폴란드인들은 자녀들에게 피아노를 가르칠 때 이 곡을 연습시키며 나라를 빼앗긴 슬픔을 달래곤 했다.

## 영국의 자유주의 개혁과 공리주의

자유주의가 개혁으로 실현된 영국에도 혁명 발발 직전까지 갔던 상황이 있었다. 19세기 초 나폴레옹의 대륙봉쇄령은 실패했지만 효과가 아예 없었던 것은 아니었다. 당장 영국의 실질 임금이 3분의 1로 감소했고, 이로 인해 러다이트운동이 활발해져 런던에 5만 명의 병력이 배치되기도 했다. 나폴레옹전쟁 이후에는 전국적인 농업 불황이 시작되었고 여기에 저임금, 실업 등이 겹치며 사회 불안은 계속 커졌다. 북부의 신흥 산업 도시들은 상황이 더욱 나빠졌고, 그로 인해 급진적인 중간 계층이 의회에 선거권 확대를 요구하기 위해 노동자들과 제휴했다. 1819년 8월 16일, 6만여 명의 군중이 선거법 개정 시위를 위해 맨체스터의 성 베드로 광장에 모였다. 그런데 민병대와 기마 군인이 군중을 공격하면서 11명의 사망자와 113명의 여성을 포함한 400여 명의 부상자가 발생한다. 영국 급진주의자들은 이 사건을 워털루 전투에 빗대어 '피털루 학살'이라고 부르며 비난했고, 의회는 신속하게 결사금지법1819을 통과시키면서 보수주의로 돌아서는 듯했다.

그러나 아래로부터의 압력에 자극받은 영국의 정치 지도자들이 개혁에 대한 반대를 서서히 거두어들이기 시작했다. 폭동 주모자나 가담자를 교수형이나 호주 유배형에 처했던 결사금지법을 폐지1824했고, 심사법을 철폐1828해 비국교도에게도 관직을 개방했으며 가톨릭교도 해방령1829으로 가톨릭교도에게도 시민권을 부여했다. 이 같은 개혁을 추진한 것은 아이러니하게도 18세기 말 이래 정권을 잡아왔던 토리당이었다. 하지만 그들의 보수성은 하원이 정치적 대표성을 띠도록 하는 선거법 개정은 거부했다.

영국 의회는 선거로 선출되는 하원과 세습 귀족들의 상원으로 나뉘었는데, 내각 구성 등 실권을 가진 하원 의원의 주가가 높았다. 그러나 하원의 피선거권은 지주, 대상인, 금융가 등 소수 계층에 국한되었고 유권자는 성인 남자의 6분의 1에도 미치지 못했다. 그래서 하원 의원의 약 3분의 2는 부유한 지주들의 후원으로 직접 지명되거나 도움을 받아 당선된 경우가 많았다. 이런 선거구를 '포켓선거구'라 불렀는데, 이는 하원이 지주들의 호주머니 안에 있다고 여겨졌기 때문이다. 게다가 산업혁명에 따른 인구 이동으로 유권자가 거의 사라졌음에도 의원을 배출하던 부패선거구가 많아, 인구 400만 명인 북부에서 68석의 의석을 차지한 반면 300만인 남부 농촌 지역은 236석이나 되었다. 결국 의회는 재산 소유 계급의 이해관계를 대변해오고 있는 셈이었다.

야당인 휘그당 내 자유주의자들은 선거법 개혁을 주장했다. 이들은 민주주의 옹호자는 아니었지만 중간 및 노동 계급 급진주의자와 손잡고 개혁을 추진했다. 콜레라의 창궐로 국가가 총체적 무질서 상태 직전에까지 이르면서, 휘그당은 정권 교체에 성공했고 당수인 찰스 그레이1764~1845가 1830년 총리에 올랐다. 그가 차 상인에게 의뢰한 레시피에 의해 탄생한 홍차가 바로 유명한 '얼 그레이'이다.

1832년의 1차 선거법 개정은 부패선거구를 제거하며 의석을 재배정했다. 이 개혁법 덕분에 도시의 신흥 상공업자들에게 선거권이 확대되었지만 여전한 재산 자격 조항으로 인해 남성 여섯 명 중 한 명만이 투표할 수 있었다. 그럼에도 향후 5차례의 선거법 개정으로 1969년 보통선거에 이르기 위한 의미 있는 첫걸음이었다.

새로운 휘그 정권은 영국 식민지에서 노예제를 폐지했고, 이는 1838년 발효되었다. 또한 곡물법1846과 항해법1849를 폐지해 자유 무역 정책을 뒷받침했다. '자유'의 이름으로 시행된 이 같은 개혁은 앞으로 산업 자본가들에게 막대한 이익을 안겨주게 된다.

한편 이 같은 영국의 자유주의 개혁은 이론적으로는 '공리주의'에 힘입은 바가 컸다. 당시 가장 영향력 있던 자유주의자 제러미 벤담1748~1832은 1789년에 출판한 『도덕과 입법의 원리 서설』에서 19세기 영국의 자유주의가 어떻게 계몽주의의 유산을 지속하고 변형해 공리주의를 탄생시켰는지를 보여주었다.

벤담은 아담 스미스와 달리 인간의 이해관계가 자연적으로 조화를 이룬다거나, 사회 질서가 이기적인 개인들로부터 자연적으로 등장할 수 있다는 것을 믿지 않았다. 대신 그는 사회가 공리주의라는 조직 원리를 채택해야 한다고 제안했다. 벤담은 사회제도와 법은 그것의 사회적 유용성, 즉 '최대 다수의 최대 행복'을 창출할 수 있을지에 따라 평가되어야 한다고 주장했다. 어떤 법이든 혹은 제도든 인간의 이익과 행복을 늘리는 데 기여하는 유용성의 기준을 통과하면 성문화될 수 있고, 만약 그렇지 못하다면 버려야 한다는 것이다. 공리주의자들은 개인의 중요성을 인정했다. 따라서 개인은 자신의 이해관계를 가장 잘 이해하기에 가능하다면 그런 이해관계를 자유로이 추구하도록 내버려두는 것이 최선이라고 보았다. 하지만 최대 다수의 이해관계인 '행복'과 충돌할 때 개인의 자유는 박탈당해야 했다.

벤담에서 존 스튜어트 밀1806~1873까지 이어진 공리주의는 영국 개혁을 뒷받침한 신조로서 자유주의의 꽃을 피워내며 19세기 영국의 찬란한 발전을 예고했다. 이와 함께 다수결의 원리에 기초한 민주주의적 정치제도와 사유재산 보호의 틀 안에서 분배의 평등을 강조하는 복지 사상의 발달에도 영향을 미쳤으며, 세기를 넘고 유럽을 넘어 그 힘을 지속시켜나갔다. 세계사록

# 너만 모르는 아싸

 제임스 먼로     인싸등극ㅋ

 메테르니히     듣보사절

 **I**

**빈
체
제**

다같이 모여 있는 단톡방이라도
인싸들끼리만
톡하게 되는 거, 알지?

하루 종일 시끄럽다니까ㅋ?

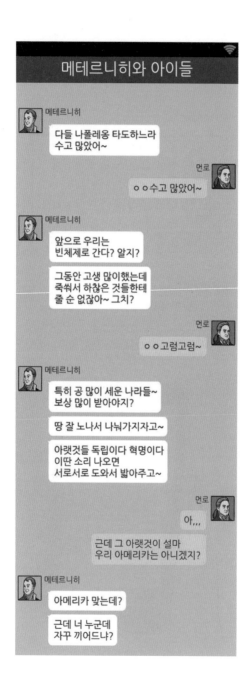

헐 어이없네——
미국을 몰라?

남들이 뭐라든
우리 미국은 절대
못 건드리게 할 거야!


우리 미국은 소중하니까♥

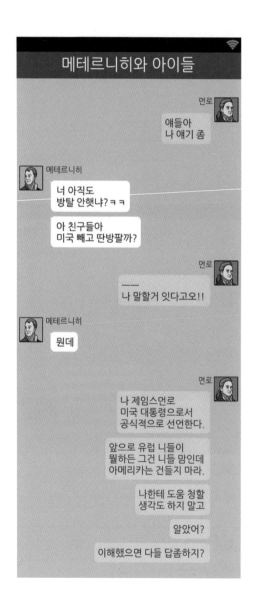

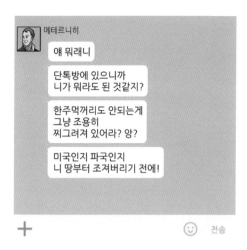

말 한번 심하게 하네.


근데 말은 저래도
내가 좀 위협적이긴 했나 봐.
겁먹은 것 같더라구ㅋㅋ

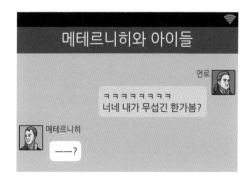

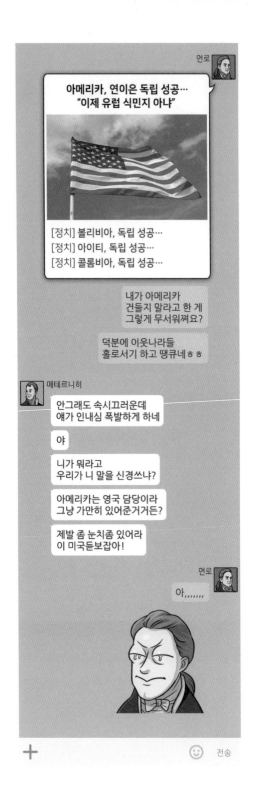

그랬다고 합니다.

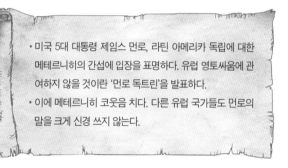

- 미국 5대 대통령 제임스 먼로, 라틴 아메리카 독립에 대한 메테르니히의 간섭에 입장을 표명하다. 유럽 영토싸움에 관여하지 않을 것이란 '먼로 독트린'을 발표하다.
- 이에 메테르니히 코웃음 치다. 다른 유럽 국가들도 먼로의 말을 크게 신경 쓰지 않는다.

1823년 미국

1300년  1400  1500  1600  1700  1800  1900

# 웰컴 투 워킹헬

아메리카 원주민

인도사람 아닙니다
※ 향신료문의사절 ※

## I

## 걸어요

최고의 운동은
뭐니뭐니 해도 걷기.


매일매일 꾸준히 걸으면
무병장수한대ㅎㅎ


그치만 약도 과다복용하면
독이 되듯
걷는 것도 그렇더라.ㅍ

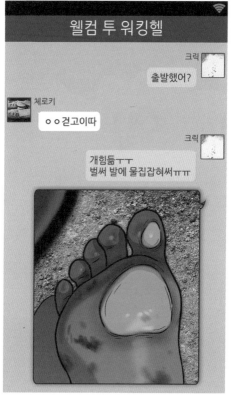

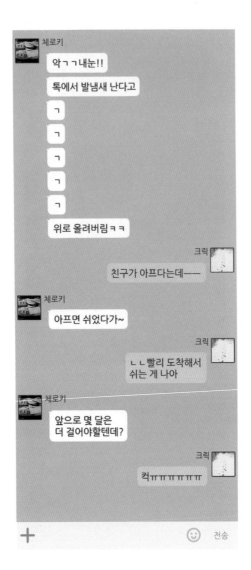

걷는 거…
내 의지 아니거든ㅜㅜ

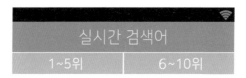
**1위** 인디언 이주

**2위** 새주소 검색하기

**3위** 강제 이주

**4위** 앤드루 잭슨

**5위** 이주지 확인

---

어느 날 갑자기 코쟁이들이
나타나서는
이사 가라는 거 있지?

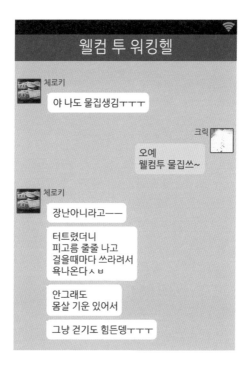

크릭

힘들면 쉬었다가~

체로키

안되는거 알자나ㅜㅜ

못걷겠다 그러면
그날로 인생하직각ㅜㅜ

크릭

ㅜㅜㅜㅜㅜㅜㅜ

+ ☺ 전송

Ⅲ

꽃 … 아니 눈물길

집에 가고 싶다ㅜㅜ
원래 살던 곳으로
돌아가고 싶다ㅜㅜㅜㅜ

지금 이사 가는 곳에는
먹을 것도 없고
모래바람만 날린다는데ㅜㅜ

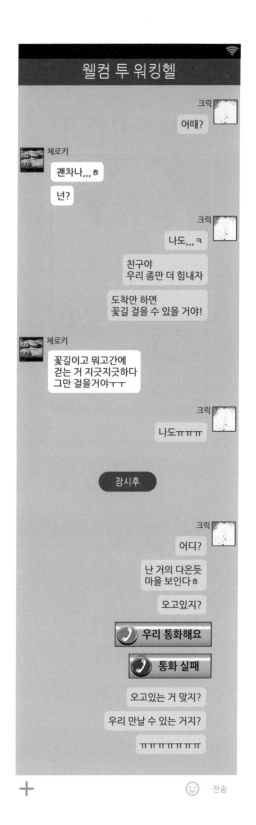

그랬다고 합니다.

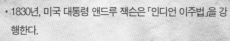

- 1830년, 미국 대통령 앤드루 잭슨은 「인디언 이주법」을 강행한다.
- 미국 미시시피강 동쪽에 살던 원주민들, 비옥한 동부나 남부 토지를 빼앗기고 척박한 중서부 땅으로 강제 이동을 당하다.
- 강제 이동 도중 수많은 원주민들이 과로와 질병으로 목숨을 잃는다.

1830년대 미국

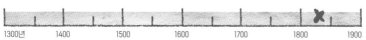

1300년　1400　1500　1600　1700　1800　1900

1800년~1837년

# 미국, 발전의 기틀이 마련되다

실시간 검색어

| 1~5위 | 6~10위 |
|---|---|
| **1위** 인디언 이주 | |
| **2위** 새주소 검색하기 | |
| **3위** 강제 이주 | |
| **4위** 앤드루 잭슨 | |
| **5위** 이주지 확인 | |

1800년 미국 3대 대통령 토머스 제퍼슨1801~1809재임의 당선 과정은 그야말로 각본 없는 드라마였다. 민주공화당현 민주당의 대통령 후보였던 제퍼슨과 애런 버1756~1836는 각각 73표씩을 획득해 결선 투표가 진행됐다. 그런데 무려 36차례나 거듭된 투표에도 결판이 나지 않자 하원으로 넘어갔고, 그 결과 알렉산더 해밀턴1755~1804이 캐스팅보트에 영향력을 행사해 제퍼슨을 당선시킨 것이다. 「독립선언서」를 작성한 제퍼슨의 당선은 미국 역사에 큰 획을 그은 일이었다. 워싱턴 이래 강한 중앙정부, 상공업 중심, 귀족 엘리트 주도적 정치를 표방했던 해밀턴주의연방파 대신 약한 중앙정부와 농업 중심, 분권적 참여정치를 표방한 제퍼슨주의반연방파, 민주공화파에 의해 미국의 19세기가 시작된 것이다.

19세기 미국은 독립 직후와 비교할 수 없을 만큼 괄목할 만한 발전을 이루었다. 그리고 그 과정에는 영토 확장과 민주주의의 시작, 유럽에 대해 독립국가로서 완전히 서게 되는 제퍼슨에서 앤드루 잭슨1829~1837재임까지의 디딤돌이 있었다.

## 영토 확장과 민주주의의 시작

1803년 12월 20일 미국은 프랑스로부터 루이지애나를 매입한다. 미시시피계곡에서 로키산맥까지 미국 전체 영토의 3분의 1에 해당하는 방대한 프랑스 식민지가 단돈 1,500만 달러에 미국에 팔린 것이다. 나폴레옹은 생도맹그 재정복에 실패하면서 북아메리카 제국 건설이라는 비전을 포기할 수밖에 없었다. 그러나 루이지애나 거래는 나폴레옹에게 유럽에서의 전쟁 자금을 마련해주었고, 영토가 거의 두 배로 확장된 미국에게는 새 시대로 향하는 문을 열어주었다.

제퍼슨은 미지의 땅을 탐사할 탐험대를 조직했다. 1804년 탐험가 루이스와 클라크는 군인들로 구성된 30여 명의 개척단, 그리고 통역자 쇼쇼니족 원주민인 사카가위아와 함께 미시시피강에서 태평양까지 북아메리카 서부 지역을 건너는 오리건 통로를 개척한 뒤 돌아왔다1806. 8,000마일을 걸은 이들의 길을 따라 이후 서부 개척이 진행되며 영토 확장은 미국 정부의 핵심 과제로 자리 잡는다.

유럽에서 나폴레옹전쟁이 한창이던 1808년 4대 대통령으로 당선된 제임스 매디슨1809~1817재임은 대립하던 영국과 프랑스 모두와 계속 교역하고자 했다. 그러나 영국이 미국 선박을 나포, 선원들을 강제 징집하는 등 미국과 프랑스 간 교역을 방해하며 계속 갈등을 유발하자, 프랑스에 우호적이었던 반연방주의자들에게서 영국과의 전쟁이 언급되기 시작했다. 결국 1812년 미국은 영국에게 당시 이주민들과 싸우는 원주민에 대한 지원 중지와 캐나다에서의 철수를 요구하며 선전포고한다.

명칭은 '미영전쟁'이었지만 미국과 영국 본토를 오가며 치른 것이 아니라 영국령 캐나다에 대한 미국의 공세가 그 시작이었다. 당시 인구가 700만이었던 미국은 50만의 캐나다에 쉽게 승리할 것이라 생각했다. 하지만 그 예상은 빗나갔고, 1814년 프랑스와 강화한 영국이 군대를 재배치하면서 전쟁은 새로운 국면을 맞았다. 영국은 북부, 중부, 남부 세 방향에서 본격적인 공세를 시작했으나, 수도 워싱턴으로 진격한 영국군만 작전에 성공해 대통령 관저를 불태웠을 뿐 나머지는 참패했다. 미국 대통령 관저가 백악관The White House으로 불리는 것은 이때 흰색 페인트를 칠하면서부터다.

전쟁이 예상 밖으로 장기화되자 영국은 당황하기 시작했다. 비록 독립전쟁에서 지기는 했지만 만만하게 보아왔던 미국이 영국과 맞설 만큼 국력이 신장된 것을 확인했기 때문이다. 연방주의자에게 반격의 기회를 주고 싶지 않았던 미국도 종전을 원하기는 마찬가지였다. 결국 1814년 벨기에의 겐트에서 미국과 영국은 평화협정에 조인해 전쟁을 끝냈다.

미영전쟁은 특히 미국에게 의미 있는 사건이었다. 영국의 침략을 물리쳤다는 것이 자신감을 불어넣어준 것은 물론이고, 매캔리 요새의 방어1814.9에서 국가 「성조기여, 영원하라」가 탄생했듯이 국가에 대한 헌신을 대두시켜 미국이 강력한 국민 국가로 성장할 수 있는 계기를 마련해주었다. 그리고 앤드루 잭슨을 대중의 우상으로 떠오르게 하며 7대 대통령으로 당선시켰다.

앤드루 잭슨은 미국인들에게 건국 국부들워싱턴-애덤스-제퍼슨-매디슨-먼로과 링컨 사이의 30여 년간 당선된 대통령 중 가장 중요한 대통령으로 꼽힌다. 사우스캐롤라이나 정착촌에서 태어났던 잭슨은 아일랜드 이민자 계열로 가정 형편이 어려워 학교도 제대로 다니지 못했다. 독학으로 변호사가 되고 테네시주 하원의원을 거쳐 연방법원 판사로 지내던 그는 미영전쟁 당시 민병대에 참여했다가 정규군의 지휘관이 되었다. 그는 겐트 협정 이후에도 소식을 듣지 못해 계속 전투를 치렀다. 특히 1815년 뉴올리언스 전투에서 그가 이끈 미군은 전사자가 21명에 그쳤던 데 비해 영국군의 전사자는 무려 2,037명에 이르렀다.

이로 인해 잭슨은 워싱턴에 버금가는 영웅이 되었으며 전국적인 인물로 부상했고, 1828년 선거에서 미국 역사상 최초의 13개 식민지가 아닌 서쪽 주 출신 대통령으로 당선되었다. 이 과정에서 민주공화당 내에서 잭슨 지지파는 민주당으로, 반대파는 국민공화당휘그당과 현 공화당의 전신으로 나뉘며 현 미국 양당제의 시작을 알렸다.

잭슨의 취임 이후 미국은 정치, 사회적 대격변을 겪기 시작한다. 산업혁명이 본격화되자 노동운동 역시 격화되었고, 노예제로 인한 남부와 북부의 대립이 서서히 고개를 들기 시작했다. 이런 상황에서 잭슨은 서부의 농민, 동부와 북부의 노동자, 남부의 농업경영자 등의 광범위한 지지에 호응하기 위해 새로운 정책을 선보였다. 관료제 개혁, 시민권 확대, 기회 균등을 보장하는 이 정책들은 대중 민주주의의 상징으로 평가될 일명 '잭슨식 민주주의'의 시작이었다. 모든 백인 남성에 대한 선거권 확대, 대통령 선거제 개선, 전국 당 대회 제도 채택, 교육의 보급 등을 통해 일반 미국인이 정치에 참여할 기회를 마련한 것이다. 특히 재산에 상관없이 모든 백인 남성에게 선거권을 확대한 것은 자유롭고 평등한 미국 사회의 토대를 만들었다고 평가되며, 이 때문에 오늘날 20달러 지폐의 인물로 기념되고 있다.

그러나 이러한 잭슨 시대가 아메리카 원주민에게는 고통의 시간이었다. 당시 서쪽으로 이동하던 이주민들은 종종 원주민과 충돌하곤 했다. 잭슨은 이주민이 원하는 땅에 원주민이 거주하는 것은 국가의 성장을 저해한다고 생각했고 의회도 마찬가지였다. 이에 원주민을 몰아낼 수 있는 합법적인 수단을 강구했는데, 그것이 1830년 제정된 '인디언 강제 이주법'이다. 이 법은 미시시피강 동쪽의 모든 원주민 부족들을 강의 서쪽으로 강제 이동시키는 내용이었다.

오랜 삶의 터전을 떠나 낯선 곳으로 이동해야 했던 원주민 중에는 체로키족도 있었다. 체로키족은 원래 애팔래치아산맥 남부에 살던 원주민이었다. 서부의 오클라호마로 가라는 정부의 명령에 체로키족은 저항했지만 소용이 없었다. 1838년 1만 2,000여 명의 체로키족은 무려 1년에 걸쳐 이동했으며 그 과정에서 5,000여 명이 목숨을 잃었다. 역사는 이것을 '통곡의 행렬'이라고 기록했고, 이들이 걸은 '눈물의 길'은 이후 유적지로 지정되었다. 이후 체로키족은 슬픔을 딛고 자체 정부를 세우고, 전통 문화에 이주민의 문화 일부를 더한 특유의 문화를 만들었다.

강제 이주 전 체로키족의 추장 존 로스는 체로키족의 땅 몰수에 항거하며 대법원까지 가서 투쟁했다. 1832년 대법원장이자 주심재판관인 존 마셜이 체로키족 강제 이주는 불법이라는 판결을 내렸지만 잭슨은 마셜의 판결을 무시했다. 1814년 미영전쟁 당시 앨라배마와 조지아에 사는 크리크족을 궤멸시킨 잔인한 살육전으로 '장검'이라는 별명까지 얻은 잭슨다운 반응이었다.

영토가 팽창되면서 미국 남부와 북부의 많은 자영농은 토지를 가지게 되었고, 특히 뉴올리언스 항구 매입은 남부 토지 개발에 더욱 박차를 가하게 만들어 미국 발전의 청신호가 되었다. 그와 더불어 재산에 관계없는 선거권 확대로 시작된 민주주의는 미국을 강대국으로 변모시키기에 충분한 원동력이 되었다. 그러나 이 모든 것은 아메리카 원주민의 고통 위에서 이뤄낸 것이었고, 결국 노예제를 둘러싼 첨예한 내부 갈등의 원인이 되었다. 미국은 결국 20여 년 뒤 남북전쟁으로 이에 대한 대가를 치러야 했다.

## 먼로 독트린의 내용과 의미

매디슨이 대통령을 연임한 후 1816년 제임스 먼로1817~1825재임가 5대 대통령에 당선되었다. 먼로는 2차에 걸친 재임 기간 동안 에스파냐로부터 플로리다를 얻어냈고1819, 캐나다와의 국경선을 확정지었다.

먼로 시기 중남아메리카에서는 독립혁명이 폭발적으로 일어나고 있었다. 이를 지켜보던 미국은 1822년 브라질을 포함한 새로 독립한 여러 나라들을 독립국가로 인정하고 외교관을 상호 파견한다. 미국의 이런 조치는 신생 독립국들이 유럽과 맺은 종속적 관계를 청산하고 진정한 독립국가로서의 위치를 확립하는 데 도움이 되었다. 그러나 유럽의 신성동맹이 에스파냐 식민지였던 영토를 회복하려는 의도를 내비치자 미국은 긴장하지 않을 수 없었다.

이에 1823년 12월 2일 먼로 대통령은 의회 연설을 통해 '먼로 독트린'이라고 불릴 미국의 외교노선을 천명했다. 그는 의회 연단에서 '만약 유럽이 아메리카 대륙 어디라도 식민지로 만들려고 하거나, 아메리카의 어떤 나라든지 억압하고 통제하려 한다면 이는 미합중국의 안전과 평화에 대한 위협으로 간주될 것'이라고 유럽에 메시지를 날렸다.

사실 먼로의 선언은 당시에는 유럽에 큰 충격을 주지 못했다. 빈 회의를 주도했던 메테르니히와 그의 보수적 동맹국들은 중남아메리카에서의 혁명을 저지하고자 군사를 동원할 준비를 멈추지 않았고, 메테르니히는 '가장 존경받을 만한 가치가 있는 유럽의 제도를 책망하고 비웃는 야비한 선언'이라고 비난했다.

메테르니히를 당혹케 한 것은 미국보다 그 뒤에 있는 영국이었다. 영국은 새로운 교역 동반자를 확보하기 위해 중남아메리카 식민지들의 독립을 승인할 준비가 되어 있었다. 에스파냐의 간섭 없는 자유로운 무역을 원했기 때문이다. 빈 체제에 대항해 그리스 독립운동을 지원했던 조지 캐닝1770~1827 영국 외무장관은 군사적 지원을 해서라도 중남아메리카의 혁명을 지지하겠다는 입장이었고, 이에 미국에 불간섭주의를 내용으로 하는 영미선언 발표를 제안했다.

그러나 당시 미국 국무장관이자 이후 6대 대통령이 될 존 퀸시 애덤스1767~1848는 먼로에게 "영국 전함에 딸린 작은 배처럼 행동할 것이 아니라 원칙을 당당하게 러시아와 프랑스에 밝히자"고 하면서 독자적 행동을 설득했다. 영국 해군이 신

성동맹과 프랑스로부터 중남아메리카를 지킬 것이라는 사실을 알고 있었던 먼로는 이를 받아들였고, 미국의 외교노선을 먼로 독트린으로 천명했다. 이는 중남아메리카의 신생 독립국과 강력하게 연대하겠다는 의지의 표명이었다. 이후 신생 독립국들은 미국을 모범으로 삼은 자국 헌법을 제정한다.

미국 의회는 먼로의 고립주의를 차후 외교 정책의 기본 틀로 받아들이며 유럽과는 구별되는 새로운 세계를 구상하게 되지만, 사실 이는 건국 국부들의 고립주의적 전통에 따른 방어적·수동적 선언이 아니었다. 오히려 대륙 팽창을 염두에 둔 적극적이고 공격적인 선언이었다. 자신들이 열세였던 유럽에 대해서는 고립주의를 내걸어 간섭을 배제한 대신, 상대적으로 우월한 중남아메리카와 아시아를 포함하는 비유럽권에 대해서는 독점적 우월권을 선포함으로써 강력한 개입과 팽창을 선언한 것이다. 세계사록

# 괴롭히지마오리

제임스 버스비  친하게 지내요>.<

마오리 추장  쳇

**I**

**목격자**

으아ㅏㅇ„,ㅇ
후…ㄷㅅㅅ손ㄴ떨려.
나 지금 숨ㅁ어있ㅅ서ㅜㅜ

"야 맞을래???"

후아…
하마터면 잡힐 뻔했네ㅠ

빨리 112에 신고하라고?
아니, 못해.

나쁜 놈들 잡아갈
경찰이 없거든.

지금 거신 전화는
없는 번호로…

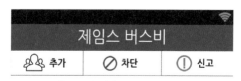

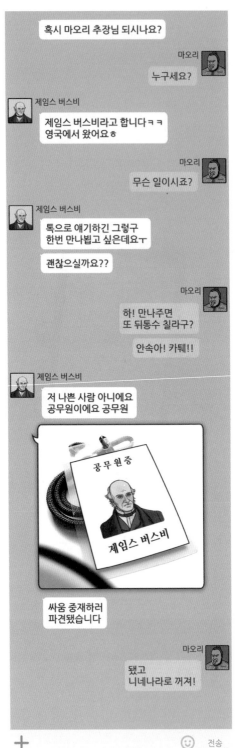

이때까지만 해도
눈퍼랭이 말 안 믿었거든??

근데 나한테만
접근한 건 아니더라고?

진짜로 화해하면
평화롭게 살 수 있는 건가?

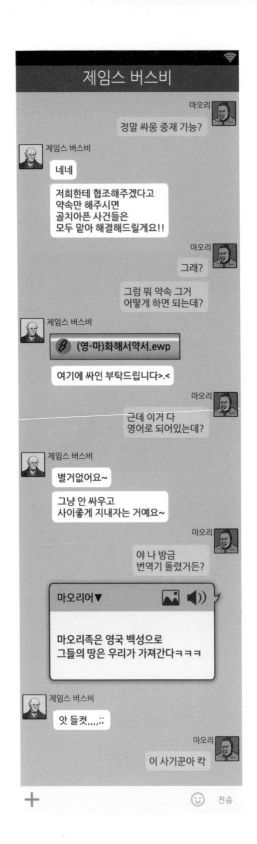

그랬다고 합니다.

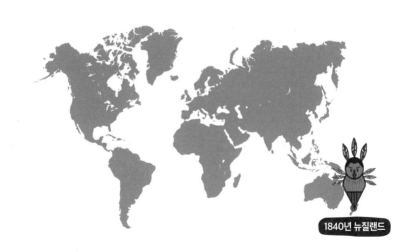

- 1830년대 뉴질랜드, 땅을 둘러싼 각종 문제들이 터졌으나 이를 중재할 정부기관이 부재하다.
- 뉴질랜드 영국 주재관으로 온 제임스 버스비, 마오리 추장들을 일일이 찾아다니며 전쟁을 끝내고 단합하자고 설득한 끝에 52개 부족의 서명을 받아 조약을 체결하다. #와이탕이 조약
- 그러나 원주민들에게 불리한 내용으로 되어 있어 후에 전쟁이 일어나다.

1840년 뉴질랜드

1300년　1400　1500　1600　1700　1800　1900

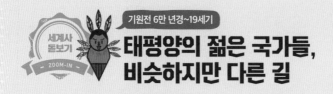
# 태평양의 젊은 국가들, 비슷하지만 다른 길

"야 맞을래???"

## 오스트레일리아와 뉴질랜드의 출발

오세아니아 대륙을 구성하는 섬나라 오스트레일리아와 뉴질랜드는 미국과 같이 영국의 식민지로 출발해 독립했지만, 미국이 영국에서 완전히 분리된 국가인 데 반해 여전히 영국 국왕을 군주로 모시는 입헌군주국이다. 형식적으로나마 영국 군주가 임명한, 각 나라 출신의 총리가 이끌어가는 나라다.

17세기 황금시대를 맞은 네덜란드 동인도 회사 직원 아벌 타스만1603~1659이 이곳을 발견하면서 본격적으로 역사에 모습을 드러냈다. 그러나 향신료의 땅이 아니었던 데다 그곳에서 맞닥뜨린 원주민과 거친 자연은 식민지로서 별 가치가 없었으므로, 그 후 120여 년간 유럽에게는 잊힌 지역이 된다.

그러다 변화의 문이 열린 것은 18세기 제임스 쿡1728~1779에 의해 본격적인 해안 탐사가 진행되면서부터였다. 쿡은 영국의 탁월한 항해가이자 지도제작자로 태평양을 세 번이나 건너며 영국의 식민지 개척에 큰 기여를 함으로써 해가 지지 않는 대영 제국의 기초를 닦은 인물이 되었다.

항해술과 측량, 천문학에도 조예가 깊었던 쿡은 1768년 영국 해군이 천문 관측을 위해 태평양으로 파견한 탐험대에서 관측대장에 선임된다. 쿡을 비롯해 많은 과학자들이 포함된 1차 탐험대는 인데버 호로 1769년 마젤란 해협을 통과한 뒤 태평양의 타히티에 관측소를 설치했다. 그들은 남극 발견 또는 남극 부재 입증이라는 임무도 부여받았다. 하지만 그들은 남위 40도 밑으로 내려가지 못했고, 그때 그들 눈앞에 등장한 곳이 바로 뉴질랜드였다. 1769년 10월 8일 뉴질랜드에 도착해 그곳이 영국 조지 3세의 소유임을 선포한 쿡 일행은 항해를 통해 뉴질랜드가 남섬과 북섬 2개로 이루어져 있다는 것과 남극 대륙과 연결되어 있지 않다는 것을 알아냈다.

6개월에 걸쳐 뉴질랜드 지도를 완성한 뒤 그들은 오스트레일리아 동쪽으로 향한다. 1770년 4월 29일 그들이 도착한 곳은 다양한 식물이 가득해 '보타니만'이라 명명되었고, 그들이 잭슨항이라 이름 붙인 곳은 이후 영국 식민지청 청장 시드니 자작의 이름을 따 시드니로 불린다. 이곳이 바로 오페라 하우스와 하버 브리지로 유명한 그곳이다. 그리고 오스트레일리아 동쪽 해안을 따라 북상하다 현 케이프요크반도에 도착한 쿡 일행은 영국 웨일스 지방의 이름을 따 그곳을 '뉴사우스웨일스'라 명명하고 영국 국왕의 소유로 선언한다1770.

하지만 당시에는 북아메리카 식민지 문제가 복잡해 영국의 관심을 끌지 못했다. 그러나 곧 오스트레일리아'호주'는 오스트레일리아를 음차한 호사태랄리아의 '호'와 '주(州)'가 합쳐진 말이다.와 뉴질랜드는 영국에게 필요한 식민지가 되었고, 많은 이주민과 가축들이 넘어오기 시작했다.

18세기 영국의 죄수 문제 해결법은 간단했다. 눈에 보이지 않으면 신경 쓰지 않아도 된다고 생각한 정부는 범죄자들을 제국 내 죄수 유형지로 실어 날랐다. 미국의 독립전쟁 이전에는 주로 아메리카 식민지로 보냈지만 이후로는 서아프리카로 눈을 돌려야 했다. 그러나 풍토병 등 열악한 환경 때문에 '백인의 묘지'라 불린 서아프리카마저 후보에서 제외되자 다음은 오스트레일리아였다. 1788년 1월 26일 11척의 배에 탄 778명의 죄수들과 이들을 감시하는 감시병들이 잭슨항에 상륙했다. 바로 이날이 오스트레일리아의 건국 기념일이다.

이후 1868년까지 80년간 여성 2만 5,000명을 포함한 16만 명의 죄수가 이곳으로 보내졌는데, 이는 이주민의 일부에 불과했다. 1793년에는 첫 자유 이주민이 오스트레일리아에 도착했으며, 이후 양, 염소, 소 등의 가축을 데리고 온 수많은 자유 정착민들과 형기를 마친 출소자와 그 가족들은 함께 새로운 국가를 세워나가기 시작했다. 그리고 이후 다양한 인종의 이민자들이 더해졌다.

뉴질랜드에 백인들이 이주한 것은 1800년경 북섬의 코로라레카현재의 러셀 지방에 고래잡이, 바다표범잡이를 하는 뱃사람들이 임시로 거점을 만든 것이 그 시작이었다. 거칠고 억센 뱃사람들과 원주민들 사이에 잦은 충돌도 있었지만, 백인들이 가진 머스킷 총화승총을 사용하면 부족 간의 전쟁에서 우위를 점할 수 있다고 여긴 원주민들이 백인들의 정착을 점차 허용하기 시작했다.

## 유럽인과 원주민의 관계 변화와 발전

유럽인들이 이주하기 전 오스트레일리아에는 이미 원주민들이 정착해 있었다. 오스트레일리아 원주민들은 기원전 6만 년경 아프리카, 아시아, 멜라네시아, 미크로네시아, 폴리네시아 등 서로 다른 지역에서 건너 온 수백 개의 종족에서 비롯되었다고 본다. 오스트레일리아에 온 영국인은 자신들을 '오지오스트레일리아 사람'라고 부르며, 원주민들을 짐승으로 취급해 닥치는 대로 사냥하기도 했다. 그러다 19세기에 들어서야 원주민을 사람으로 간주하면서 '애버리지니먼저 와 살던 사람'로 부르기 시작한다.

오지들이 오스트레일리아에 도착했던 1788년 당시, 애버리지니는 250가지 언어를 쓰는 약 450개 부족으로 이루어져 있었으며, 그 수가 30~100만 명에 이르렀다. 이들은 주로 해안가에서 사냥과 채집을 하며 평화로운 정착 생활을 했다. 그러나 백인의 이주 후 그들은 백인이 옮긴 전염병으로 죽거나 짐승처럼 사냥당하고 학살했다. 그 결과 1920년 6만 명으로 급감했다가, 현재는 46만 명에 이른다. 오늘날 애버리지니 4분의 3은 도시에서 백인 문명을 받아들이고 살지만, 나머지 10만여 명은 백인 문명을 거부하고 깊은 오지에서 자신의 생활 방식을 유지하며 원시 시대 인류와 흡사한 모습으로 생활하고 있다.

오지는 북아메리카 식민지에서처럼 다양한 계층의 동등한 참여를 보장하는 선거 및 의회제도를 구축했지만, 애버리지니에게는 상상을 초월하는 차별과 탄압을 감행했다. 특히 19세기 초 오지에 의해 행해진 '검은 전쟁'은 그야말로 인종 청소였다. 명목상으로는 원주민 보호원이 있는 플린더스섬으로 원주민을 이주시키려는 것이었다. 하지만 2,000명의 무장 백인이 몇 미터 간격으로 늘어선 채 원주민을 사냥하면서 태즈메이니아 원주민은 거의 절멸했다. 결국 1876년 마지막 태즈메이니아 원주민이 사망한 후 그 맥이 끊긴다.

20세기 들어 백인과의 원주민 사이에서 태어난 혼혈아들이 증가하자 오지는 인종 분리 정책과 혼혈아의 백인 동화 정책을 벌였다. 그 과정에서 모든 혼혈아를 강제로 원주민 부모에게서 떼어내 백인 가정에 입양시키거나 양육기관에서 키우는 만행을 저지르기도 했다. 1900~1970년 사이에 벌어진 이 같은 비인간적 정책에 희생된 혼혈아들은 성장한 뒤 스스로를 '도둑맞은 아이들', '도둑맞은 세대'라고 부르며 국가에 배상을 요구하기도 했다.

1851년 뉴사우스웨일스 매쿼리강 인근에서 금광이 발견되면서 시작된 골드러시로 중국인을 비롯한 유색 인종의 이민이 급증했다. 그러자 유색 인종 이민 제한 정책인 '백호주의White Australia Policy, 1901~1978'가 시행되는데, 이는 인종 차별 금지법 제정1975이 필요할 만큼 오스트레일리아를 인종차별국가로 만들었다. 이후 오스트레일리아에서는 인종 차별을 금지하고, 원주민들에 대한 사죄의 의미로 '사과의 날'까지 정해 그들의 처우 개선을 위한 노력을 계속하고 있다.

한편 뉴질랜드에 인간의 첫 발길이 닿은 것은 12~13세기경으로 추정된다. 폴리네시아의 종족들 중 마오리족의 뿌리를 지닌 약 40여 부족이 아오테아로아 최초의 원주민이었다. 백인이 이주해왔을 때 자신들을 '마오리보통의, 자연스러운', 백인을 '파케하이방인, 낯선 사람들'로 칭했던 이들은 문자를 사용하지 않았고 자존심 강한 전사로서 살기 좋은 땅을 두고 전쟁을 벌이기도 했다.

뉴질랜드는 1814년 마오리 추장의 초청으로 성공회 선교사 새뮤얼 마스든1764~1838이 최초로 말과 소를 가져오며 목축 국가로서의 첫발을 떼게 된다. 농사법을 익혀 생산력이 높아진 마오리족과 파케하 마을의 발달로 성장하는 지역도 있었지만, 이들의 접촉이 잦아질수록 문제 또한 많이 발생했다. 또한 마오리족 여성과 파케하 남성의 결합으로 인종이 섞이기 시작했다. 백인이 옮겨온 각종 질병과 머스킷 총으로 인해 일어난 36년에 걸친 부족 간 전쟁머스킷전쟁, 1807~1842은 18세기 유럽인들이 도착했을 때 약 15만 명이었던 마오리족의 수를 급감시켰다. 게다가 뉴질랜드에는 백인 투기꾼들이 몰려들어 마오리족으로부터 땅을 사들이거나 무단으로 땅을 점거하기도 했는데, 땅을 모두의 공동 소유로 생각해 매매라는 개념조차 없었던 마오리족들과 이들의 갈등은 점점 첨예화되었다. 이로 인한 폭력이 난무하던 1830년대의 뉴질랜드는 무법천지였지만 그를 조정할 어떤 관청이나 법, 경찰관, 판사는 없었다.

그러던 중 영국 주재원이라는 직함을 받은 제임스 버스비[1801~1871]가 뉴질랜드에 도착했다. 사실 그는 직함 외에는 군대, 무기, 배는커녕 그 어떤 법적 정통성조차 없는 공무원도 민간인도 아닌 존재였다. 하지만 1833년 그는 첫 파케하 마을이 세워진 코로라레카 근처 와이탕이에 집을 짓고 살면서 마오리 추장들을 방문해 전쟁을 끝내고 단결하자고 호소했다. 부족의 동맹과 단합을 중재한 그의 노력으로 1835년 10월 28일 그의 집에 34개 북섬 마오리 추장들이 모여 통합 부족 동맹 서약에 서명했는데, 이 서약이 '뉴질랜드 독립 선언'이다.

그러나 이와 함께 뉴질랜드를 영국 식민지로 삼기 위한 정부의 작업 또한 본격적으로 진행된다. 1839년 초대 뉴질랜드 총독으로 온 윌리엄 홉슨이 마오리족의 동의하에 영국과 합병하는 절차를 진행한 것이다. 그는 제임스 버스비의 도움을 받아 "마오리 부족장은 영국 빅토리아 여왕에게 통치권을 이양하고, 마오리족의 땅과 자원을 보장받는 대신 모든 거래의 당사자를 여왕으로 하며, 마오리 부족 모두 영국 시민의 권리와 특혜를 인정받는다"는 내용의 조약을 만든다. 마오리 추장들 사이에 열띤 토론이 벌어졌지만 52명의 추장이 서명했다. 이것이 뉴질랜드 첫 헌법이자 영국 식민지 뉴질랜드가 탄생하는 근거가 된 '와이탕이 조약'의 체결이었다[1840.2.6.]. 이날은 뉴질랜드의 건국 기념일이 되었으며, 그 과정에 기여한 제임스 버스비의 집은 국가가 사들여 '와이탕이 조약의 집'이라는 국립 박물관이 되었다.

와이탕이 조약은 파케하와 마오리의 갈등을 증폭시켰다. 마오리는 이 조약을 통해 영국의 보호를 받는 것으로만 알았지 통치권을 영국 군주에게 바친다는 것을 몰랐고, 파케하는 영국 정부로부터 약속받은 땅을 드디어 받을 수 있게 되었다고 여겼던 것이다. 결국 1845년부터 30년 가까이 '마오리전쟁'이라 불리는 뉴질랜드전쟁이 마오리와 파케하 사이에 벌어지기에 이른다[1845~1872]. 전쟁이 절정

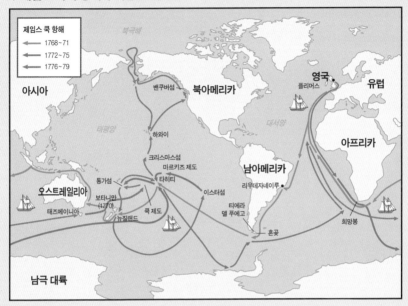

**📍 제임스 쿡의 항해와 태평양 세계**

에 이르렀던 1863년, 5,000여 명의 마오리족 전사들의 결사 항전을 진압하기 위해 투입된 영국군이 무려 1만 8,000명에 이를 정도로 대규모 전쟁이었다. 이는 영국 본토를 지키는 수비 병력보다 많은 숫자였다.

전쟁은 마오리족의 패배로 막을 내렸지만 수십 년에 걸친 격렬한 마오리족의 저항은 영국 정부의 정책에 변화를 가져왔다. 인종 분쟁 대신 마오리족을 영국식으로 동화하고, 영국 또한 마오리 문화를 받아들여 융합을 꾀함으로써 평화로운 공존을 추구하기 시작한 것이다.

1867년부터 마오리족 남성은 투표권을 얻었고, 1870년에는 첫 마오리족 대표가 뉴질랜드 식민지 의회에 입성했다. 그 후 마오리족들은 각종 세금 혜택과 학비 감면, 사회 보장 등 혜택을 누리게 되었다.

다른 대륙에 비해 짧은 역사를 가진, 원주민과 백인들의 공존을 꾀하는 나름의 길을 찾아낸 오스트레일리아와 뉴질랜드 두 국가는 20세기 영국과의 분리를 확정지었다. 그리고 현재는 문화나 경제 면에서 물리적 거리가 먼 영국보다 아시아나 아메리카와 미래를 함께 바라보는 국가들이 되었다. 세계사록

talk 31

# 절약의 황제

| | | |
|---|---|---|
|  도광제 | | 아끼자 |
|  조진용 | | 옛썰.. |

하나요

중고대란

오늘은 씬나는 월급날ㅎ

오랜만에 지름신 접신 좀 해볼까?

안 그래도 예쁜 옷 봐뒀었는데
이참에 질러야지ㅋㅋ

**제목 : 누더기 관복 판매합니다 (사진有)**

**빈티지 소매상**

은화 열푼부터 시작합니다 ^^
가격 제시요~ 에눌은 정중하게 사양합니다!
※쿨거래시 배송비 빼드립니다※

**가격 제시하기**

헌옷나라 빈티지 소매상

조진용 아껴쓰자

옷 팔렸나요?

빈티지 소매상
아직요

조진용 아껴쓰자

제가 살게요

11푼?

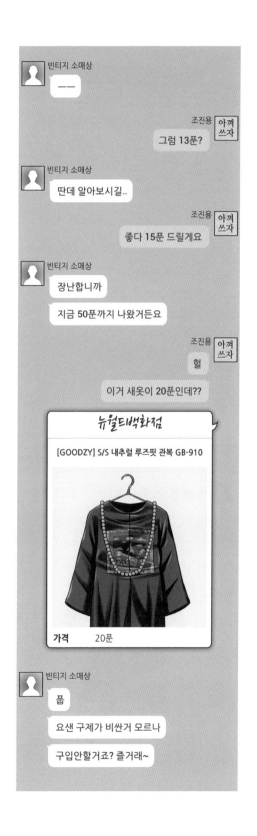

＋　　　　　　　　　　　　☺ 전송

둘이요
**최저가**

왜 신상 놔두고 헌 옷을 사냐구?

그야 폐하께서
헌 옷만 입으시니까ㅜㅜ

짠스타그램

도광제 @D.G.J　　　📍우리집에서

♥ 8,564명이 좋아합니다.

돌잔치때 입던 옷 안 버리길 잘한듯♥
#절약섹시 #나어때 #데일리룩 #레트로룩

근검절약도 정도가 있지!

황제께서 이러시는데
신하인 우리가 눈치 안 보고 배겨?

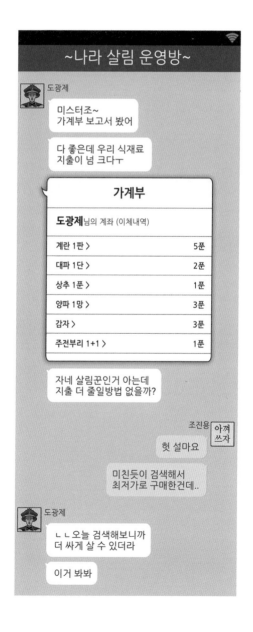

~나라 살림 운영방~

도광제
미스터조~
가계부 보고서 봤어

다 좋은데 우리 식재료
지출이 넘 크다ㅜ

**가계부**

**도광제**님의 계좌 (이체내역)

| | |
|---|---|
| 계란 1판 › | 5푼 |
| 대파 1단 › | 2푼 |
| 상추 1푼 › | 1푼 |
| 양파 1망 › | 3푼 |
| 감자 › | 3푼 |
| 주전부리 1+1 › | 1푼 |

자네 살림꾼인거 아는데
지출 더 줄일방법 없을까?

조진용 [아껴쓰자]
헛 설마요

미친듯이 검색해서
최저가로 구매한건데..

도광제
ㄴㄴ오늘 검색해보니까
더 싸게 살 수 있더라

이거 봐봐

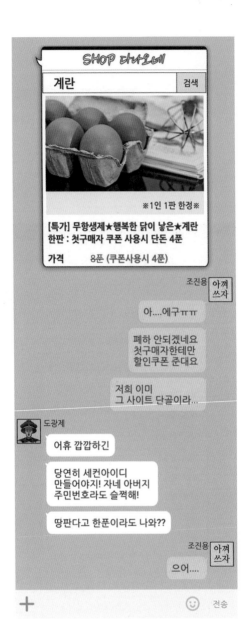

이렇게 절약해서
살림살이 좀 나아졌냐구?
ㄴㄴ 솔직히 아니⋯

근데 폐하께선 어떻게든
재정난 극복하고 싶어하시니까…

후… 충심으로 장단은 맞춰드리자…ㅠ

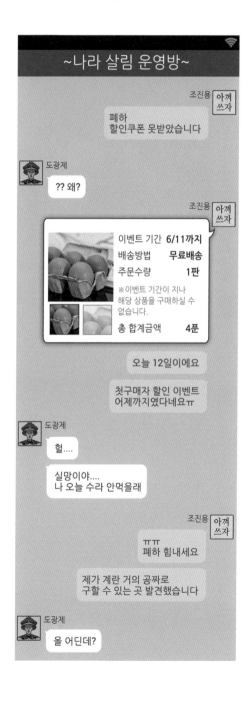

그랬다고 합니다.

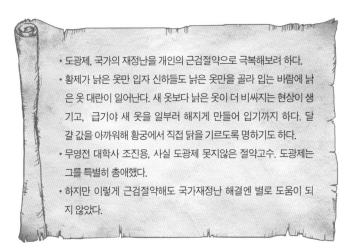

- 도광제, 국가의 재정난을 개인의 근검절약으로 극복해보려 하다.
- 황제가 낡은 옷만 입자 신하들도 낡은 옷만을 골라 입는 바람에 낡은 옷 대란이 일어난다. 새 옷보다 낡은 옷이 더 비싸지는 현상이 생기고, 급기야 새 옷을 일부러 해지게 만들어 입기까지 하다. 달걀 값을 아까워해 황궁에서 직접 닭을 기르도록 명하기도 하다.
- 무영전 대학사 조진용, 사실 도광제 못지않은 절약고수. 도광제는 그를 특별히 총애했다.
- 하지만 이렇게 근검절약해도 국가재정난 해결엔 별로 도움이 되지 않았다.

19세기 초 청나라

1300년  1400  1500  1600  1700  1800  1900

# 약도 팔고 양심도 팝니다

| | 영국 | 정의의 이름으로 |
|---|---|---|
| | 아편 | ㅇㅁㅇ;; |

하나요

**자국민 지킴이**

나는야, 영국의 번영과
영국인의 안전을 지키는
자국민지킴이ㅋ

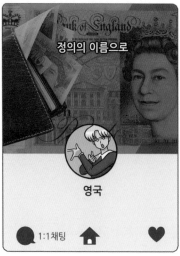

타국에 있는 우리 국민에게
위험한 일이 생기면
내가 나서서 해결해준다구!

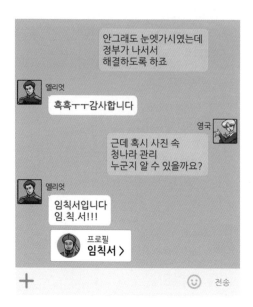

안그래도 눈엣가시였는데
정부가 나서서
해결하도록 하죠

엘리엇
흑흑ㅜㅜ감사합니다

영국
근데 혹시 사진 속
청나라 관리
누군지 알 수 있을까요?

엘리엇
임칙서입니다
임.칙.서!!!

프로필
임칙서 〉

전송

둘이요 ▶ 영업 방해

안 그래도 우리 영국만
청국제 일방적으로 팔아주고

청국과는 기브앤테이크
1도 안 돼서
불공평하다고 생각했는데

이참에 따끔하게 얘기해야겠어!

1:1채팅

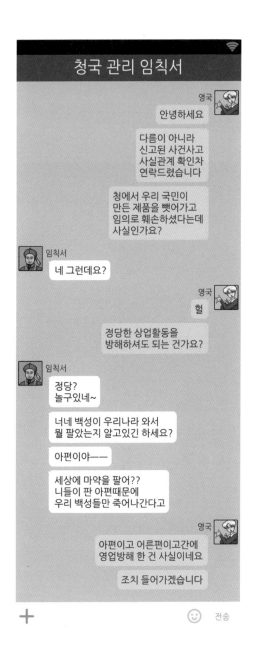

셋이요

9표

그깟 마약 좀 판 게 뭐 어때서!

건강 좀 해치고
중독 좀 시키고
인생 좀 망친 게 죄야?!

죄… 맞네.
그나마 그거라도 파니까
장사가 좀 된다 싶었는데ㅡㅡ

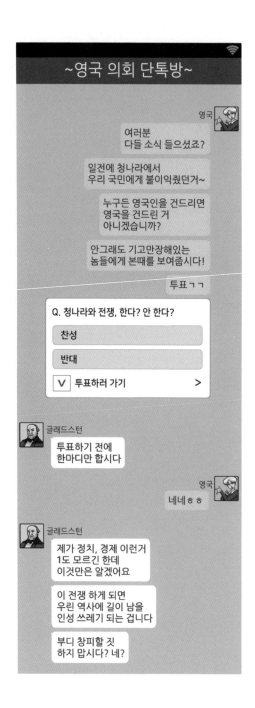

그랬다고 합니다.

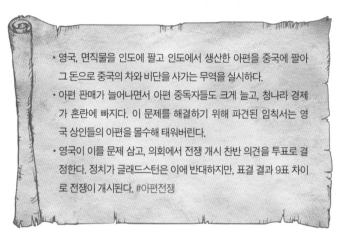

- 영국, 면직물을 인도에 팔고 인도에서 생산한 아편을 중국에 팔아 그 돈으로 중국의 차와 비단을 사는 무역을 실시하다.
- 아편 판매가 늘어나면서 아편 중독자들도 크게 늘고, 청나라 경제가 혼란에 빠지다. 이 문제를 해결하기 위해 파견된 임칙서는 영국 상인들의 아편을 몰수해 태워버린다.
- 영국이 이를 문제 삼고, 의회에서 전쟁 개시 찬반 의견을 투표로 결정한다. 정치가 글래드스턴은 이에 반대하지만, 표결 결과 9표 차이로 전쟁이 개시된다. #아편전쟁

1840년 영국

1300년   1400   1500   1600   1700   1800   1900

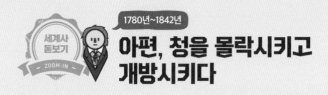

세계사 돋보기 ZOOM-IN

1780년~1842년

# 아편, 청을 몰락시키고 개방시키다

정의의 이름으로

영국

1:1채팅

### 가경제와 도광제의 고군분투

건륭제의 열다섯 번째 아들이었던 가경제는 건륭제 이후 1820년까지 약 25년간 청나라를 통치했다. 그는 인의 군주를 자처하면서 통치에 힘썼으나 자신의 아버지처럼 좋은 시대를 물려받는 운은 없었다. 건륭제는 가경제에게 파탄 난 재정과 화신으로 대표되는 권신들의 부정 축재, 그로 인한 지배층의 부패와 사회 불안을 남겨주었다. 결국 가경제의 치세는 세금에 억눌린 농민들의 대규모 봉기로 시작되었다. 1796년에 폭발해 약 10년간 계속된 '백련교도의 난'은 청에 대한 민심의 이반과 약화된 청의 통치력을 보여주었다. 또한 그 진압에 은 2억 냥이라는 막대한 비용이 지출되면서 19세기 내내 청을 괴롭힌 재정 파탄의 시작이 되기도 했다.

한편 강건성세에 청 제국 통치하에 들어왔던 소수 민족의 반란도 빈번했는데, 신통한 능력으로 묘족, 이족 등 남방 소수 민족들의 여신으로 추앙받은 포의족 왕낭선1777~1797에 의해 귀주에서 일어난 봉기가 대표적이었다. 1797년 당시 19세였던 그녀가 이끈 반란군은 몇 개월 만에 귀주성의 수도 귀양까지 진격할 정도의 규모가 되었다. 운귀 총독이 대군을 거느리고 반란군을 토벌하는 데 성공했지만 청이 가진 서남 지방의 소수 민족에 대한 지배권은 이미 약화되고 있었다. 여기에 그동안 계속되어왔던 이슬람교도와 사천 일대 소수 민족의 봉기, 묘족의 반란, 티베트의 봉기도 이어졌다.

이처럼 잇따른 봉기로 사회 혼란이 커지며 쇠퇴에 가속도가 붙은 제국을 가경제로부터 이어받은 도광제1820~1850재위는 청 황실의 유일한 적장자 출신 황제였다. 그는 황궁의 예산이 은 20만 전을 넘지 못하게 했던 매우 검소한 황제였는데, 스스로 솔선하여 낡은 옷을 입은 것이 유행이 되어 고관들도 모두 낡은 옷을 입고 나와 자신의 청렴을 과시했다. 나중에는 낡은 관복이 새 관복보다 두 배로 비싸져, 이를 구입하지 못한 관리들이 새 관복을 일부러 해지게 하거나 더럽히는 웃지 못할 일까지 벌어진다.

도광제의 즉위 당시 청 제국의 재정난은 극심했다. 19세기 초 은의 가치가 급상승하면서 국가 세금이 감소했기 때문이었다. 이 시기는 중남아메리카의 혁명 기간으로 은 생산량이 단기간 감소되어 전 세계적으로 은이 부족하기도 했다. 또한 차, 비단을 비롯한 중국 생산품의 유럽 수출이 유럽의 혁명으로 단기적으로 감소한 것도 하나의 요인이었다. 그러나 결정적인 것은 당시 늘어난 아편 수입에 드는 비용을 국내 생산품의 수출로 만회하지 못했던 청 정부의 무능이었다.

청은 세수의 감소와 아편 수입에 따른 무역수지 불균형으로 해마다 토지세 수입의 25퍼센트에 상응하는 은이 유출되어 고통을 겪었다. 이에 도광제는 아편과 정면 승부를 결심한다. 사실 그도 당시 부의 상징으로 간주되던 아편을 피웠는데, 아편을 피우는 그의 모습을 지켜보던 신하들, 궁녀들, 심지어 아버지 가경제도 그 풍모에 감탄했다고 한다. 과감히 아편을 끊은 도광제는 각지의 총독, 순무, 장군들에게 아편 문제에 대한 대책을 하문했다. 가장 훌륭한 해결책을 제시한 인물을 흠차대신에 임명해 문제를 해결하고자 했던 것인데, 이때 수석을 차지한 인물이 당시 호광 총독이었던 임칙서1785~1850다.

## 아편 문제와 임칙서

임칙서는 북경에서 아편 문제에 관한 흠차대신으로 임명된 뒤 아편 문제의 중심지 광동으로 향했다. 흠차대신은 황제의 특명으로 특정 문제에 관해 전권을 받아 절대적인 결재권을 가졌다. 흠차대신은 특별한 대우를 받기도 했는데, 임칙서도 기마가 금지되어 있는 자금성 안에서 말을 타는 것이 허용되었고 여행 중에는 지역 관리들이 그를 최고로 대접해야 했다. 그러나 임칙서는 이런 특권을 누리기는커녕 아편 문제 해결을 위해 죽음까지 불사한 강직한 인물이었다.

사실 청이 아편을 해결해야 할 심각한 문제로 여긴 것은 국민의 건강보다는 경제와 국방 때문이었다. 영국 동인도회사는 1780년 벵골 아편 전매권을 얻어 청에 아편을 수출하는 데 주력하기 시작했다. 건륭 연간 전반에 200~300상자에 불과했던 아편 수입이 후반에는 1,000상자 가까이 늘었고, 도광 원년1821에는 4,770상자, 1840년에는 2만 8,000상자를 넘어섰다. 게다가 이 통계는 포르투갈 상인의 손을 거친 아편은 포함되지도 않은 것이었다. 당시 1년 세입이 4,000만 냥이었던 청 왕조가 아편 수입에 약 1,500만 냥의 거액을 지불하다 보니, 그 결제 수단인 은은 대량으로 유출누은될 수밖에 없었다.

16~18세기 번영했던 중국의 은 유입은 세계 최고 수준이었고, 19세기 초 10년 동안에도 은으로 약 2,800만 달러의 순이익을 얻었다. 그러다 흐름이 역전되었다. 1808년에서 1856년 은 유출은 3억 8,400만 달러에 달했다. 이는 해마다 평균 800만 달러의 은이 외국으로 유출되었다는 뜻이다. 이로 인해 청의 국내 은값이 폭등하면서 부유한 투자자들은 은을 비축하기에 바빴고, 이에 따라 증가된 생산 비용은 상품 생산을 위축시켰다. 그 결과 발생한 고용의 감소, 실업률 증가, 과세 부담의 증가로 인해 빈부 격차는 심화되었고, 이를 해결해야 할 관리들의 무능과 부패로 인한 사회 불안은 점점 커져갔다.

게다가 은값이 오른다는 것은 농민에게는 내야 할 세금의 증가를 의미했다. 1758년경 산서성에서는 1냥의 세금을 위해 동전 730문을 지불했지만 은값이 오르면서 아편전쟁 때는 2,000문을 내야만 했다. 세금이 오르자 수많은 백성들이 도망자가 되어 집단을 이루어, 세금과 소작료에 대한 저항 세력이 되었다. 청의 경제와 치안에 큰 문제가 발생한 것이다.

이 무렵 나라에서는 아편 문제에 대해 '엄금론'과 '이금론'으로 공론이 나뉘었다. 아편 흡음이 이미 널리 보급되었으니 흡음자를 사형으로 처벌하는 것은 비현실적이므로, 유명무실화된 금령을 고쳐 밀수가 아닌 정식 무역으로 인정해 세금을 부과하고 감시를 통해 점진적으로 개량하자는 것이 이금론이었다. 반면 엄금론은 아편 흡음자를 기본적으로 사형에 처하자는 입장으로, 엄금론자 중에는 흠차대신 임칙서가 있었다. 임칙서가 제시한 아편 금지 방법은 구체적이고 실질적이었다. 흡음자를 사형에 처하기까지 1년의 유예 기간을 주되, 이를 4기로 나누어 1기에 자수하는 자는 용서하고 2기, 3기로 가면서 형벌을 늘리고, 1년이 지나면 흡음자뿐 아니라 흡음소를 개설하는 자와 판매하는 자, 기구를 제조하는 자까지 사형에 처하는 것이었다. 실제로 임칙서는 무창에서 이 방법으로 성과를 올리기도 했다.

임칙서의 이러한 명령은 파발꾼에 의해 먼저 광주에 전해졌다. 그는 주범과 공범 등 약 20명의 명단을 작성해 체포할 것도 명령했는데, 그 명령이 긴장 속에서 시행되던 1839년 1월 25일 광주에 도착한다. 그는 먼저 관리들에게 아편 중독을 스스로 자백하라고 요구했지만 아무도 나서지 않았다. 결국 관리들을 한자리에 모아 6시간을 앉아 있게 하여 금단 증상을 보인 관리들을 엄벌에 처했다. 임칙서의 결의는 이처럼 굳건했다.

임칙서는 외국 상인들이 가진 아편을 모두 공출하고 "앞으로 영원히 아편을 들여오지 않겠다. 들여오는 사람은 사형에 처하고 물건은 모두 관에 바친다"라는 서약에 서명하라는 내용의 유첩을 공사와 공행 두 곳에 전달했다. 그러나 정해진 기한 3월 21일까지 공출도, 서약서 제출도 이행되지 않았다. 결국 임칙서는 밀수선으로 알려진 동인도회사 소속 튜나호를 억류하고 275명의 외국 상인이 머물던 광동 공행의 이관외국인 거주지역을 포위, 최후통첩했다. 기한이 지나도 아편이 공출되지 않으면 정박 중인 외국 선박에 대해 화물을 싣고 부리는 일을 일절 금하는 '봉창'을 행하겠다는 내용이었다. 물도 식량도 비축된 것이 없던 이관에 대해 48시간 동안 포위가 계속되자 영국이 임명한 주청 상무감독 엘리엇은 굴복했고 공출을 약속했다.

당시 아편 재고량은 2만 2,283상자, 무게 1,225톤으로 보고되었다. 이 아편을 몰수하는 데는 4월 11일부터 5월 18일까지 한 달이 넘는 시간이 걸렸다. 본래는 호문 임시 창고에 두었다가 북경으로 운반할 작정이었으나 현지에서 소각하고 공개하라는 명령이 내려왔다. 그런데 생각지 못한 문제가 있었다. 기름을 뿌려 태우니 이것이 땅으로 스며들어서 흙을 파서 다시 찌면 20~30퍼센트의 아편을 채취할 수 있었다.

곧 아편을 없앨 다른 방법을 찾았다. 사방 50미터의 인공 늪을 2개 파서 측면에는 널빤지를 박고 바닥에는 돌을 깔아 아편이 땅으로 침투하는 것을 막았다. 그러고 나서 바다 쪽 수문을 막고 반대편에 도랑을 팠다. 인공 늪에 많은 소금을 투입하고 아편을 반나절쯤 절여두었다가 석회 덩어리를 넣자 연기를 뿜으며 아편이 끓기 시작했다. 늪 위에 널빤지를 걸고 그 위에서 인부들이 막대기로 젓자 아편은 녹아내리기 시작했다. 그리고 썰물 때 연 수문을 통해 이를 바다로 흘려보냈다. 이 작업은 20일 이상 매일 계속되었고, 끝내 2만여 상자의 아편은 모두 세상에서 사라졌다.

이처럼 철저한 일처리는 임칙서가 아니면 할 수 없는 일이었다. 이것은 임칙서가 가진 아편에 대한 증오심과 청에 대한 근심의 무게를 보여주는 사건이기도 했다.

## 아편전쟁과 남경(난징) 조약

임칙서가 아편을 압수해 모두 소각했다는 보고를 받은 스물을 갓 넘긴 영국 빅토리아 여왕1837~1901재위은 "나도 중국인이었으면 임칙서처럼 했을 것입니다"라고 말했다. 임칙서와 청의 입장에서 볼 때 아편 소각은 적법한 절차에 따라 집행된 것이었다. 그러나 영국 정부에게는 자유 무역에 반하는 약탈 행위이자 영국 국민의 권리를 짓밟고 왕실을 모독한 행위였다. 800만 파운드의 손실을 입은 밀매업자와 통상 기지를 상실한 무역 관료들은 여왕과 의회를 상대로 청과 전쟁을 벌일 것을 집요하게 요구했다.

파머스톤 자작으로 더 유명한 헨리 존 템플1784~1865 등은 아편은 술보다 덜 해롭고 아편 몰수는 영국의 재산권 침해라며 전쟁을 주장했다. 이에 반해 의회에서 "그 원인에 있어 그토록 부정한 전쟁, 그토록 영속적으로 불명예가 될 전쟁을 나는 알지 못하며, 어떤 책에서도 읽어본 적이 없다"라고 연설한 윌리엄 글래드스턴1809~1898과 뜻을 같이하는 명분 없는 전쟁에 대한 반대도 적지 않았다. 하지만 결국 전쟁은 찬성 271표, 반대 262표의 근소한 차로 가결되었다.

여왕 또한 "영국인의 안전이나 800만 파운드의 손실이 문제가 아닙니다. 자유 무역에 대한 거부가 다른 나라에까지 파급되면 대영 제국은 1년 만에 멸망합니다. 동방의 마지막 땅인 중국을 소유하면 19세기를 소유하는 겁니다"라며 대청전쟁을 지지했다. 이러한 여왕의 말은 영국 정부가 비난을 무릅쓰고 아편전쟁을 일으킨 이유를 분명하게 보여준다.

아편 무역은 인도 지배에 있어 빼놓을 수 없는 요소였고, 아편 밀매로 중국에서 얻은 은은 미국, 호주, 중국, 인도를 연결하는 세계 무역의 결제 수단이었다. 게다가 1825년 불황 이래 중국 시장의 개방은 영국 경제를 위한 절실한 과제였다. "4억 중국인의 셔츠가 1인치만 늘어나도 영국의 공장들이 30년 가동된다"는 유행어가 돌 정도였다. 청의 무역 제한을 철폐시키고, 무역과 군사상 이익을 선점하는 것이 아편전쟁의 도덕성 문제보다 중요하다고 여겨졌던 것은 이 때문이다.

1840년 대영 제국의 유지를 위해 '자유 무역 수호'라는 명분을 내건 아편전쟁1차 중영전쟁이 시작되었다. 영국은 군함 16척, 무장 증기선 4척, 수송선 27척과 군인 수송선 1척 등 총 4,000명의 병력을 청에 파병했다. 중국은 심각해진 재정난으로 방위 예산이 증발하면서 영국의 군사력을 막아낼 해군력은커녕 군사력 자체가 이미 취약해져 있었다. 게다가 아편 무역을 강행하려는 영국 정부의 의지가 얼마나 확고한지 깨닫지 못했다.

6월 철갑선 네메시스신의 복복호를 앞세우고 나타난 48척의 영국 함대는 임칙서가 버티고 있던 광주를 우회, 북상했다. 7월 주산 열도의 정해저장성을 점령하고 8월 천진 앞바다까지 근접한 영국 함대의 진로에 북경의 황제는 몹시 동요했다. 조정의 보수파 대신들은 도광제를 설득해 지나친 강경책으로 전쟁을 유발했다는 이유를 들어 임칙서를 북경으로 소환해 파직시키기에 이른다. 청은 그렇게 스스로 몰락의 길을 선택한다.

청의 전권대사 기영과 이리포 등이 영국과 2년 동안 수차례 협상을 벌였으나 모두 실패로 끝났다. 이후 1만 명으로 증원된 영국 군대는 중국 동부 해안의 주요 항구 도시들을 봉쇄하고 창장강을 따라 남경으로 진격했다. 제국이 두 동강 날 위협을 받는 상황까지 이르자 청은 백기를 들 수밖에 없었다.

1842년 8월 29일, 남경에 정박 중이던 영군 군함 콘윌리스호에서 '무조건 항복'이나 다름없는 남경 조약이 체결되었다. 청은 영국이 아편전쟁에서 입은 재정적 손실 1,200만 달러, 소각한 아편에 대한 대가 600만 달러, 중국 상인이 영국 상인에게 진 빚 300만 달러를 모두 지불해야 했다. 이 조약에는 홍콩의 할양, 광동 및 상해 등 다섯 항구의 개항, 공행의 독점 무역 폐지 등이 포함되었고, 이후 협정관세, 영사재판권, 최혜국 대우, 개항장의 군함 정박권 등이 추가되었다. 이는 한 국가의 관세 자주권과 사법권 박탈 등을 규정한 전형적인 불평등조약이었다. 이후 미국, 프랑스, 스웨덴, 노르웨이, 러시아 등도 청과 불평등조약을 체결하면서 영국과 같은 특권을 획득했다.

아편에 관한 조항은 조약문의 어디에도 따로 명문화되지 않았다. 하지만 양측 모두 특별한 제한이나 관세 없이 무역을 계속하는 것을 묵인했고, 그 결과 1880년대까지 중국은 매년 약 8만 상자의 아편을 수입했다. 이는 1830년대 말에 수입된 물량의 두 배에 해당한다.

이로써 청에서는 기존의 광동 무역체제가 소멸되고 자유 무역제도가 성립되었고, 서양 열강은 청과 정상적이고 대등한 외교 관계를 맺게 되었다. 이는 중국의 대외 관계 역사상 이전에는 없었던 대변혁으로, 청 내부체제의 동요와 대외적 위신의 추락을 동반했다. 천하의 중심 중국이 붕괴하는 것을 본 조선 왕조와 일본 에도 바쿠후 등 동아시아 세계는 그야말로 충격에 휩싸였다. 아편전쟁은 영국과 중국, 나아가 서유럽과 동아시아의 향후 100년을 결정한 '추악'하지만 '운명'적인 전쟁이었으며, 한편으로는 청이 앞으로 맞닥뜨릴 수많은 고난의 시작이기도 했다. 세계사록

# 국민국가의 발전과 확장

**1840전후 ≫ 1880전후**

웨이웨이

여러부운 저 시집가요ㅠㅠ

아동화 신었더니 남친이 제 발 인형같다고 결혼하재요ㅜ

나이팅게일

아이고... 큰 신발 신으셔야 척추 안 비틀리는데...

 웨이웨이

작아야 예쁘대요~ 나이팅게일님두 곧 좋은 소식 있을 거예요ㅎㅎ

나이팅게일

전 비혼주의자라..ㅎ; 전쟁터 환자들 돌보며 살려구요

 홍수전

전쟁 없는 천국같은 곳을 원한다면 클릭☛ http://PeaCE.heaV.en

 비스마르크

입전쟁ㄴㄴ 전쟁은 쇠와 피로 하는 거야!

 남부노예상

전쟁에 쓸 노예는 안 필요하세요? 싸게 팝니다ㅋ 에눌 가능

 링컨

응 노예제 폐지 너님 신고ㅡㅡ

  전송

# 1848 국민의 선택

 부르주아지 　　가족같은^.^

 프롤레타리아 　　가족'같은;

I

## 메신저 감옥

다들 자기 전에
알람 맞춰놓지?
10분 간격으로ㅋㅋ


난 필요 없어.
굳이 알람 맞추지 않아도
깨게 돼 있거든.

사장님이 시도 때도 없이
톡을 보내시거든ㅜㅜ

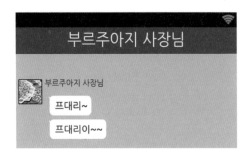

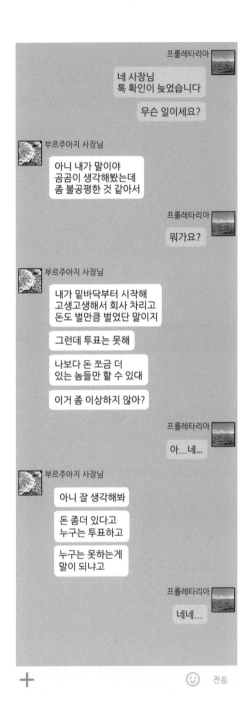

II

하소연

와씨ーー 본인 하소연하려고
아침부터 날 깨운 거야?ㅆ;

제발 누가 좀
업무시간 외 메신저 사용
법으로 금지해줬으면ㅠㅠ

## 노동자판

오늘의 썰   썰목록   그림과 썰   ( 글쓰기 )

오늘의 썰 > 카테고리 > **직장/직업**

? **비공개**   ( 베스트 썰 )   모바일 작성

**[고민] 업무시간 외에도 톡하는 사장님... 어떡하죠?**

제목 그대로예요ㅜㅜ
때와 장소 가리지 않고 톡해요ㅠㅠㅠ

업무 얘기면 또 모르겠는데
본인 사생활 뇌피셜 다 얘기해요ㅜㅜ
진짜 tmi..

오늘도 새벽부터
본인도 돈 많은데 투표 못한다고 투덜투덜..

너무 스트레스 받아요...어쩌죠??

ㅇㅇ
우리 사장도 딱 저럼..ㅉㅉ 퇴사하고 싶다ㅠㅠㅠ

 ㄴㄴ
근데 쓰니네 사장 행동은 극혐인데 틀린말은
아님ㅋㅋ 우리도 투표할 수 있어야 함ㅎㅎ
그래야 저런 사장놈 법으로 규제해줄
우리 입맛에 맞는 리더를 뽑지ㅋ

 ㅎㅎ
베플보고 좌표찍고간다
관심 있으면 시간내서 참석해봐
(마들렌 집회 상세 http://Pro.Letar1at.com)

Ⅲ

## 스윙보트

입맛에 맞는 리더라…
이걸 원하는 사람이
생각보다 많더라ㅋㅋ


뜻 맞는 사람들끼리 모여서
더 진지하게 얘기하기로 했는데
위에선 힘으로 제압하더라고!

쫓아내버렸ㅋㅋㅋ
임금을!ㅋㅋㅋ

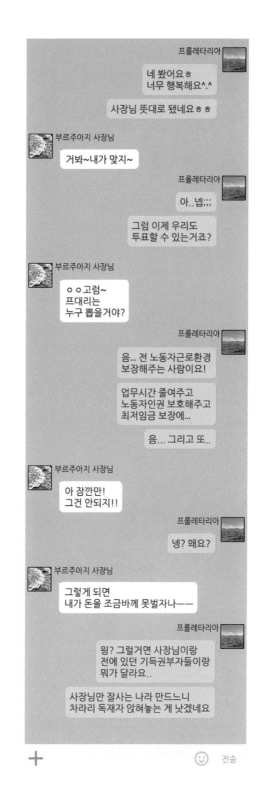

그랬다고 합니다.

나폴레옹 1등해쩌 >.<

- 산업혁명으로 증가한 프랑스의 부르주아와 노동자들 사이에 사회주의 사상이 확산되고, 그들은 거듭되는 경제위기 속에서 본인들의 선거권을 주장한다.
- 무력으로 시민들을 탄압하려던 왕 루이 필립이 퇴위하고, 프랑스에 임시정부가 세워진다. 보통선거와 대통령 선출을 내용으로 하는 공화정 헌법을 제정한다.
- 그러나 의회의 마찰과 기득권 논쟁이 불거지면서 많은 이들이 나폴레옹 정권에 향수를 느끼고, 나폴레옹의 조카인 루이 나폴레옹이 대통령으로 선출된다.

1848년 프랑스

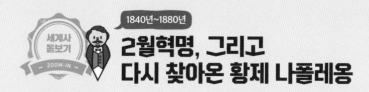

# 2월혁명, 그리고 다시 찾아온 황제 나폴레옹

유럽의 1840년대는 흉작과 함께 시작되었다. 특히 아일랜드에 기아를 가져다주었던 감자 마름병이 다른 감자 재배지역도 휩쓸며 식량 가격이 두 배 이상 올랐다. 게다가 산업혁명 이래 주기적으로 나타난 경기 후퇴, 즉 '공황'으로 인해 수많은 노동자들은 실업자가 되었다. 굶주림 자체가 혁명을 가져온 것은 아니지만 그것을 해결하지 못한 정부의 무능력은 혁명의 주요 배경이 되었다. 결국 1848년에 들어서기 무섭게 시작된 혁명은 보수주의에 대한 자유주의의 투쟁으로 유럽 전역을 휩쓸며 빈체제를 붕괴시켰고, 이에 대해 유럽 각국은 새로운 형태의 보수주의의 등장과 민족주의 전개라는 새로운 역사로 반응했다. 이번에도 혁명의 나라 프랑스가 연쇄 폭발의 도화선에 불을 붙인 주인공이었다.

## 프랑스 2월혁명과 빈체제 붕괴

1830년 7월혁명 이후 수립된 루이 필리프의 왕정에서도 소수 은행가나 대지주들의 부와 권력 독점은 여전했고, 선거권이 소수의 부유한 시민에게만 주어진 것도 변하지 않았다. 이에 선거권 확대를 비롯한 정치적 자유에 대한 요구가 거세지기 시작했다. 특히 1830년대 이후 본격적으로 진행된 산업혁명으로 하나의 정치 세력이 된 노동자들의 불만은 더욱 커졌다.

　그러나 총리 프랑수아 기조1787~1874는 "일을 해서 부자가 되시오! 그러면 당신도 유권자가 될 것이오!"라고 응답했고, 정부는 선거권 확대를 주장하는 정치조직을 불법으로 간주하며 탄압했다. 결국 1848년 2월 중하층 시민과 노동자가 포함된 파리 민중이 선거권 확대를 요구하며 혁명을 일으켰다. 2월혁명이라고 명명된 이 사건은 이틀 만에 7월 왕정을 붕괴시켰고 다시금 공화정을 수립을 가져왔다제2공화정1848~1852.

자유주의자와 공화주의자, 그리고 처음으로 노동자가 포함된 사회주의자들로 구성된 임시정부는 성인 남성의 보통선거제를 채택하는 데 성공했다. 정치 클럽 활동과 정치적 문건 유포 제한을 철폐했으며 노동자들의 '일할 권리'도 지지했다. 몇 주 만에 약 170종의 정기 간행물이 창간되었고 200개 이상의 정치 클럽이 결성되었다. 또한 파리와 주변 지역에서 실업자를 위한 국립작업장이 개설되었으며, 식민지 노예제는 폐지되었다.

그러나 이후 실시된 4월 보통선거 결과는 예상 밖이었다. 혁명 이념을 대변하던 사회주의자와 노동자 세력이 소수로 전락한 것이다. 이런 보수화 현상은 다수의 유권자인 농민을 포함한 중산층의 두려움이 가져온 결과다. 1789년 일어난 혁명은 농민이나 도시 민중들이 보편적인 혁명 이념을 대표하는 자유주의적 부르주아의 뒤를 따랐다. 그러나 1848년 혁명의 추진 세력은 60여 년 전에는 존재하지도 않았던 노동자들과 그들을 대변하는 사회주의자들이었다. 추상적인 자유주의 선언을 넘어 사회 혁명으로 나아가려 했던 이들의 주장은 '선거권'이라는 목표를 얻은 중산층에게는 질서를 파괴하는 것으로 느껴졌다. 결국 그들은 보수적인 자유주의자들에게 표를 던졌고, 이러한 보수화 현상은 혁명의 영향을 받은 유럽에까지 퍼지며 1848년 혁명기의 특징이 되었다.

보수로 돌아서며 국립작업장까지 폐쇄한 정부에 대해 일부 공화주의자들과 사회주의자, 노동자들은 '평등한 재산권'을 요구하며 6월 파리에서 봉기를 일으켰다. 바리케이드를 치고 부녀자와 어린아이들까지 나섰다. 하지만 무장 군대에 일부 열성적인 농민들까지 가세한 임시정부의 나흘간에 걸친 무차별 진압 끝에 약 3,000명이 사살되었고, 1만 2,000명 이상이 체포되었으며, 다수가 알제리의 노동수용소로 추방당하고 말았다.

이후 프랑스는 질서를 회복하기 위한 지도자 선출을 서둘렀다. 그리고 네 명의 입후보자를 대상으로 치러진 12월 대통령 선거에서 샤를 루이 나폴레옹 보나파르트1808~1873는 나머지 세 후보의 득표 총합보다 두 배 이상 많은 표를 얻었다. 나폴레옹은 75퍼센트라는 압도적인 지지율로 대통령에 당선되었다.

이전의 혁명과 마찬가지로 2월혁명은 독일을 비롯한 유럽에서 즉각적인 반향을 불러일으켰다. 특히 반혁명의 보루였던 오스트리아 빈에서 3월 13일 과격파 공화주의 학생과 중산층이 중심이 되어 일어난 혁명3월혁명의 결과는 놀라웠다. 메테르니히가 빈에 황제를 남겨둔 채 세탁물 속에 숨어 피신한 뒤 영국으로 망명함으로써 빈체제가 완전히 붕괴된 것이다. 인스브루크로 피신해야 했던 오스트리아 황제 페르디난트 1세1793~1875는 검열 폐지와 출판 및 결사의 자유, 남성 선거권과 단원제 의회에 입각한 헌법 제정 등을 포함한 개혁을 약속한다.

그러나 프랑스와 마찬가지로 혁명 후 새로운 보수화 현상이 일어났다. 개혁가와 혁명가들이 혁명의 과정을 겪으면서, 입헌적 정부 수립이나 경제 발전 등과 같은 자유주의적 목표가 독립 또는 통일을 통한 강력한 근대적 국민국가에서만 실현될 수 있다는 생각을 갖기 시작한 것이다. 결국 오스트리아, 독일, 러시아 등 중동부 유럽을 중심으로 '민족주의'의 이름을 빌려 자유주의를 억압하는, 부국강병의 흐름이 위로부터 나타나게 된다. 그 와중에 2월혁명기에 대두된 급진적인 개혁안이 거부되고 탄압당한 것은 당연한 귀결이었을지도 모른다.

## 나폴레옹 3세의 정책과 몰락

1848년 12월 대통령 선거에서 승리한 루이 나폴레옹은 나폴레옹 보나파르트의 조카다. 프랑스에서 성장한 그는 부르봉 왕가 복위 후 망명길에 올랐고 모친의 사망으로 막대한 유산을 물려받은 뒤 런던에 정착, 영국 정치가나 과학자들과 교류하며 경제 발전 및 런던의 도시계획과 관련한 지식을 쌓았다. 정치적 야망을 포기하지 않았던 그는 2월혁명 이후 혼란스러운 프랑스에 보수적인 질서와 번영을 약속하면서 등장해 승리했다. 진보와 보수, 좌파와 우파 그리고 모든 정책들이 나폴레옹이라는 권위 아래 실현될 수 있다는 그의 구호는 모순적이었지만, 그럼에도 프랑스 대중들은 그를 선택했다.

루이 나폴레옹은 정책 시행에 4년 단임 대통령으로는 부족하다고 여겨 합법적인 헌법 개정을 시도했으나 실패한다. 그리고 1851년 12월 2일 나폴레옹 1세의 즉위일에 맞춰 쿠데타를 일으켜 의회를 해산하고, 새로운 헌법을 공포한다. 공화정의 마감에 대한 수많은 저항은 즉시 진압되었는데, 이전까지 대통령을 지지했던 대문호 빅토르 마리 위고1802~1885도 저항 후 벨기에로 피신했다. 그는 영국령 건지섬에서 20여 년간 프랑스 정부를 비판하는 작품에 몰두해 대작 『레미제라블1862』 등을 남겼다.

이듬해 11월 황제 즉위 여부를 결정하는 국민투표에서 97퍼센트라는 압도적인 지지를 얻으며 황제 나폴레옹 3세는 즉위했다1852.12.2. 제2제정1852~1870이 선포되며 프랑스 역사에서 혁명, 쿠데타, 제정이라는 사건들이 똑같이 반복되는 것 같았다. 그러나 나폴레옹 3세가 삼촌과 구분되는 결정적 차이점은, 권력의 원천이 프랑스 대중에게 있음을 알고 있었다는 점이다. 이는 그의 대내외 정책 결정과 추진에 중요한 변수로 작용했다. 나폴레옹 3세는 대내적으로 산업화와 경제 발전, 사회적 근대화를 통한 부의 창출에 초점을 맞춘 정책을 시행했다. 1830년 이후 시작된 산업화를 가속화시키면서 철도와 항만 등 산업 기반 시설을 확충했고, 수에즈 운하 건설 등과 같은 사업의 주식 판매와 재정 조달을 위한 금융업과 은행업을 지원했다. 한편으로는 노동조합을 허용하고 파업을 합법화하면서 노동자와 중산층 모두에게 프랑스의 강대국화를 호소했다. 이로써 프랑스는 영국에 이어 산업 및 자본주의 국가로 발돋움한다. 그 결과 1855년과 1867년 만국박람회 개최에 성공하기도 했다.

제2제정의 정책은 특히 1850년대 수도 파리의 변모에 적극 반영되었다. 파리 지사 오스만의 지휘 아래 재정비 사업이 시작되면서 중세 파리의 중심지 상당 부분이 헐렸다. 하지만 그 대신 최초의 엘리베이터를 갖춘 신축 호텔과 세계 최초의 백화점 봉 마르셰를 비롯한 3만 4,000개의 새로운 건물이 들어섰다. 폭이 넓고 직선화된 새로운 가로수 길이 개선문을 중심으로 방사선 모양으로 뻗어나갔고, 길을 따라 200킬로미터에 이르는 수도관과 하수로가 설치되었다. 복잡하고 비위생적인 파리의 중세적 도시 공간을 청결함과 질서를 표방하는 근대적 공간으로 변모시켜 당시 프랑스의 발전을 증명하려 애썼던 것이다.

이와 함께 나폴레옹 3세는 전 세계에 걸쳐 프랑스의 영향력을 확대하고 식민지를 팽창시키는 공격적인 대외 정책을 취했다. '제국은 곧 평화'라고 선언하면서 프랑스 민족의 팽창을 문명화 사명으로 정당화했다. 영국과 동맹을 맺은 크림전쟁

1853~1856으로 러시아에 대항하며 프랑스의 입지를 강화했고, 이탈리아 통일문제에 개입1859해 오스트리아를 몰아내는 데 일조했으며, 미국 남북전쟁1861~1865에서 남부 연합을 지지했다. 멕시코 출병 과정에서는 중남아메리카를 '라틴아메리카'로 지칭해 아메리카에서 프랑스의 우월적 지위를 과시하려고 했다.

그뿐 아니다. 수에즈 운하 건설에 개입했고, 서아프리카에도 진출했으며, 영국과 2차 아편전쟁1856을 벌여 승리함으로써 상해에 프랑스 조계지를 세우기도 했다. 또한 선교사 박해를 빌미로 조선에 병인양요1866를 일으켜 강화도 외규장각에 소장되어 있던 5,000여 권의 책을 불태우고 340여 권의 책들과 은궤를 약탈했다. 나아가 일본에 군부 사절단을 파견1867해 에도 바쿠후의 군 현대화에 영향을 주었다.

프랑스가 베트남에 진출해 인도차이나반도 식민지화의 단초를 마련한 것도 나폴레옹 3세 시기였다. 1858년 프랑스는 응우옌 왕조1802~1945의 2대 명명민망 황제1820~1841가 선교사를 박해했다는 구실로 베트남에 선전포고를 했다. 제1항구 다낭을 함락시키고 이듬해 사이공까지 점령한 프랑스는 4년의 전쟁 끝에 남부 코친차이나의 세 지역 할양, 세 항구 개항 등을 내용으로 하는 제1차 사이공조약을 체결1862했다. 특히 메콩강 유역의 항해권 보장은 캄보디아 보호국화1863의 결정적 계기가 되었다.

그러나 이 같은 대내외적 정책은 일반 대중의 정치활동에 대한 철저한 통제와 억압을 수반했다. 국가의 질서와 안정을 위해 국민의 정치적 자유 희생을 대가로 지불한 것이다. 1860년대가 넘어서며 프랑스 내에서 이런 권위주의적인 황제의 독재에 대한 불만이 늘어났다. 하지만 정작 20여 년에 달하는 나폴레옹 3세의 치세를 무너뜨린 것은 당시 독일 지역 최강국으로 급부상한 프로이센이었다.

1870년 비스마르크의 엠스 전보 사건에 휘말려 7월 중순부터 프로이센-프랑스 전쟁을 시작한 나폴레옹은 만반의 준비를 한 프로이센군의 적수가 될 수 없었다. 몰트케가 이끈 프로이센군은 한 달 내내 프랑스군을 격파했고, 결국 9월 세당 숲에서 황제는 8만 명이 넘는 프랑스 군대와 함께 항복했다. 파리는 패배를 인정하지 않고 황제 폐위와 제3공화국1870~1940을 선포한 뒤 국민방위군을 결성해 4개월 동안 결사항전을 했지만 결국 함락되었다1871. 1. 28.

프랑스의 작가 알퐁스 도데[1840~1897]는 『베를린 포위』라는 작품에서 당시 프랑스의 분위기를 그대로 보여주었다. 과거의 영광에 젖어 프랑스군의 승리를 철석같이 믿는 한 노인을 안쓰러워한 주위 사람들은 "파리가 포위당했다"를 "베를린을 포위했다"로 바꿔 이야기한다. 그러나 파리에는 프로이센 군대가 진주하게 되고, 노인은 프로이센군이 파리에 입성하던 날 프랑스군이 개선하는 줄 알고 환영하러 나갔다가 믿을 수 없는 현실 앞에 쓰러지고 만다. 당시 모든 파리 시민은 프랑스가 당연히 프로이센을 이길 것으로 믿고 있었다. 루이 나폴레옹은 1871년 3월까지 프로이센에서 포로로 머물며 제3공화정의 탄생과 베르사유 궁전에서 거행된 독일 제2제국의 선포를 전해 듣고 이후 영국으로 망명했다.

한편 1871년 3월 프로이센의 군대에 포위된 파리는 세계 최초로 시민과 노동자의 사회주의 자치 정부인 '파리코뮌'을 수립하고 저항했다. 이들은 반정부 반프로이센 투쟁을 선포하며 재산의 국유화, 노동자의 최저생활보장 등 사회주의적 혁신을 공언하고 평화롭게 정책을 집행했다. 하지만 두 달 만에 정부군의 공격으로, 3만 명 이상의 희생자를 내고 5만 명이 체포되며 잔인하게 진압당한다.

1875년 공화국 헌법을 통과시키며 왕당파의 우세하에 간신히 시작된 제3공화정은 공화주의자들의 재기[1879]와 함께 파리코뮌 시기 옮겨갔던 베르사유에서 다시 파리로 정부를 옮겨왔다. 제3공화정에서는 '라마르세예즈'를 프랑스 국가로, 7월 14일을 국경일로 정하며 프랑스혁명 정신을 본격적으로 부활시켰다. 이 시기 온건한 공화주의자 총리 쥘 페리[1832~1893]에 의해 언론, 결사, 집회의 자유가 인정되고 지방 자치가 강화되었다. 또한 의무, 세속, 무상 초등교육을 통해 공화주의의 미덕과 시민의 의무, 애국심 등이 널리 보급되었다. 이에 대한 우익들의 반발은 블랑제 사건, 파나마 운하 사건, 드레퓌스 사건들로 표출되기도 했지만, 100여 년 동안 혁명과 폭력, 정치적인 격동기를 지나온 프랑스는 국민 생활이 안정되고 번영하는 이른바 벨 에포크[좋은 시대1890~1914]를 향해 가고 있었다. 세계사록

# 노동자는 외않된데?

안돼. 못 바꿔줘.
돌아가

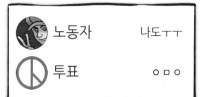

노동자        나도ㅜㅜ

투표        ㅇㅁㅇ

## I
## 귀찮아

해가 지지 않는 나라
대.영.제.국.


우리 영국이 손을 뻗치는
나라들만 돌아도
지구 한 바퀴라구?ㅋ


밖으로는 이르케 잘나가는데,
안에서는 왜 이리
잡음이 끊이지 않는지… 퓨ㅠㅠ

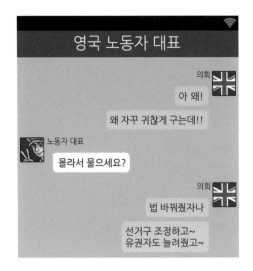

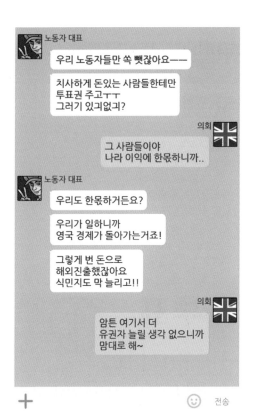

솔직히 누구 덕분에
이만큼 먹고살 수 있게 된 건데?

에휴~ 하나를 쥐어주면
둘, 셋을 바라는 그들의 습성이란….

원하는 대로 안 되니까
이젠 별짓 다하더라.

차티스트 북

 **차티스트 (노동자연합)** @chartist
방금 전

※널리 퍼트려주세요※
노동자 여러분!
우리의 정당한 권리인
투표권 획득을 위해 서명 받습니다.
↓↓아래 링크로 들어가셔서
폼 작성해주세요!!
never.uu/ckxltm6xm
여러분의 많은 참여 부탁드립니다

👍 좋습니다 1,838

 **잭**
서명완료

 **윌리엄**
저도 완료

 **앤디**
서명했어요

 **메리**
여자는 안되나요ㅜㅜ

 **존**
이거 보고 윗분들 생각이
조금이라도 달라지길...ㅠ

아휴… 애쓴다
쯔쯔그래봤자 바뀌는 건
아무것도 없는데…ㅋ


내가 가서 한마디해줄까?
꿈깨라ㅋㅋㅋ

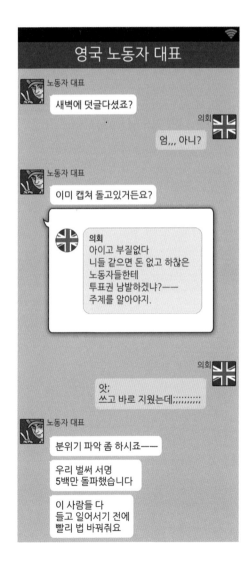

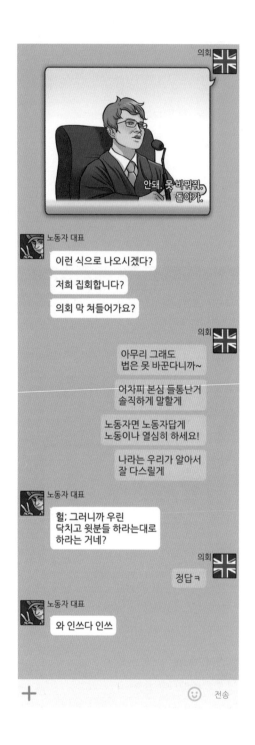

그랬다고 합니다.

- 1832년 영국, 제1차 선거법 개정으로 부패 선거구는 폐지되고 돈 있는 중산층이 선거권을 갖게 된다. 이때 다수인 노동자 계층은 제외된다.
- 노동자의 선거권을 요구한 차티스트운동이 시작되고, 6개의 조항으로 갖춰진 인민헌장이 발표된다. 500만 명이 넘는 사람들의 서명을 받아 의회를 압박하다.
- 그러나 점차 대중적 지지 기반을 잃으며 사그라진다. 차티스트운동은 실패했으나, 훗날 선거법이 개정되면서 성인 남성 모두에게 선거권이 주어진다. (여자는 20세기에)

1838~1848년 영국

| 1300년 | 1400 | 1500 | 1600 | 1700 | 1800 | 1900 |

# 빅토리아 시대의 번영과 그늘

## 빅토리아 여왕이 이끈 번영의 시대

1851년 5월 1일 정오. 런던 하이드파크 남쪽에 세워진 수정궁에 헨델의 「할렐루야」 합창이 울려 퍼졌다. 앨버트 공의 제안으로 기부금이 모아지며 준비된 런던 만국박람회의 개막이었다. 남편 앨버트 공과 함께 입장해 개막 테이프를 끊은 빅토리아 여왕은 개막식 이후 맨체스터와 스코틀랜드의 에든버러에 전보를 쳐보기도 했다. 7만 제곱킬로미터의 박람회장인 '수정궁'을 건설하기 위해 설계 공모전에만 건축가 250명이 도전했고 2,000명의 노동자와 5,000개의 철제 기둥, 30만 장의 유리가 동원되었다. 여기에는 각국에서 수집된 1만 3,000여 점의 물품들이 전시되었으며, 그중 6,500여 제품이 기계관을 비롯한 영국 전시관을 채워 영국이 단연 산업화의 선두임을 증명했다. 런던 만국박람회는 폐막 때까지 600만 명 이상의 관객 동원에 성공하며, 산업화를 꿈꾸는 많은 나라들로 하여금 이후 박람회 유치에 노력을 기울이게 했다.

산업혁명을 겪은 영국 경제는 1820년대 세계 경제 그 자체라 해도 과언이 아니었다. 19세기 초 건설된 런던 대형 항만을 통해 세계로 뻗어나간 제품은 세계 시장의 25퍼센트를 점유했다. 맨체스터를 중심으로 생산된 면제품은 연간 1,000톤 안팎으로 1780년의 열 배에 이르렀으며 리버풀 등지에서 생산한 선철은 70만 톤을 헤아려 세계 선철 생산의 절반을 차지했다. 유럽 대륙이 프랑스혁명과 나폴레옹전쟁으로 시끄러운 동안 영국은 경제 대국으로 올라선 것이다.

빅토리아 여왕은 이런 '희망'의 시대에 즉위해1837 대영제국 '번영'의 시대를 이끌었다. 만국박람회는 이 시대의 상징적인 장면이 된다. 일명 '빅토리아 시대 Victorian Era1837~1901'라 불리는 이 시기 영국은 캐나다, 호주, 싱가포르, 말레이시아, 홍콩, 인도 등의 식민지와 아프가니스탄, 이집트 같은 보호령 등 광대한 지역을 소유했다.

다방면에서 획기적인 개혁이 진행된 한편 고전적이면서 보수적인 도덕주의, 엄숙주의가 시대를 관통했다. 이는 여왕이 하노버 왕가의 이전 국왕들과 달리 사생활에서 엄격한 도덕주의를 추구했기 때문이기도 했다. 그도 그럴 것이 여왕과 남편 앨버트 공의 사랑과 유대감은 20년 결혼 생활 동안 4남 5녀를 낳은 것에서 보듯 각별했다. 그 자녀들이 당대 유럽 왕가들과 혼인 관계를 맺어 42명의 손주와 85명의 증손주를 안겨주었으니 빅토리아 여왕이 '유럽의 할머니'라는 별칭을 얻은 것도 놀라운 일은 아니다. 더불어 유럽의 많은 왕실이 여왕의 피를 이으면서 그녀의 혈우병 인자도 퍼져나갔다. 빅토리아는 남편이 장티푸스로 죽은 뒤 자신이 사망할 때까지 40년 동안 검은 드레스만을 입어 트레이드마크를 만들었다.

이러한 이유로 여왕의 치세 동안 영국 중산층에도 새로운 가정 상像이 정립되었다. 작은 공장이나 중소 규모의 상점을 운영하는 이들은 '혼탁한 사회와 격리된 아늑한 휴식처'로서의 가정Sweet Home을 추구하기 시작했다. 이런 분위기로 인해 가장은 전통적 권위가 아닌 '높아진 경제력'이라는 권위로 가정을 이끌었고, 아내는 주부 일에 전념했으며, 자녀들은 착실하게 교육받으며 성장했다. 전업 주부는 국세 조사에서 하나의 직업으로 인정되기까지 하는 등 중산층은 자본가와 노동자 사이에서 두텁게 성장하게 된다. 귀족의 후원을 받아 귀족만을 위해 만들어졌던 소설, 시, 연극 등 문화도 도시 중심으로 모인 이러한 대규모의 중산층들이 즐길 수 있는 형태와 내용으로 변해가면서 대중문화로 탄생되었다. 아서 코넌 도일1859~1930이 1887년부터 발표하기 시작한『셜록 홈스』의 폭발적인 인기는 시대가 만들어낸 산물이었다.

1820년대 이후 증기 기관을 개조한 대형 자동차인 옴니버스는 버스라고 불리며 마차 조합의 거센 반대를 극복하고 운행되고 있었다. 그뿐 아니다. 달링턴에서 스톡턴까지 석탄 수송 기차가 세계 최초로 실제 운행에 들어간 뒤 철로는 영국 전역으로 뻗어가고 있었다. 이에 더해 패딩턴에서 파링턴까지 6킬로미터 구간에 5개 정거장을 완비한 세계 최초의 지하철도도 개통1863된다. 런던 메트로폴리탄 철도 회사가 건설하고 운영했기 때문에 메트로metro는 지하철을 의미하게 되었다. 고부가가치를 창출하는 '굴뚝 없는 산업'인 여행업이 열띤 호응을 얻기 시작한 것도 이 시기였다. 1841년 세계 최초로 런던에서 여행 사업을 시작한 토머스 쿡1808~1892은 아들과 함께 '토머스쿡&선'이라는 여행사를 차렸다. 1865년에는 미국 여행 패키지 상품을, 1872년에는 최초의 세계 일주 패키지 상품을 만들었으며 신용카드 발급도 시작했다.

18세기까지 화려하고 웅장한 건물을 찾아보기 힘들었던 수도 런던에도 많은 변화가 생겨났다. 이전까지 귀족들은 시골에 있는 영지를 경영하다가 겨울철에만 런던으로 돌아왔기 때문에 '타운하우스'라는 비좁은 집에서 소박한 생활을 해왔었다. 그러나 19세기 영국의 영광은 당시에만 머물지 않고 현대 런던의 외관을 빚어낸다. 곡선 형태가 아름다운 런던 최고의 쇼핑 거리 리젠트가1825와 트라팔가르 광장1841뿐만 아니라 잉글랜드 은행1833, 대영박물관1852, 빅벤1859과 국회의사당1870 등의 건축물들이 이때 탄생한다.

수세식 변기의 발명1810에도 불구하고 오물 유입을 막지 못해 악취와 불결의 대명사가 되었던 템스강도 1830년대와 1840년대 수만 명의 사망자를 낸 콜레라 확산의 주요 요인으로 밝혀지면서 개선되기 시작했다. 공중위생법이 만들어지고 분리하수구가 설치되면서 죽어가던 템스강이 살아났다. 이처럼 런던이 청결을 되찾아가자 대영제국 심장부는 건강하게 움직이기 시작한다.

## 차티스트운동과 대영제국의 그늘

산업혁명의 성과를 바탕으로 광대한 식민지를 확보하며 세계 경제를 이끌었던 19세기 영국의 빛은 어두운 그늘을 전제로 한 것이었다. 대영제국이 누리던 근대 문명의 찬란함은 침략당한 지역 주민의 고통을 대가로 지불해야 했다. 거대 자본이 형성되는 과정에서 비인간적이며 과도한 노동의 짐을 져야 했던 노동자들의 희생 또한 마찬가지였다.

근대의 역사는 산업혁명으로 빚어진 자본주의의 역사다. 자본주의는 자본가가 자본을 대고 노동자와 기계를 구입해 생산한 상품을 유통시켜 이윤을 얻는 체제다. 따라서 자본가는 반드시 노동자를 필요로 하지만 노동자는 그 과정에서 인권을 보장받지 못하는 일이 많았다. 그런 이유로 열악한 노동 조건 개선을 위한 지식인들의 목소리, 노동자들의 요구, 그것의 정책 반영 여부가 산업화가 진행되는 근대 국가의 내부 갈등 요인으로 떠오르게 마련이었다.

러다이트운동은 노동자들의 불만이 표출된 초기 노동운동이었다. 기계가 도입되면서 노동자들의 일자리가 줄고 임금이 낮아졌다는 것에 격분한 영국 노동자들이 공장을 습격해 기계를 부수는 운동을 일으켰다. 그러나 산업 사회가 정착되어가면서 노동운동은 점차 노동 조건 개선과 노동자의 정치 참여를 요구하는 방향으로 바뀌었다.

1832년의 제1차 선거법 개정은 부패선거구를 일소시켰다는 점에서 의미가 깊지만, 그 이후 새롭게 구성된 의회가 첫 작품으로 선보인 '공장법 개정1833'은 노동자들에게는 실망스러운 것이었다. 인도주의적 개혁 성향의 휘그당이 주도한 의회는 '13세 이하 어린이는 주당 48시간 이상 노동을 금한다'는 것을 골자로 한 개정안을 통과시켰다. 이 개정공장법은 18세 이하 청소년의 노동 시간을 제한하고 야간 노동을 금지함으로써 8세 이하 아동의 취업을 금했던 기존 공장법의 아동 보호 조항을 보완한 것이었다. 그러나 실질 임금이 최저 생계비에도 미치지 못하는 당시 현실에서 아동 노동 금지는, 노동자 가족 대부분의 생계에 위협이 될 수밖에 없었다.

찰스 그레이 수상에 의해 노예해방이 선포된 해1834 구빈법 또한 개정되었지만 이 또한 노동자들을 포함한 빈민들에게는 불리한 개혁이었다. 영국 정부는 엘리자베스 1세 때 제정된 구빈법1601에 따라 빈민들에게 생계비를 지원해왔다. 하지만 새 구빈법은 구빈원을 설치해 빈민들을 일하게 하고 그 외 사람들은 지원하지 않기로 한 것이다. 작가 찰스 디킨스1812~1870는 『올리버 트위스트』를 통해 당시 타락한 현실을 부르주아가 아닌 민중의 눈으로 고발하며 사실주의의 거장으로 떠올랐다. 고아 올리버가 새 구빈법의 혜택을 받지 못한 채 빈민굴에서 겪는 온갖 고생은 당시 화려한 경제 대국 영국의 어두운 그늘을 그대로 보여주고 있다.

이처럼 선거법이 개정되었음에도 불구하고 신구빈법을 비롯해 노동자에게 불리한 개혁이 진행되자 노동자들은 전국 규모의 조직을 갖추고 의회 개혁을 위한 정치 투쟁에 나서기 시작한다1838. 이들의 목표는 선거법 개정을 통한 노동자들의 실질적인 선거권 획득으로, 1838년 5월 간행된 6개 조항의 '인민헌장People's Charter'에 핵심 내용이 집약되어 있었다. 이에 '차티스트운동'이라 불린 이들의 활동은 조직 규모 면에서뿐 아니라 정치 투쟁에 나섰다는 점에서도 혁명적으로 평가된다. 차티스트운동은 1839년 제1차 청원이 최대의 고양기였지만, 1848년 2월혁명에서 영향을 받아 4월에 실시된 제3차 청원운동 역시 570만 명의 서명인을 모았다. 이 위세로 런던에서 대규모 집회를 여는 등 정치적 위기를 자아냈다. 정부의 무력으로 진압된 차티스트운동은 2월혁명 이후 유럽 대륙에서 일어난 보수화 경향과 마찬가지로 세력이 분열, 후퇴해 중산층과 협조하는 흐름으로 돌아서거나 일부는 완전히 사회주의 노선을 취하게 된다.

그러나 그들의 요구 사항 중 일부는 위기감을 느낀 정부에 의해 1867년 제2차 선거법 개정에서 결국 받아들여졌다. 보수당 정권이 연간 10파운드 이상의 구빈세나 집세를 내는 도시 남성과 12파운드 이상의 지대를 내는 시골의 소작농에게 투표권을 주는 내용의 선거법 개정안을 발표한 것이다. 이로 인해 선거권이 대부분의 도시 임금 노동자에게 부여됨으로써 유권자 수가 이전의 두 배인 약 250만 명에 이르게 된다. 이는 귀족 및 중산층에 대한 노동자들의 부분적인 승리였으며 이후 노동 입법을 비롯한 각종의 정치적, 사회적 개혁이 촉진되는 결과를 가져온다. 그러나 여성이 선거권을 갖는 것은 제1차 세계대전 이후에야 가능했다. 빅토리아 여왕은 여성임에도 정작 여성이 정치에 참여하는 것을 불쾌하게 여겼다고 한다.

여왕의 동반자 앨버트 공 사망 이후의 1870년대. 이집트, 남아프리카, 인도를 거점으로 제국을 이루고 있던 영국이 불황으로 주춤하는 동안 후발 자본주의 국가들의 추격은 더욱 거세지고, 이들의 각축은 '제국주의'라는 이름으로 불리며 세계사를 새로운 국면으로 이끌게 된다. 세계사록

talk 35

# 갓클린제너럴 나이팅게일

|  나이팅게일 | 깨끗☆ |
|---|---|

**I**

**나<br>간호사**

내가 있는 곳은<br>
총알이 빗발치는 전쟁터.

사명감 하나로<br>
이곳까지 오게 된 나는,

나이팅게일.

433

근데 총 맞아서 죽는 것보다
이것 때문에 더 많이 죽더라ㅜㅜ

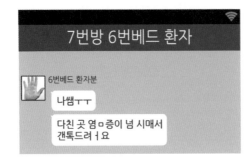

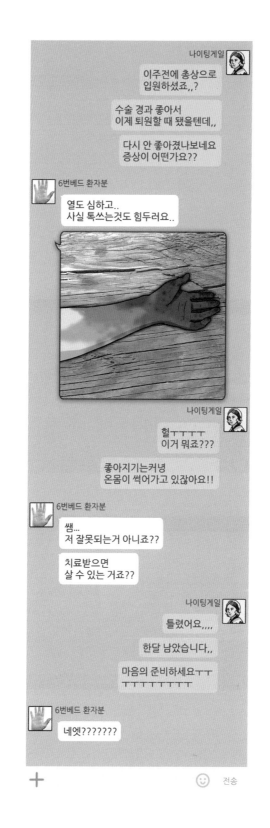

아무리 수술하고
약 먹이고 치료해주면 뭐해.

#세균감염으로
죽어나가는데…ㅜ

이런 비위생적인 환경에서
치료를 하니 병을 키우지ㅉㅉ

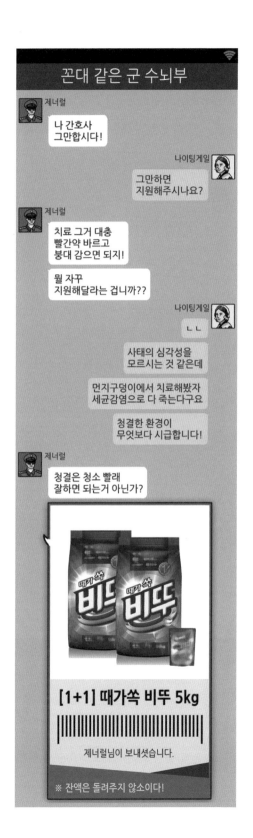

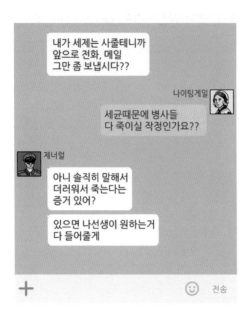

하! 안 되겠다!!
내가 직접 나서서
눈으로 보여줘야지!

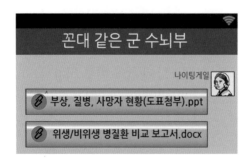

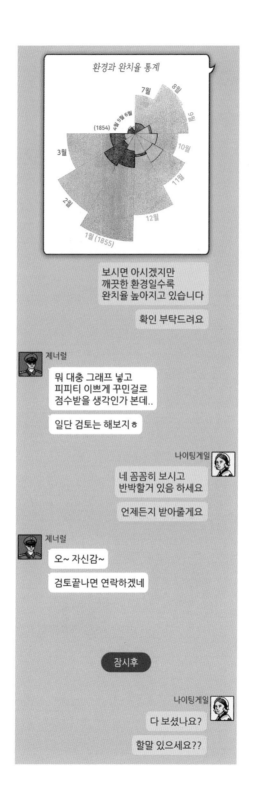

환경과 완치율 통계

보시면 아시겠지만
깨끗한 환경일수록
완치율 높아지고 있습니다

확인 부탁드려요

제너럴

뭐 대충 그래프 넣고
피피티 이쁘게 꾸민걸로
점수받을 생각인가 본데..

일단 검토는 해보지ㅎ

나이팅게일

네 꼼꼼히 보시고
반박할거 있음 하세요

언제든지 받아줄게요

제너럴

오~ 자신감~

검토끝나면 연락하겠네

잠시후

나이팅게일

다 보셨나요?

할말 있으세요??

그랬다고 합니다.

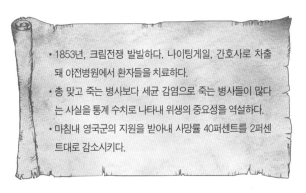

- 1853년, 크림전쟁 발발하다. 나이팅게일, 간호사로 차출돼 야전병원에서 환자들을 치료하다.
- 총 맞고 죽는 병사보다 세균 감염으로 죽는 병사들이 많다는 사실을 통계 수치로 나타내 위생의 중요성을 역설하다.
- 마침내 영국군의 지원을 받아내 사망률 40퍼센트를 2퍼센트대로 감소시키다.

1853년~1856년 크림반도

1300년 1400 1500 1600 1700 1800 1900

# 크림전쟁, 승자는 누구인가

**엔젤스타그램**

나이팅게일 @Nightingale
크림반도에서

♥ 1,315명이 좋아하오

나이팅게일 #단하나의_생명 이라도
#살려야한다 #나 #살아서 #돌아갈게요

크림반도는 러시아의 대문호 알렉산드르 푸시킨1799~1837과 안톤 체호프1860~1904, 레프 톨스토이1828~1910 들이 모두 사랑했던 아름다운 곳이다. 그러나 명칭이 주는 이미지와 달리 그 역사는 분쟁과 전쟁으로 얼룩져 있다. 현재에도 지정학적 위치 때문에 우크라이나와 러시아의 영토 분쟁 대상이고, 흑해가 내려다보이는 얄타 언덕의 리바디아 궁전에서는 2차 세계대전 중 한반도 신탁통치가 논의된 얄타 회담1945이 열리기도 했었다. 그뿐 아니다. 전쟁사에서 근대와 현대의 분기점을 이루는 19세기 러시아와 오스만 제국 사이의 크림전쟁1차 동방전쟁, 1853~1856이 벌어졌던 주요 전투지들이 있는 곳이기도 하다.

## 배경과 전개

러시아는 크림 칸국을 정복1771한 이래 크림반도에 요새와 항구를 건축하고 해군을 양성하며 흑해에서 세력 확대에 나섰다남하정책. 러시아는 역사적으로 대외확장에 필요한 부동항을 갈망했는데, 이 당시 발트해 연안은 영국을 비롯한 강대국에 의해 방어되고 있었다. 이에 비해 흑해 연안의 오스만은 약화되고 있었기 때문이었다.

그러나 당시 세계 최강국으로서 '유럽 대륙에 단일 패권 세력을 허용하지 않는' 전통적인 대외전략에 따라 19세기 초 나폴레옹 타도에 앞장섰던 영국은 나폴레옹 몰락 후 러시아가 최대 적으로 급부상하자 견제하기 시작했다. 러시아 입장에서도 영국이 불만스럽기는 마찬가지였다. 나폴레옹 전쟁 이후 겉보기로는 러시아가 유럽의 지도자가 되어 건국 이래 최대의 영광을 누리는 듯했지만, 실질적으로는 영국이 국제 질서의 균형자 노릇을 하고 있었기 때문이다.

영국과 러시아, 그리고 유럽의 세력 균형에 가장 큰 변수가 되었던 것은 약화된 오스만이었다. 유럽 각국은 오스만에게서 영토와 이권을 빼앗으려 하면서도 자칫 제국 자체가 붕괴돼 동방이 대혼란에 빠지거나 한 국가가 동방의 패권을 쥐는 것은 경계해야 했다.

한편 쿠데타를 통해 제정을 부활시킨 프랑스의 나폴레옹 3세는 가톨릭 세력의 지지를 얻어 정치적 기반을 강화하고자 했다. 이에 오스만 제국에게 '성지 관할권예루살렘과 팔레스타인에 대한 지배적 권리'을 요구했다. 이전부터 동방정교회의 보호자를 자처하며 성지 관할권을 요구하던 러시아 차르 니콜라이 1세는 이를 받아들인1852 오스만에 대해 발끈했다. 그는 러시아 주재 영국 대사와 면담하는 과정에서 오스만을 '유럽의 병자'로 칭했다.

러시아가 동방정교도 보호라는 명목으로 발칸반도의 왈라키아와 몰다비아에 출병하자 1853년 10월 오스만은 러시아에 선전포고했고, 이로써 크림전쟁이 시작되었다. 하지만 11월 시노프 해전에서 오스만 해군이 궤멸되면서 러시아 견제의 필요성이 강력해진 영국과 프랑스가 전쟁에 개입하게 된다. 양국 연합함대는 1854년 1월 흑해에 진입해 오스만 제국의 흑해 통상로를 보호해주기 시작했고, 러시아의 튀르크 영토 침략에 대한 응징이라는 명목을 내걸고 정식으로 선전포고했다. 20만 대규모 연합군은 러시아의 크림반도에 상륙, 세바스토폴에 있는 러시아의 해군 기지로 진격해 포위했으며, 이에 러시아는 공세를 중단하고 방어전으로 전환했다. 6월에는 오스트리아도 러시아에 최후통첩을 했지만, 압박하려는 목적에 불과했기 때문에 프로이센과 함께 종전까지 군대를 움직이지 않았다. 1855년에는 이탈리아의 피에몬테-사르데냐 왕국이 영국과 프랑스 연합국에 가담했다.

전투는 애초부터 연합군의 전력이 러시아를 압도했으나 1년 동안 연합군의 공조 미비와 작전 실수로 많은 사상자를 냈다. 전쟁의 승패를 가르게 될 세바스토폴 공방전도 1년여 가까이 포위 상태가 계속될 뿐이었다. 특히 1854년 10월 발라클라바의 치열한 전투는 실수투성이 전투로 기록되었다. 이 전투는 영국의 장군이자 7대 카디건 백작인 제임스 브로드넬이 즐겨 입었던 털실 스웨터에서 유래한 이름 '카디건'을 의류 역사에 남겨놓았을 뿐이다.

그러나 1855년 3월 차르 니콜라이 1세의 서거로 사기가 꺾인 러시아는 결국 9월 11일 세바스토폴을 빼앗겼고 이는 사실상 종전을 알리는 신호가 되었다. 캅카스를 제외하면 크림반도를 비롯한 전역에서 연합군에게 밀리고, 외교적으로 더욱 고립되고 있던 데다 경제난까지 직면한 러시아는 더 이상 전쟁을 수행할 의지도 여력도 없었다. 1856년 파리 조약은 흑해 일대를 중립화시키고 오스만 제국의 영토를 보전하는 것을 주 내용으로 정리한 뒤 말 많고 탈 많던 크림전쟁을 끝낸다.

## 결과와 영향

크림전쟁은 전쟁 자체의 과정이나 결과가 아닌 다른 방면에서 중요한 의미가 있었다. 최초로 철도와 전신이 전술적으로 이용되었고 기뢰나 참호전 등이 중요해지며, 현대식 전쟁의 방향을 제시했기 때문이다. 또한 현대적 의미의 전쟁 특파원과 사진 기자들이 취재를 함으로써 가장 공개적인 전쟁이 되기도 했다. 물론 사진 기술이 부족해 사진 한 장을 찍으려면 20분간 정지해야 한 탓에, 전투 전 병사나 전투 후 현장을 담은 정도였다. 하지만 그런 사진만으로도 후방에서는 전쟁을 실감할 수 있었다. 「타임스」 기자였던 윌리엄 하워드 러셀1820~1907은 최초의 종군기자로 발라클라바 전투를 비롯한 현장을 취재했다. 특히 군대의 열악한 간호 실태와 보급 상황 취재는 의사들과 플로렌스 나이팅게일1820~1910 같은 간호사들을 영웅으로 만들었다.

크림전쟁의 경우 본격적인 전쟁이 벌어진 1년 동안 60만 명의 사망자 수를 내며 유럽을 놀라게 했다. 이는 약 13년에 걸친 니폴레옹전쟁 중 발생한 350만 명의 사망자와 비교해도 매우 높은 사망률이었기 때문이다. 무기 능력의 상승과 병력의 대규모화도 원인 중 하나였지만, 사망자 중 전사자는 10~30퍼센트에 불과했고 나머지는 병사 또는 부상의 악화로 사망했다. 특히 전장에서 치료를 받은 부상자보다 오물과 악취, 구더기나 지네 등으로 들끓던 야전 병원의 부상자 사망률이 더 높은 지경이었다.

이런 열악한 상황을 개선하기 위해 이탈리아 출신의 '등불을 든 천사' 나이팅게일은 야전 병원에 대한 대대적인 개혁에 나섰다. 그녀에 의해 이전에는 개념조차 없던 '간호'라는 업이 생명의 고귀함을 지키는 전문 직업으로 변모했다. 나아가 근대적인 야전 병원 체계가 구축되었으며, 이를 기반으로 앙리 뒤낭1828~1910이 적십자와 제네바 협정을 제창하게 된 것은 유명하다.

연합군 측의 또 다른 위대한 간호사인 자메이카 출신의 메리 제인 시콜1805~1881의 활약도 컸다. 그녀는 크림전쟁이 발발하자 간호사로 지원했으나 유색인이라는 이유로 탈락한다. 그래서 개인 자격으로 크림반도에 가 전선에 치료소를 짓고 사비로 병사들을 치료했는데 연합군만이 아닌 러시아군도 그 대상이었다. 전후에 공로를 인정받아 영국, 오스만, 프랑스 3개국으로부터 훈장을 받았지만 곧 잊혀지고 만다. 이후 오랫동안 찬양되어오던 나이팅게일과 달리 피부색으로 차별받은 그녀는, 역사 속에 묻혀 있다가 2000년대 와서야 재평가된 인물이다.

한편 크림전쟁은 러시아에게 개혁을 가져왔다. 니콜라이 1세를 이어 즉위해 파리 조약을 맺은 알렉산드르 2세1818~1881는 1861년에 4,000만 명에 이르는 농노 해방령을 내리고, 지방 행정과 사법제도 및 병역제도 개혁 등을 추진했다. 크림전쟁의 패배를 통해 근대적 개혁을 통한 부국강병의 필요성을 깨달았기 때문이었다.

이 시기 표도르 도스토옙스키1821~1881가 장편소설『죄와 벌』1866을, 톨스토이가 크림전쟁에 참전한 뒤 쓴『세바스토폴 이야기』1855에 이어『전쟁과 평화』1869 등을 발표하면서 러시아 문학에 대한 찬사가 쏟아지기도 했다. 그러나 서구의 자유주의와 합리주의를 추구하는 한편, 반대로 차르 독재 체제와 러시아 정교의 권위를 높이려 했던 개혁 자체의 모순 속에 알렉산드르가 암살1881된다. 그 후 러시아는 반동 및 탄압과 그에 맞서는 혁명의 길로 달려간다.

크림전쟁의 결과 서툴게 전쟁을 운영한 영국과 러시아는 국내의 많은 비판에 직면해야 했고 국제 관계에서도 원했던 결과를 얻지 못했다. 러시아는 발칸반도에서의 세력 약화와 함께 '동방정교의 보호자'라는 체면을 잃었고, 폴란드와 캅카스

를 독립시켜 러시아의 팽창에 대해 확실한 완충 지대를 확보하려 했던 영국도 뜻

을 관철시킬 수 없었다. 프랑스도 전쟁을 주도하며 상당한 명예는 얻었으나 실질

적으로 영토나 배상금 등은 얻지는 못했고, 러시아의 지원 요청을 거부한 오스트

리아는 막강한 동맹을 잃었다.

반면 직접적인 이해관계가 없었음에도 약 1만의 병력을 파견한 피에몬테-사르

## 크림전쟁

데냐 왕국군은 연합군 사이에서 유능한 군대로 평가받았다. 이탈리아 통일을 염두에 두고 오스트리아 축출을 위한 열강의 지원을 얻어내기 위해 참전했던 사르데냐 왕국은 크림전쟁을 계기로 목적을 달성해 결국 통일에 성공하게 된다.

그리고 전쟁 마지막까지 군사를 움직이지 않으며 아무 역할을 하지 않았던 프로이센. 그로 인해 파리 조약 체결 당시 불청객 취급을 받기도 했지만 크림전쟁의 가장 큰 수혜자는 프로이센이었다. 프로이센은 크림전쟁의 교훈을 냉철히 받아들여 어느 국가보다 체계적인 군제 개혁을 이루고, 오스트리아의 외교적 고립을 최대한 활용함으로써 전쟁을 통해 독일 통일을 완성하게 된다. 세계사록

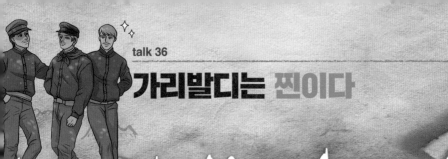

# 가리발디는 찐이다

| | | |
|---|---|---|
|  | 가리발디 | 1을위하여 |
|  | 카보우르 | H 워얼 v |

## I

## 빨간 샤쓰단

빨강, 그거슨 열정을
상징하는 고귀한 컬러


나, 카보우르
이탈리아 통일을 위해
누구보다 열정적으로 싸웠지만,


빨강은 이 사람에게 양보할게!

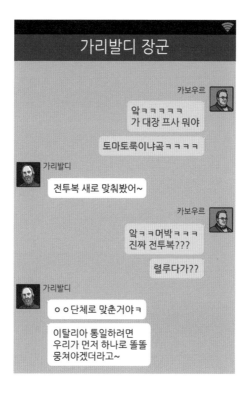

II

# 고생이 많아

웃긴 했지만
가 대장 참 대단해~


가 대장 하나 보고
전쟁터에 뛰어든 사람들이
수두룩하니까~~

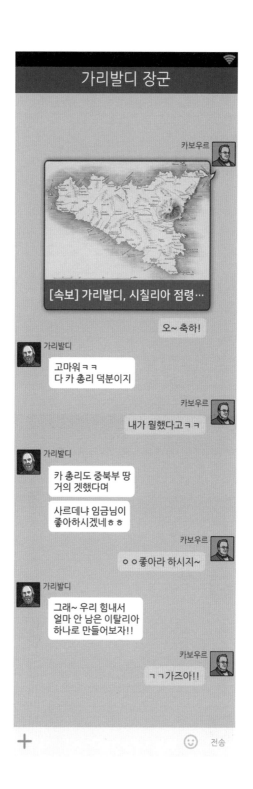

# III

# 투비원

서로 힘내자고 말은 했지만
사실 우린 알고 있었어.
언젠가 적이 될 거라는 걸ㅠ

2개로 나누지 않는 한
누구 하나는 포기해야
이탈리아를 얻을 수 있거든ㅜㅜ

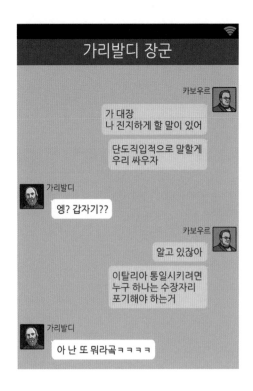

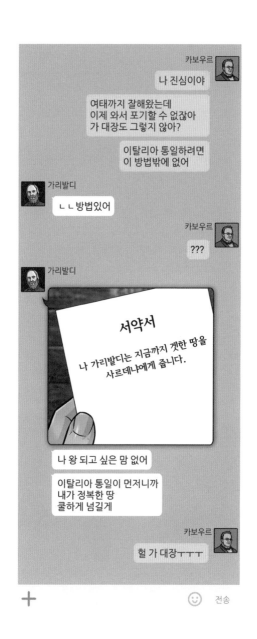

카보우르

나 진심이야

여태까지 잘해왔는데
이제 와서 포기할 수 없잖아
가 대장도 그렇지 않아?

이탈리아 통일하려면
이 방법밖에 없어

가리발디

ㄴㄴ방법있어

카보우르

???

가리발디

**서약서**

나 가리발디는 지금까지 겟한 땅을
사르데냐에게 줍니다.

나 왕 되고 싶은 맘 없어

이탈리아 통일이 먼저니까
내가 정복한 땅
쿨하게 넘길게

카보우르

헐 가 대장ㅜㅜㅜ

+                    ☺ 전송

그랬다고 합니다.

- 카보우르, 이탈리아 중북부의 사르데냐 왕국의 재상으로 이탈리아 통일 운동을 하다.
- 가리발디, 이탈리아 남부에서 통일 운동을 이끌다. 붉은 셔츠단이라는 의용군을 이끌고 남부의 나폴리 왕국과 시칠리아 왕국을 점령, 이탈리아 통일을 위해 공화정의 꿈을 포기하고 사르데냐 왕국에 땅을 헌납한다. 이로써 이탈리아 왕국이 수립된다.

19세기 중반 이탈리아

| 1300년 | 1400 | 1500 | 1600 | 1700 | 1800 | 1900 |

# 혁명가들의 피 땀 눈물, 이탈리아를 빚다

비 더 레드쓰..

가리발디

**민족주의**내셔널리즘, Nationalism

프랑스혁명이 일어났을 때 누군가 말했다. "바스티유의 대포 소리와 함께 프랑스가 탄생하고 생동하기 시작했다!" 이는 절대군주 한 사람의 프랑스 또는 봉건적인 장원제에 기반한 프랑스가 아닌 민족 전체의 프랑스가 태어났다는 의미다.

절대주의 국가를 민족 전체가 '자기 나라'로 받아들이기는 어려웠다. '민족 전체의 나라'가 되려면 군주의 절대권을 제한하거나 배제할 필요가 있었고, 시민혁명은 그것을 해냈다. 시민혁명의 산물 가운데 '자유주의'는 비록 제한적이긴 할지라도 각 개인을 봉건적 속박에서 풀려나게 했다. 19세기의 '민족주의'는 그 자유로운 개인들을 '민족'의 이름 아래 결속시킨 구심력이었고, 근대 국민국가 형성의 기본 원리가 되었다. 이는 분열되어 있는 민족의 정치적 통일을 목표로 하는 형태와 외국의 지배에서 벗어나 해방되거나 독립하는 것을 목표로 하는 형태 등 두 가지로 나뉘어 작동되었다.

민족주의는 영국 기원론, 프랑스 기원론과 함께 중남아메리카 식민지의 크리오요로부터 출발했다는 주장 등 기원에 대한 의견이 다양하지만 프랑스혁명에 의해 본격적으로 유럽에 확산되었음은 의심할 여지가 없다. 특히 나폴레옹은 혁명 정신의 수호와 반혁명 동맹의 위협을 구실로 프랑스인들의 민족의식을 최대한 자극했다. 이에 맞서는 나라들에서도 민족주의의 침략에 대응하는 민족주의가 싹을 틔웠다. 이어서 일어난 프랑스 7월혁명과 2월혁명은 빈체제에 대한 자유주의의 투쟁을 불러일으켰으나 결국 민족주의의 외피를 쓴 보수화 현상을 낳고 만다. 그리고 크림전쟁을 겪은 뒤 유럽에는 이탈리아와 독일이라는 민족주의의 가장 큰 성과물들이 등장한다.

## 리소르지멘토Risorgimento: 이탈리아 통일

이탈리아는 서로마 제국 멸망476 이래 신성로마 제국 산하 제후 왕국 중 하나가 되었다. 그러나 독일과 마찬가지로 명목상 왕국이었을 뿐 실제로는 독립적인 여러 제후국이 근 1,400여 년간 이어져온 것이었다. 베네치아공화국, 교황령, 시칠리아 왕국, 나폴리 왕국과 같은 독립 국가와 제노바공화국, 밀라노공국 등이 대표적이다. 그 와중에 이탈리아는 십자군전쟁 이후 동방 무역의 중심권으로 떠오르며 르네상스의 핵심 축이 되기도 했다.

신성로마 제국이 쇠락해감에 따라 주변국의 알력 다툼이 심해지고 있던 이탈리아에서 통일의 기운이 등장하게 된 계기는 프랑스혁명과 나폴레옹전쟁이었다. 빈체제 아래에서 여러 개의 군소 국가로 분열되어 있던 이탈리아는 사실상 오스트리아의 지배하에 있었다. 그리고 프랑스혁명이 가져온 자유주의의 물결은 오스트리아의 지배에서 벗어나려는 해방운동을 추동한다.

1806년경 남이탈리아에서 조직된 '숯 굽는 사람들'이라는 뜻의 '카르보나리'는 비밀결사단체로, 이탈리아 통일과 공화제 수립을 주장했다. 이들은 7월혁명 이후 중산층 이상 지식인들의 지지를 얻으며 중부 이탈리아에서 혁명을 일으켰다1831~1832. 그러나 기대했던 프랑스의 원조를 얻지 못했고 메테르니히의 군사적 탄압에 의해 결국 실패하며 조직은 해체되었다. 그럼에도 이탈리아인의 자력에 의한 통일운동의 필요성을 불러일으키며 '청년 이탈리아당'이 탄생하는 배경이 된다.

주세페 마치니1805~1872에 의해 1831년 프랑스 마르세유에서 창설된 정치 단체인 청년이탈리아당은 역시 공화제 정부를 통일 국가의 목표로 삼았다. 마치니는 일반민중, 특히 청년층을 기반으로 한 대중운동을 통해 혁명이 가능하다고 믿었다. 청년이탈리아당은 한때 5만명이 넘는 회원을 보유하기도 했다. 그러나 이탈리아에서 시도한 몇 차례의 봉기가 실패로 돌아가자 마치니는 결국 이탈리아 국민연합을 조직1848한 뒤 통일운동에서 물러나게 된다.

'부흥'이라는 뜻의 이탈리어인 '리소르지멘토'는 19세기 이탈리아에서 일어난 독립과 통일운동을 가리키는 말로, 카밀로 카보우르1810~1861가 1847년 정치활동을 시작하며 창간한 신문 「이르 리소르지멘토」에서 유래했다. 카보우르는 이전의 혁명가들과는 노선이 달랐다. 카르보나리와 마치니의 통일운동이 좌절되자 북이탈리아의 피에몬테-사르데냐 왕국을 중심으로 한 통일 방안이 가장 현실성 있는 것으로 대두되었고, 정치가이자 능란한 외교관으로 이름을 높인 카보우르는 그 선두에 섰다.

이탈리아 통일을 위해서는 오스트리아와의 전쟁이 필수적이었지만, 사르데냐의 힘만으로는 대적하기 어려웠다. 이에 외교술에 의한 통일을 강조한 카보우르는 '부국강병을 이룩해 국내의 주도권을 잡고, 국제 정세를 이용해 외세의 지배를 물리친다'는 내용의 통일정책을 수립한다. 이를 위해 세금을 늘리고 자유무역을 선포하는 등 국정 개혁을 실시하는 한편, 크림전쟁의 연합군 지원을 위해 1만 명의 군대를 파견했다. 크림반도와 아무런 이해관계도 없었지만 전쟁 자체보다는 통일을 염두에 두고 연합국인 영국과 프랑스의 지원을 노린 것이었다. 결국 카보우르는 프랑스 나폴레옹 3세와 비밀 동맹을 맺는 데 성공하며 오스트리아와의 전쟁에서 승리1859해 북부 지역인 롬바르디아를 합병하고 1860년에는 중부를 통합했다. 물론 이 과정에서 협상의 대가로 지불한, 사르데냐 왕국의 발상지이자 프랑스와의 접경지인 알프스 이북의 니스와 사보이는 오늘날까지도 프랑스 영토로 남았다.

카보우르가 외교와 전쟁으로 중북부 이탈리아를 오스트리아에서 독립시키고 있을 때 남부에서는 위대한 혁명가인 주세페 가리발디1807~1882가 통일운동을 일으켰다. 카보우르가 프랑스에 넘긴 니스에서 한 선원의 아들로 태어난 가리발디는 사르데냐 왕국의 해군으로 군인의 삶을 시작했다. 그리고 오스트리아의 통치 하에 있던 조국 제노바의 독립을 추진하던 마치니에게 감화되어 청년이탈리아당

에 들어가며 혁명가로서의 삶을 시작한다. 1836년 아메리카 대륙에서 리오그란데와 우루과이의 혁명전쟁에 참전해 군인과 혁명가로서 명성이 높아가던 때, 그는 조국 이탈리아 통일운동에 대한 이야기를 듣고 귀국한다.

사르데냐-프랑스 연합군이 롬바르디아를 장악하는 데 기여했으나 1860년 그의 고향이었던 니스와 사보이가 프랑스에 할양되자 이에 반발, 비정규군을 소집해 프랑스령 니스를 공격할 계획을 세운다. 그러나 이를 방관할 수 없었던 카보우르는 가리발디의 측근을 이용해 남쪽으로 공격을 돌리게 했고, 결국 1860년 5월 가리발디의 붉은 셔츠대 1,000여 명은 시칠리아섬을 향한 진격을 시작해 승리를 거머쥔다. 이 기세를 이어 9월 나폴리에 입성해 프랑스군이 있던 로마와 오스트리아군이 주둔했던 베네치아로 진격할 준비를 하게 된다. 그가 조직한 붉은 셔츠대는 민병대였음에도 불구하고 강철 같은 군기를 자랑했고, 행군 도중 길가에 있는 오렌지나무의 오렌지 한 알도 따먹지 않았을 만큼 민중에게 피해를 입히지 않기로 유명했다. 당시 남부 이탈리아에서 가리발디의 인기는 절대적이었다. 많은 사람들은 그가 원하면 남부 이탈리아의 지배자가 될 수 있을 것이라고 생각했다.

이즈음 교황령에서 소요가 일어났고 이를 진압한 사르데냐군이 남하해 나폴리 왕국으로 들어가 붉은 셔츠대와 대치하는 상황이 발생한다. 그러나 놀랍게도 가리발디는 자신이 점령한 지역을 모두 사르데냐 국왕에게 헌납했는데, 이는 가리발디에 대한 대중의 존경이 전 유럽을 넘어 아메리카 대륙에까지 퍼지는 계기가 되었다. 실제로 에이브러햄 링컨은 남북전쟁이 일어났을 때 가리발디에게 북군의 총사령관 자리를 제안했을가리발디가 거절했다고 한다 정도였다.

가리발디의 점령지 헌납으로 로마와 베네치아를 제외한 이탈리아는 통일되었고, 1861년 3월 17일 이탈리아 왕국의 탄생이 선포되었다. 초대 국왕으로는 사르데냐 왕국 국왕 비토리오 에마누엘레 2세1861~1878재위가 추대되었다. 이탈리아 왕국은 헌법을 채택하고 의회를 구성해 국민 주권의 원칙과 군주제적 전통을 융합시켰다. 가리발디는 이탈리아 왕국 수립 이후에도 프로이센-오스트리아 전쟁1866을 계기로 베네치아에서 오스트리아군을 몰아냈다. 또한 1870년에는 프로이센-프랑스 전쟁으로 로마의 프랑스군이 철수한 뒤 교황령을 점령했다. 이탈리아 왕국은 이듬해 수도를 로마로 옮기면서1871 마침내 통일의 여정을 끝낸다. 세계사록

talk 37

# 전적으로 비스마르크를 믿으셔야 합니다

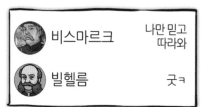

| | | |
|---|---|---|
| 🧑 | 비스마르크 | 나만 믿고<br>따라와 |
| 🧑 | 빌헬름 | 굿ㅋ |

## I

## 훈장

난 빌헬름 전하 오른팔,
비스마르크!

외교 담당인데,
요즘 독일 통일하려구
연방 대표들이랑 협의 중이야ㅋ

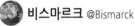

비스마르크 @Bismarck　···

♥ 13,801명이 좋아하오

**비스마르크** 곧 회의 시작ㅋㅋ
오늘은 얘기 잘 되길...! #독일통일염원
#우리의_소원은_통일 #독일이여_영원하라

**비트부어거** 독일 통일 기원합니다 ♡

**슈파텐** 얼른 의견합일 돼서 빨리 통일
됐으면 좋겠써요~ ♡

**오스트리아** 훈장 무엇? ♡

　**슈파텐** 훈장ㄷㄷ 엄청 많네요 ♡

　**오스트리아** ㄴㄴ 이분 전쟁 참전한 적
　1도 없는 걸로 아는데;;
　프로이센마켓에서
　사셨나?ㅋㅋㅋ ♡

　**비트부어거** 헐?? ♡

　**바이젠** ???????? ♡

　**슈파텐** 뭐죠? 군인 출신 정치가인 줄
　알았는데;;;;; ♡

　**오스트리아** 비스마르크 총리님~
　어디서 딴 훈장들인지
　인증 부탁드려요!ㅋㅋ ♡

　**비스마르크** 외교전이요....ㅎ ♡

　**바이벤** 와ㅇㅈ ♡

　**비트부어거** 외교전 인정합니다 ♡

# 이렇게 해봐요

꼭 전쟁에 직접 참전해서
총칼 들고 싸워야지
훈장을 받는 건 아니잖아.


나처럼 전략 세워서
외교 잘하는 것도
능력이라구!


전하께서 항상
날 찾으시는 이유도 그거고ㅋ

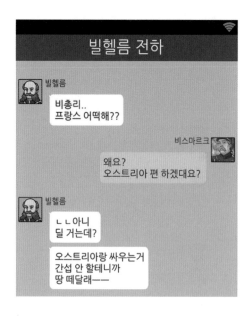

**빌헬름 전하**

빌헬름
비총리..
프랑스 어떡해??

비스마르크
왜요?
오스트리아 편 하겠대요?

빌헬름
ㄴㄴ아니
딜 거는데?

오스트리아랑 싸우는거
간섭 안 할테니까
땅 떼달래——

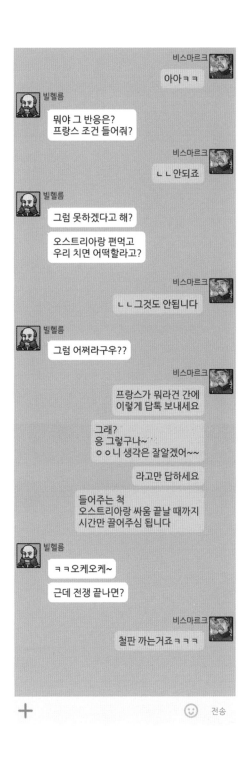

이렇게까지 해서
통일해야 하나,, 싶지?


근데 해야 돼ㅎㅎ
이제 거의 다 왔다구ㅋㅋ


오스트리아도 물리쳤겠다
프랑스만 처리하면
방해물 싹 다 제거되는 거야!

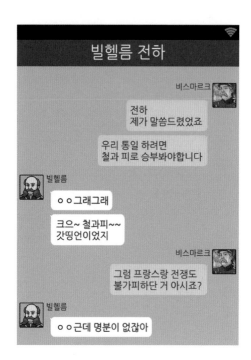

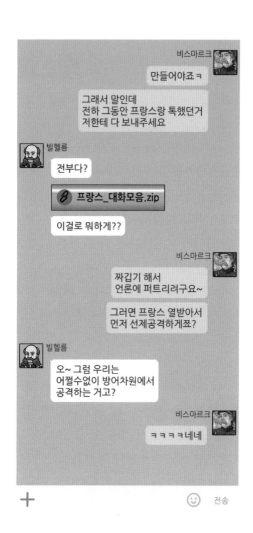

비스마르크

만들어야죠 ㅋ

그래서 말인데
전하 그동안 프랑스랑 톡했던거
저한테 다 보내주세요

빌헬름

전부다?

🧷 프랑스_대화모음.zip

이걸로 뭐하게??

비스마르크

짜깁기 해서
언론에 퍼트리려구요~

그러면 프랑스 열받아서
먼저 선제공격하게죠?

빌헬름

오~ 그럼 우리는
어쩔수없이 방어차원에서
공격하는 거고?

비스마르크

ㅋㅋㅋㅋ네네

＋                    ☺  전송

그랬다고 합니다.

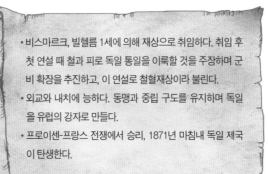

- 비스마르크, 빌헬름 1세에 의해 재상으로 취임하다. 취임 후 첫 연설 때 철과 피로 독일 통일을 이룩할 것을 주장하며 군비 확장을 추진하고, 이 연설로 철혈재상이라 불린다.
- 외교와 내치에 능하다. 동맹과 중립 구도를 유지하며 독일을 유럽의 강자로 만든다.
- 프로이센-프랑스 전쟁에서 승리, 1871년 마침내 독일 제국이 탄생한다.

19세기 후반 독일

1300년 1400 1500 1600 1700 1800 1900

1806년~1871년

# 철과 피 그리고
# 외교로 탄생한 독일 제국

프로이센은 십자군 때 결성된 독일 기사단이 13세기에 개척한 지역이다. 계몽전제군주 프리드리히 대왕 시기의 오스트리아왕위계승전쟁, 7년전쟁, 폴란드 분할 등 적극적인 영토 확장 정책에 성공해 전 유럽에 명성을 떨쳤다. 한편 18세기 말의 프랑스혁명과 나폴레옹전쟁, 그리고 계몽주의와 산업혁명은 프로이센에도 변화의 물결을 일으켰다.

## 프로이센의 변화

명목상으로나마 남아 있던 신성로마 제국이 공식적으로 소멸한 1806년 예나의 패전을 겪은 프로이센은 나폴레옹과 틸지트 조약을 체결1807했는데, 이는 프로이센 지도층에게 굴욕을 안겨준다. 이등국으로 전락한 프로이센은 전쟁 배상금으로 인해 국가 재정이 고갈되었고, 엘베강 서쪽의 공업 지대를 상실하면서 심한 경제난에 직면한다. 거기에 틸지트 조약 체결 후 베를린에 와 있던 나폴레옹의 대륙봉쇄령 발표로 영국과의 무역도 단절된다.

이런 상황에서 프로이센은 국력 회복과 나폴레옹 타도를 목표로 개혁을 실시1807~1815했다. 슈타인·하르덴베르크의 개혁으로 대표되는 지식인들의 개혁은 프로이센 제도를 근대적인 자유주의 체제로 변화시키고 국민 의식을 고양시키고자 했다. 융커들의 반발로 성공하진 못했지만 이를 통해 프로이센의 19세기 국가 틀이 정립되었고 베를린 훔볼트 대학이 설립1810되었다.

이후 각국을 나폴레옹의 지배에서 벗어나게 한 '해방전쟁'에서 프로이센은 중심적 역할을 했고 이를 계기로 독일에서는 자유주의와 민족주의가 더욱 고조되었다. 분열과 봉건의 속박에서 벗어나 독일어를 사용하는 게르만족끼리 '통일 독일'을 이룩하며 국민이 주권을 갖는 국민국가로 나아가야 한다는 생각이 지식인과 학생, 그리고 부르주아 사이에서 힘을 얻기 시작한 것이다.

그러나 빈 회의가 독일 땅에 탄생시킨 독일연방은 35개의 공국과 4개의 자유시로 이루어졌지만, 중앙정부도 없고 각 공국의 주권도 그대로 유지되는 허울뿐인 연방이었다. 프랑크푸르트에 설치된 독일연방의회 의석은 각 공국의 군주가 지명한 대표들로 채워졌다. 게다가 의장은 오스트리아가 고정적으로 맡았기 때문에 프로이센 등은 불만이 많았다. 독일연방은 신성로마 제국과 별 차이가 없었을 뿐 아니라 통일성 면에는 오히려 옛 제국만 못했다.

이런 상황에서 1815년 결성된 '젊은이들의 모임', '학생조합'을 뜻하는 '부르셴샤프트'에서부터 독일의 통일로 향하는 길이 시작된다. 해방전쟁에 의용군으로 참전했다 돌아온 학생들이 예나 대학에서 처음 모였을 때는 단순 친목 모임이었다. 그러나 점차 빈체제의 보수주의에 대항하면서 자유, 명예, 조국을 기치로 내걸고 자유주의의 확대 및 독일의 정치적 통일을 주장하는 단체로 변모해갔다. 이후 정부의 탄압으로 비밀 활동으로 전환했으나, 1848년 독일혁명에 참여한다.

프랑스 7월혁명은 독일에도 영향을 미쳤다. 1818년부터 모든 관세를 철폐하는 국내법을 제정해 자유무역 의사를 표명하기 시작한 프로이센은 그동안 작센과 튀링겐, 헤센, 바이에른 등 독일 중남부와 관세동맹을 체결해왔다. 그러던 프로이센이 그동안 창설한 모든 관세동맹을 1834년에 통합, 18개 연방끼리 관세를 철폐하는 독일 관세 동맹 창설을 선포한다. 이는 자국 산업을 위해 강력한 보호 정책을 펼치던 오스트리아를 배제하고 실시되었는데, 관세 동맹은 독일 내부에서의 무역과 경제 활동을 활성화시킬 뿐 아니라 경제적 유대 관계를 강화해 독일이 경제적 통일을 이루는 바탕이 되었다.

프랑스 2월혁명 역시 독일을 통일하고 국민이 주권을 행사하는 체제를 마련해야 한다는 움직임에 힘을 불어넣었다. 독일 전역에서 대표 500명 정도가 프랑크푸르트에 모여 독일 최초 민주적 통일 의회인 프랑크푸르트국민의회를 연 것이다. 이들은 임시 정부를 설치하고 독일의 민주적 통일을 위한 헌법 초안 심의에 들어갔다. 이때 관세 동맹을 주도한 이래 북독일 중심으로 통일을 추진하려는 프로이센의 '소小독일주의'와 신성로마 제국의 후광을 입고 있으면서 가장 세력이 강한 오스트리아를 중심으로 전 독일이 하나로 뭉치자는 '대大독일주의'가 통일의 방식과 주도권을 두고 팽팽히 맞선다. 그 사이 프로이센과 오스트리아에서 반혁명 세력이 대두해 의회는 곤란한 상황에 빠져들게 된다.

1849년 3월 28일 의회는 간신히 소독일주의와 입헌군주제라는 가장 온건한 방법을 채택해 연방제에 입각한 독일국 헌법을 공포하는 동시에 프로이센 프리드리히 빌헬름 4세1840~1861재위를 독일의 세습 황제로 선출했다. 그러나 정치적 수완을 겸비하지 못했던 그는 제위 수락을 거부한다. 독일 제국의 왕이 선택해준 것이라면 마땅히 따를 테지만, 혁명가가 내미는 제관은 원하지 않는다는 이유에서였다. 헌법 옹호를 위한 남서 독일의 반란은 프로이센 군대에 의해 진압되었고 온건파 의원은 의회를 떠난다. 결국 6월에 무력으로 해산되면서 프랑크푸르트 국민의회는 역사 속으로 사라졌는데, 오토 폰 비스마르크1815~1898가 독일 정치에 등장한 것이 바로 이 시기였다.

## 독일 제2제국의 탄생

19세기 후반 프로이센의 재상이자 정치가, 외교가인 비스마르크는 쇤하우젠 출신으로 융커였던 아버지에게서는 군대 취향과 보수적 성향을, 관료 집안 출신 어머니에게서는 냉정한 합리주의를 물려받았다. 대학에서 법학을 전공하고 취직한 법률회사를 그만둔 후 정치에 뛰어든 그는 보수적인 왕당파의 일원으로 활약했다. 비스마르크는 1848년의 혁명기 동안 군주정을 지지하며 자유주의 운동을 격렬하게 반대했는데, 당시 오스트리아에 우호적이었던 프리드리히 빌헬름 4세에 맞서 소독일주의를 주장했다. 이 때문에 러시아와 프랑스 대사로 있으며 중앙 정치에서 배제되었지만1859~1862, 이는 결과적으로 비스마르크가 국제적 안목을 갖추고 외교가로 성장하는 발판이 되었다.

1857년 프리드리히 빌헬름 4세의 정신질환 발작으로 섭정이 된 왕제는 빌헬름 1세1861~1888재위로 이후 국왕이 되었다1861. 군대에 오래 근무했던 빌헬름 1세는 매우 보수적이었던 데다 얼굴은 무표정이었으며, 한번 내린 결정을 중간에 변경하는 법이 없었다고 한다. 철두철미한 혁명 반대자였던 왕은 1848년 실패 이후 다시 부활한 자유주의자들의 의회를 부정적으로 인식했고, 당시 보수파의 수장 격이었던 비스마르크를 수상 겸 외무장관으로, 헬무트 폰 몰트케 1800~1891를 참모총장으로 임명했다.

"… 프로이센은 이미 몇 번이나 놓쳐버린 기회를 잡기 위해 모든 힘을 쏟아 부어야 하며, 계속해서 버텨야 합니다. 빈 조약에 따른 프로이센의 국경선은 국가가 건전하게 생존하기에는 부적절합니다. 당면한 큰 문제는 언론이나 다수결(이것이 1848년 및 1849년의 과오였습니다)에 의해서가 아니라, 철과 피로만 해결이 가능합니다!"

빌헬름 1세가 군비 확장 문제로 의회와 대립하고 있던 1862년 9월 30일, 비스마르크는 수상 취임 일주일 만에 프로이센 의회 예산심의위원회에서 한 위의 연설로 '철혈재상'이라 불리게 된다. 이는 자유주의적인 협상이 아닌 무력으로 독일 통일을 달성해야 한다는 뜻이었고, 오스트리아에 대항해 프로이센의 국익을 얻어야 한다는 의미였다. 곧 다수당을 이루는 자유주의자들이 세금 부과를 거부하며 의회의 견제는 시작되었다. 하지만 비스마르크는 의회를 해산하며 세금을 거두어 군비를 증강한다. 이와 함께 프로이센의 군사력만으로는 통일이 불가능하다는 것을 알고 있던 그는 러시아, 이탈리아, 영국, 프랑스 등과의 외교 접촉을 통해 오스트리아를 고립시키는 국제 구도를 짜는 한편 오스트리아를 자극해 전쟁을 일으키고자 했다.

먼저 오스트리아의 불리한 경제 사정과 덴마크와 독일연방이 서로 자국 영토라 주장하는 슐레스비히와 홀슈타인을 이용하기 위해 덴마크전쟁1864을 벌인 비스마르크는 오스트리아와 협력한다. 이로써 덴마크를 물리치고 슐레스비히 공국은 프로이센이, 홀슈타인은 오스트리아가 차지한다는 협정을 맺는다. 그러나 1866년 오스트리아가 협정을 위반했다는 명목으로 홀슈타인을 점령해 마침내 오스트리아가 프로이센에 선전포고하도록 만들었다.

'7주전쟁'이라고도 불리는 프로이센-오스트리아 전쟁은 결국 프로이센의 승리로 끝난다. 몰트케 장군이 지휘하는 프로이센 군대는 뒤로 장전할 수 있는 신형 총과 대포 왕 크루프의 강철 대포런던박람회에서 청동이 아닌 강철로 만든 야포를 출품해 군사 관계자를 놀라게 했다, 그리고 철도를 이용한 신속한 이동력으로 오스트리아를 제압했고 프라하 근처의 쾨니히그라츠에서 오스트리아군에게 4만 명의 사망자를 낸 엄청난 타격을 입혔다.

1866년 8월 오스트리아를 독일연방에서 빼는 조건의 프라하 조약으로 독일연방은 해체되고, 슐레스비히와 홀스타인, 그리고 하노버는 프로이센의 차지가 되었다. 프로이센은 이듬해에 북독일연방을 조직한다. 22개의 공국들이 프로이센의 주도권 아래 연합함으로써 독일과 오스트리아는 완전히 분리되었으며 소독일주의가 통일 노선으로 채택되었다. 통일에서 제외된 오스트리아는 헝가리 마자르족의 자치를 허용하면서 오스트리아-헝가리 제국1867~1918으로 변화했다.

이렇게 되고 보니 통일의 남은 걸림돌은 프랑스였다. 바로 이웃에 강력한 통일 국가가 탄생하는 것을 바람직하지 않게 여긴 데다, 오스트리아와의 전쟁에서 프랑스가 중립을 지켜주면 벨기에와 룩셈부르크를 넘기겠다는 밀약도 지키지 않은 비스마르크에게 화가 난 나폴레옹 3세는 남부 독일이 북독일연방에 추가 가입하는 일을 방해하려 했다.

프로이센에게 필요한 것은 또 하나의 전쟁이었다. 강력한 적과의 전쟁은 독일 내 결속을 높일 것이며, 더구나 프랑스와 싸워 이긴다면 전 유럽에서 독일의 지위가 높아질 것이라는 계산 아래 비스마르크는 1870년 7월 '엠스 전보 사건'을 만들어내게 된다.

당시 에스파냐는 이사벨 2세가 혁명으로 실각1868한 이후 왕위가 공석이었는데, 프로이센에서는 호엔촐레른가 레오폴트 공을 국왕 후보로 내세웠다. 이에 반발한 프랑스는 당시 온천 휴양지 엠스에서 휴양하고 있던 빌헬름 1세에게 주 프로이센 프랑스 대사 뱅상 베네데티 백작을 보낸다. 빌헬름 1세는 요구 사항들을 묵묵히 들어주었지만 대사가 찾아온 방식이나 에스파냐 왕위 계승에서 호엔촐레른 가문을 '영원히 배제'할 것을 부탁한 것은 외교적인 결례였다. 그럼에도 빌헬름 1세는 이를 부드럽게 거절했고, 프랑스 대사는 정중한 태도로 물러났다.

그러나 비스마르크는 이 기회를 놓치지 않았다. 그는 빌헬름 1세가 보낸 전문을, 프랑스 대사가 엠스로 찾아갔다가 노골적인 모욕만 당하고 쫓겨났다는 뉘앙스를 풍기도록 편집해 언론에 유포했다. 이 같은 보도가 프랑스에 전해지면서 프랑

## 독일의 통일

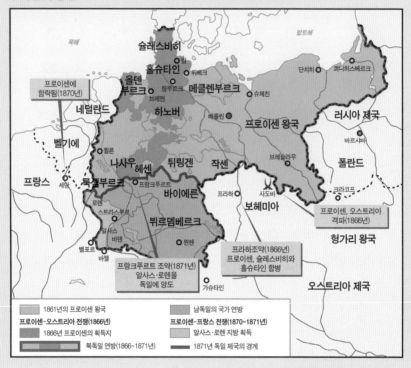

북해
슐레스비히
홀슈타인 킬
올덴부르크 뤼베크
프로이센에
함락됨(1870년)
함부르크 메클렌부르크
네덜란드 브레멘 슈체친
하노버
벨기에 베를린 프로이센 왕국
쾰른
나사우 헤센 튀링겐 작센
프랑스 세당 프랑크푸르트
룩셈부르크
로렌 바이에른 프라하 자도바
스트라스부르 보헤미아
알사스 뮌헨
바덴
벨포르 뷔르뎀베르크
바젤
가슈타인
발트해
단치히 쾨니히스베르크
러시아 제국
바르샤바
브레슬라우 폴란드
크라코프
프로이센, 오스트리아
격파(1866년)
헝가리 왕국
오스트리아 제국

프랑크푸르트 조약(1871년)
알사스·로렌을
독일에 양도

프라하조약(1866년)
프로이센, 슐레스비히와
홀슈타인 합병

1861년의 프로이센 왕국 / 남독일의 국가 연방
프로이센-오스트리아 전쟁(1866년) / 프로이센-프랑스 전쟁(1870~1871년)
1866년 프로이센의 획득지 / 알사스·로렌 지방 획득
북독일 연방(1866~1871년) / 1871년 독일 제국의 경계

스는 전쟁을 불사하겠다는 대응을 보였고 이는 프로이센까지 메아리를 만들었다.

1870년 7월 19일 프랑스의 선전포고로 프로이센-프랑스 전쟁이 시작되었다. 파리 만국박람회에서 우의를 다졌던 비스마르크와 나폴레옹 3세는 온 데 간 데 없었고, 전쟁이 선포되자마자 남부 독일 국가들은 프로이센 편에 모여들었다. 이 전쟁에서는 유럽의 어떤 강대국도 프랑스를 도울 수 없었다. 가장 유력한 협력자인 오스트리아는 이미 프로이센과의 전쟁으로 약화된 상태였고 오스트리아 치하에 있던 헝가리는 프로이센의 세력 강화를 환영했다. 비스마르크 외교의 승리였다.

전쟁터에서도 전문적으로 훈련받고 뛰어난 장비를 갖춘 프로이센 군대를 프랑스는 대적할 수 없었다. 게다가 나폴레옹 3세는 당시 유럽 각국이 앞다퉈 구매하던 크루프의 4만 킬로그램짜리 대포를 사지 않았다. 결국 몰트케의 프로이센군은 한 달 내내 프랑스군을 격파했으며, 9월 세당 전투에서 나폴레옹 3세의 항복을 받아냈다. 패배를 인정할 수 없었던 파리는 국민방위군을 결성해 4개월 동안 결사항전을 했지만, 결국 함락되고 말았다. 그리고 이는 파리 시민만이 아닌 전 유럽을 경악케 했다.

빌헬름 1세와 비스마르크는 파리를 공략하는 동안 베르사유 궁전에 머물렀다. 마침내 1871년 1월 18일 프랑스 절대주의 영광의 상징인 베르사유 궁전 거울의 방에서 '독일 제국신성로마 제국의 뒤를 이어 독일 제2제국으로 간주되었다'이 선포되고, 카이저 빌헬름 1세의 즉위식이 거행된다. 통일의 주역 비스마르크는 제국 재상이 되었는데, 이는 프로이센 수상에 취임하여 '철과 피에 의한 해결'을 외친 지 8년여 만의 일이었다. 4개월 뒤 프랑크푸르트에서 체결된 조약에 따라 알자스 지방은 신생 제국에게 양도되었고 프랑스인은 50억 프랑의 배상금을 지불해야 했다.

민족주의의 승리로 일구어진 독일 통일이었지만 혁명의 나라 프랑스를 유린하며 이루어진 것이었다. 특히 의회나 개혁에 의한 통일 정부 수립이 아닌 무력에 의한 정복이었기 때문에 유럽 각국은 독일의 군국주의와 보수주의를 예상하며 불안한 눈으로 바라보았다. 그러나 통일을 이룬 뒤의 비스마르크는 예상과 달리 평화지향적인 외교와 독일 안정을 위한 내치에 힘썼다. 국가 중심의 국민 교육 체계를 정립시켰으며 통일 민법과 상법을 마련하고 라이프치히 고등재판소를 설치해 통일 후 10년도 되지 않아 제국이 하나의 국가로 정비될 수 있도록 했다. 산업자본을 급속도로 성장시킨 한편 세계 최초 사회보장제도도 실시했다. 이런 일련의 업적들로 프로이센 수상 시절 자유주의를 가차 없이 묵살하는 융커 출신 보수 정치가로 인기가 최악이었던 그가, 통일 이후에는 국민적 영웅으로 널리 존경받게 된다.

대외적으로는 프랑스를 고립시키고 열강 간의 전면전을 억제하는 노련하고 균형적인 정책을 추구했다. 유럽 각국의 첨예한 이익 다툼이 여전했던 19세기 후반 비스마르크가 원하던 대로 국제 정세가 유지될 수 있었던 것은 먼저 독일부터 불필요한 식민지를 반대하며 유럽 국경의 현상 유지를 주장했기 때문이다. 이렇게 비스마르크가 짜놓은 국제적 틀을 바탕으로 제1차 세계대전이 일어나기까지 약 40년 동안 독일과 유럽은 전에 없던 평화를 누릴 수 있었다. 세계사록

# 감자에 죽고 살고

 감자      아파요 ㅜㅜ

**I**

## 세상에서 제일가는 포테이토

난 아일랜드 농부ㅎ

내가 애들 농사만큼이나
중요하게 생각하는 게 뭔지 알아?

바로 감자농사ㅋㅋ

### 포테이타그램

아빠 @potato_dad    📍우리밭에서

감자농사 30일째! 쑥쑥 잘자라는 내감자
푸릇푸릇한 게 우리 딸랑구같네ㅎㅎ
#감자육아 #무럭무럭 #잘자라다오

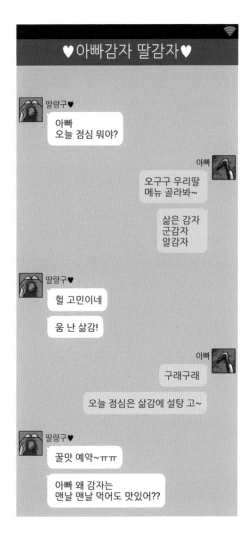

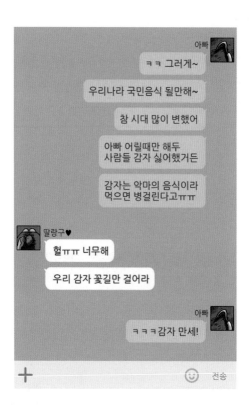

# II

## 감자병

그럼 그럼~
감자야말로 완전식품!
얼마나 맛있어! 영양가도 높고!


무엇보다 날씨 구리구리한
우리 아일랜드에서도
갓감자님은 쑥쑥 자란다구~ㅋㅋ

**아빠** @potato_dad　　 우리밭에서

♡ 42명이 좋아합니다.

감자농사 108일째. 감자 잎이 검게 변했어요
이거 왜 이러는 걸까요? 아시는 분 덧글좀..
#감자잎 #변색 #이유 #검은잎 #감자 #ㅜㅜ

 **리처드**
헐.. 저희집 감자도 이렇게 됐는데ㅜㅜ 12분 전

 **앤드류**
@리처드 저도22222 창고에 저장해둔 감자들까지
싹 다 저렇더라고요ㅠ 10분 전

 **제임스**

이거 감자 전염병이래요 9분 전

 **제임스**
 아일랜드 전역
"썩은 감자"비상…　　8분 전

 **존**
헐 안돼ㅜㅜㅜㅜㅜㅜㅜ 2분 전

이럴 수가… 안 돼…
애지중지 키운
내새끼 같은 감자가ㅜㅜ

어떡하지???
이제 뭐 먹고 살지???

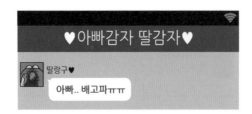

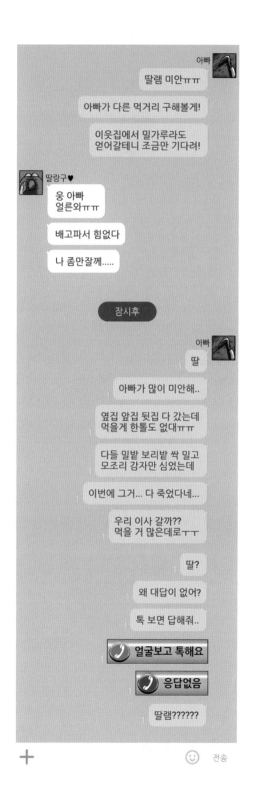

그랬다고 합니다.

- 16세기 남미에서 유럽으로 감자가 전해진다. 처음엔 악마의 음식이라며 기피하였으나 점차 굶주린 사람들의 배를 채워주는 일용할 양식으로 각광받는다.
- 1845년, 감자를 주식으로 삼던 아일랜드에 감자 전염병이 퍼진다. 대기근으로 인구의 4분의 1이 사망한다.
- 굶주림을 견디지 못한 아일랜드인들이 대거 미국으로 이주한다.

1845년~1851년 아일랜드

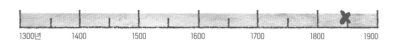

1300년    1400    1500    1600    1700    1800    1900

# 노예 싸움이 남북전쟁으로

 북부공장 로 사장　찬성이요ㅋ

 남부농장 윌 대표　난 반댈세――

## I
### CEO

나, 로버트ㅋ
미쿡에서 작게 공장 차려서
사업하는 CEO야.


편하게 로 사장이라고 불러줘ㅎ


요즘 내가 진상전화 때문에
골치 아프거든ㅜㅜ
어떻게 해야 할지 모르겠다…ㅠㅠ

또 왔어! 또또!!
이번 달만 대체 몇 번이야┳┳┳

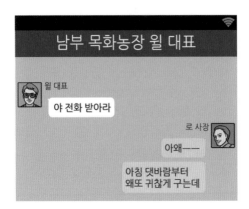

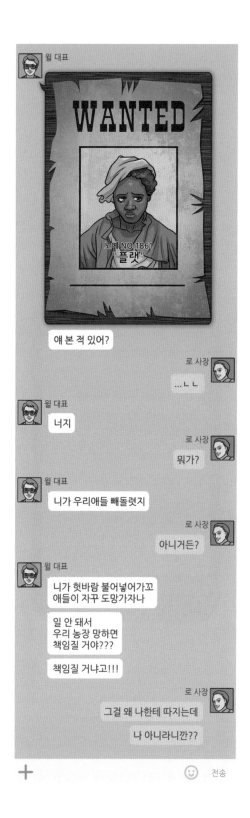

# 노예

자꾸 내가 자기네 회사 인력을
빼돌렸다고 하는데…
나 진짜 아니거든?

애들이 먼저
일하고 싶다고 한 거야…ㅋ

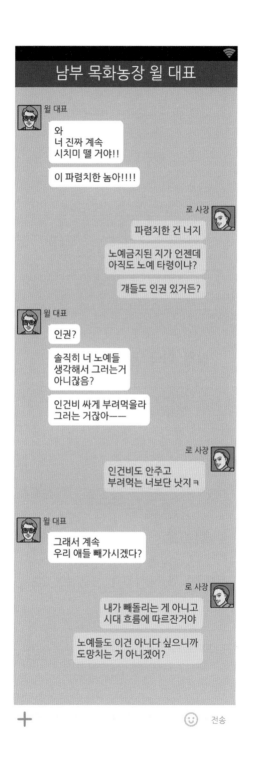

그래, 사업하는 사람으로서
인건비 낮춰보려고
도망노예들 고용하는 거 ㅇㅈ

근데 나만
노예제 폐지 주장하는 거 아냐!

미국일보

## 링컨, 미국 대통령으로 "당선"

노예제 폐지 공약 이행하나⋯
남부 7주, 연방에서 탈퇴.. 링컨 맘에 안들어

찬성하는 사람들 많아서
대통령도 새로 뽑았다구!

근데 이거 싫다고
단톡방도 나가고
인수다 팔로도 끊어버리더라.

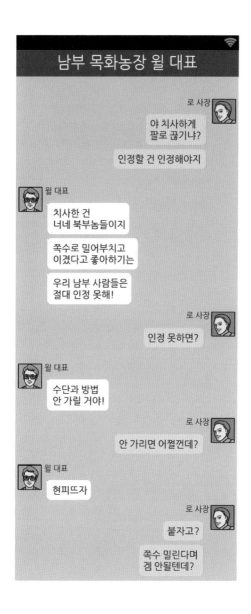

그랬다고 합니다.

- 노예를 부려서 목화를 재배하는 농장 경영이 주된 산업인 남부와 다르게 상공업이 발달한 북부는 값싼 노동력을 필요로 하다.
- 남부 노예가 자꾸 북부로 탈출하자 북부와 남부의 갈등이 심화된다.
- 미국 대통령 선거에서 노예제 폐지 공약을 내건 링컨이 당선되자, 남부 7주는 연방에서 탈퇴한다. 곧 남부 연합을 조직, 새 정부, 새 대통령을 세워 북부를 공격하고, 결국 남북전쟁이 일어난다.

1861년 미국

1300년 1400 1500 1600 1700 1800 1900

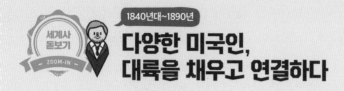

대서양 연안 13개주에서부터 태평양 연안에 닿기까지 거대한 규모로 이루어진 미합중국의 영토 팽창 과정은, 수많은 이민자들과 아프리카인을 비롯한 다양한 계층의 사람들이 미국인으로 포용되는 과정과 궤를 같이했다. 이 과정에 1840년대 아일랜드의 감자마름병, 캘리포니아에 불어온 골드러시 및 철도 건설로 대표되는 급격한 산업화가 맞물려 있었다. 그리고 노예제 문제로 벌어진 내전인 남북전쟁1861~1865과 재건은 미국 역사에서 분열을 넘어 통합과 발전으로 가는 중요한 길목이 되었다.

## 아프리카계 미국인을 탄생시킨 남북전쟁

19세기 들어서면서 덴마크, 영국, 프랑스 등 서유럽 국가들은 16세기부터 시작된 노예제를 속속 포기하기 시작했다. 인간 수렵의 비인간성과 노예들의 비참한 실상이 널리 알려지면서 지식인들의 노예무역 폐지 주장이 힘을 얻었기 때문이다. 물론 농토를 잃은 수많은 농민과 도시를 중심으로 급증한 인구가 풍부한 노동시장을 형성하면서 노예 노동력의 필요성이 감소하게 된 당시 경제적 환경도 하나의 배경이었다.

그러나 미국에서는 상황이 조금 달랐다. 미국 건국 당시 연방파와 공화파가 대립할 때부터 농업이 발달한 남부 지역은 노예제를 옹호했고 북동부 지역은 반대하며 갈등을 빚어오고 있었다. 상공업이 발달한 북부에는 자본가들이 많았는데, 싼값으로 노동력을 사들여 공장에 투입하는 것이 이득이었던 그들에게 노예제 폐지는 어려운 일이 아니었다. 그러나 주업이 면화 재배인 남부의 대지주들은 농장에 고정적으로 투입할 대규모의 노동력이 필요했고 이를 흑인 노예로 충당하고 있었다. 따라서 남부 농장주 입장에서 노예제 폐지는 대농장의 붕괴나 경제의 몰락을 의미했기 때문에 노예 제도는 필수적이었다. 이런 남부에 대해 북부는 비인간적이고 전근대적이라고 비판하기 일쑤였다.

노예 문제를 둘러싼 남부와 북부의 갈등은 영토가 확장되는 만큼 커져갔다. 새로운 주가 연방에 편입될 때마다 노예 소유가 합법적으로 인정되는 노예주로 할지, 반대하는 자유주로 할지의 문제가 초미의 관심사였다. 연방의회의 상원이 각 주별로 두 명씩 선출되기 때문에 남과 북의 세력 균형을 맞추는 것이 중요했다. 이 과정에서 '미주리협정1820', '1850년의 대타협' 등이 등장했지만 본질적인 문제 해결책은 아니었다.

이 와중에 회중 교회 목사였던 라이먼 비처1775~1863는 미국 중서부에서 노예 제도를 반대하는 세력들을 지원하기 위해 비밀리에 라이플총을 보내는 역할을 담당한다. 총이 담긴 상자마다 바이블성경이라고 표시되어 있었고, 그로 인해 라이플총은 '비처의 바이블'이라는 이름을 갖게 되었다.

라이먼 비처 목사의 딸이 바로 소설가 해리엇 비처 스토1811~1896다. 1852년 스토가 발표한 『톰 아저씨의 오두막』은 노예 문제로 첨예하게 대립하던 미국 전역을 뒤흔들어놓았다. 아들은 노예 상인에게 팔리고 아내는 탈출해 가족들과 뿔뿔이 헤어져 살게 된 톰과 그 가족. 톰 역시 이리저리 팔리며 백인의 잔학한 손길에서 헤어나지 못한다는 고발적인 내용에 수많은 미국인들이 눈물을 감추지 못했다. 발간 1년 만에 30만 부라는 폭발적인 판매고를 기록한 이 작품은 그야말로 노예제 반대 운동의 불길을 더 타오르게 하는 기름과 같았다.

노예 제도를 둘러싼 대립이 더욱 치열해진 가운데 1860년 대통령 선거가 치러졌고, 이 선거에서 공화당의 에이브러햄 링컨1861~1865재임이 16대 대통령으로 당선된다. 1809년 켄터키 출신으로 극빈한 가정환경을 극복한 성공 스토리로도 유명한 링컨은 미국 역대 대통령 가운데 농담을 가장 잘할 뿐 아니라 언변이 좋다는 평가를 받는다. 그는 공화당 전당대회1858에서 "둘로 나뉘어 서로 적대하는 집안은 영속적으로 유지될 수 없다"는 일명 '분열된 집' 연설로 대통령 후보가 되었다. 그리고 대통령 선거 당시 수염을 길렀으면 좋겠다는 한 소녀의 편지대로 수염을 길러 이미지 쇄신에 성공한 것이 당선에 큰 역할을 했다는 것은 잘 알려진 일화다.

그러나 노예제를 반대한 링컨이 대통령에 당선되자 남부는 미합중국 연방에 남아 있을 이유가 없다고 판단했다. 이에 취임식이 열리기 전인 1860년 말 남부의 사우스캐롤라이나주의 연방 탈퇴를 시작으로 남부 주들의 탈퇴가 이어졌다. 정치, 경제 등 모든 면에서 갈수록 위축되고 있다는 남부 주민들의 위기감이 극대화된 것이다. 탈퇴한 남부 주들은 1861년 2월 '아메리카 남부연합'을 결성하고 노예제를 인정하는 헌법을 채택했으며, 몽고메리를 수도로 삼고 제퍼슨 데이비스1808~1889를 대통령으로 선출했다.

사실 링컨은 절대적인 노예제 반대론자는 아니었다. 노예제를 반대했지만 "노예 해방을 하지 않고 연방을 수호할 수 있다면 그렇게 하겠으며, 노예를 해방해야 연방을 수호할 수 있다면 그러겠다"고 대답할 만큼 무엇보다 미국 '연방 통합'에 무게를 두었다. 링컨은 3월 4일 열린 대통령 취임식에서 미국 분열을 획책하는 행동은 용납하지 않겠다고 연설했지만, 남부 연합은 링컨의 경고를 무시하고 남부 지역 안에 있는 연방정부의 재산을 모두 몰수했다. 이로써 전쟁은 피할 수 없게 되었다.

링컨 취임 한 달 후인 1861년 4월 12일, 연방군이 있는 사우스캐롤라이나주 찰스턴의 섬터 요새에 남군이 포격을 개시하면서 남북전쟁은 시작되었다. 3일 후 링컨은 3개월 기한으로 7만 5,000의 병력을 소집한다는 비상동원령을 발동하며 전쟁을 공식 선포한다. 전쟁이 일어나자 남부 연합에 가입한 주는 11개로 확정되었고, 이들은 수도를 버지니아의 리치먼드로 옮겼다. 북부 수도인 워싱턴 D.C.와 가까운 곳에 위치시킴으로써 상대방의 수도를 먼저 장악하는 전략으로 전쟁을 빨리 끝내려는 계산이 깔려 있었다. 그러나 그 계산과 달리 전쟁은 1865년까지 계속되었다.

초반에는 북군의 수세가 계속되었으나, 링컨이 "남부의 노예들은 1863년 1월 1

일을 기해 영원히 자유의 몸이 될 것"임을 선포하고 "그들의 자유를 인정하고 지켜줄 것"을 약속하는 한편 이들에게 "적합한 임금을 벌기 위해 충실히 노동할 것과 일부는 군에 입대할 것"을 권고하면서 전세는 역전되기 시작했다. 그의 노예 해방 선언이 미국 국내는 물론 해외에서도 큰 파장을 불러일으켰기 때문이다. 남부의 노예들이 도주해 북군에 가담하기 시작한 데다 그동안 전황이 유리해 남부를 국가로 인정하려고 했던 영국과 프랑스가 명분을 잃으며 남부에 대한 지원을 철회했다. 국내의 여론도 링컨에게 유리하게 전개되기 시작했다.

1863년 7월 1일부터 3일에 걸쳐 펜실베이니아주 게티즈버그에서 전투가 벌어졌다. 이는 남북전쟁 중 가장 치열한 전투인 동시에, 그동안 밀리고 있던 북군이 승리함으로써 남북전쟁의 향방을 가른 전투가 되었다. 이 전투의 전사자를 기리기 위해 열린 11월의 추도식에 링컨도 참석한다. 사실 추도식의 주된 행사는 당대 최고의 웅변가였던 에드워드 에버렛이 1시간 동안이나 했던 연설이었다. 그리고 당시 뒤이어 진행된 링컨의 짤막한 연설은 별로 주목받지 못할 것으로 예상했다. 그러나 링컨은 단 2분간의, 300개도 안 되는 단어로 이루어진 연설로 행사의 핵심적인 의미를 전달하며 큰 찬사를 받는다. '국민의, 국민에 의한, 국민을 위한 정부'라는 놀라운 구절은 이렇게 탄생한다.

그 후 북군은 맹렬하게 남군을 몰아붙여 1865년 4월 리치먼드를 함락시켰고, 남군 명장 로버트 리1807~1870 장군은 북군 총사령관 율리시스 그랜트1822~1885에게 항복했다. 포로로 잡힌 남군 병사들을 석방해 식량과 함께 고향으로 보내준다는 조건이었다. 그리고 5월 10일 남부 연합의 대통령 데이비스가 북군에게 잡힘으로써 4년 넘게 끌었던 남북전쟁은 완전히 종결되었다. 그러나 1864년 재선에 성공해 연임 중이었던 링컨은 이를 보지 못한다. 4월 14일 저녁 워싱턴의 포드 극장에서 정부 인사들과 「우리 미국인 사촌」 연극 관람을 하던 중 남부를 지지했던 배우에게 피격당해 이튿날 사망했기 때문이다.

링컨의 죽음으로 당시 부통령이었던 앤드루 존슨1865~1869재임이 헌법에 따라 대통령 자리를 승계했고 '재건기'의 계획이 집행되었다. 존슨은 의회가 개회하기 전 '충성선서'를 받아들인 남부의 모든 전쟁 관련자들을 사면하며 남부연합주의 재통합 작업을 추진했다. 이를 포함한 다양한 노력의 결과 대다수 남부 주들이 재건되고 노예제도 역시 실질적으로 철폐되어가기 시작했다. 그리고 '1866년 시민권법'이 통과되면서 흑인에게 미국 시민권을 주어 차별을 금지했다. 이로써 아메리카계 미국인이 탄생하게 된다. 비록 이후에도 유혈충돌 등 대립은 발생했지만 1877년 재건기가 끝날 때까지 남부의 플랜테이션 제도는 종식되었고, 남부와 북부는 통합을 이루어갔다.

한편 북부의 승리로 미국에는 기업 활동에 유리한 환경이 조성되었고 그 결과 19세기 후반 미국은 산업이 급속도로 발전한다. 유럽 국가들이 100여 년에 걸쳐 이룩한 경제 발전을 단 몇 십 년 만에 이룩하면서 미국은 급격히 팽창한다. 1890년 미국 정부는 공식 보고서에 "프런티어가 끝났다"라고 선언하는데, 미국의 팽창은 영토 개척의 완성과 맞물리면서 많은 사람들에게 새로운 기회를 제공하게 된다.

## 아메리카 드림, 대륙을 관통하다

미국은 남북전쟁 전에 이미 태평양에 도달해 있을 만큼 영토를 확장했으나, 이를 효율적으로 활용하지는 못했다. 미시시피강을 넘어 서쪽으로 가면 황무지나 다름이 없었다. 그리고 남북전쟁 이후 노예에서 해방된 아프리카계 미국인을 비롯한 농부의 처지는 열악했기 때문에 많은 사람들이 공장 취업을 위해 도시로 몰려들면서 많은 문제가 발생했다. 이런 상황 속에서 미국 정부는 서부로 눈을 돌려 본격적인 서부 개척에 나서기 시작했다.

이를 위해 서부로 갈 수 있는 인프라 구축에 서둘렀는데 대륙 횡단 철도 건설이 그 답이 되었다. 그 시작은 남북전쟁이 한창이던 1862년 태평양철도법이 통과되면서부터다. 유니언퍼시픽 철도회사는 동쪽의 네브래스카주 오마하에서 센트럴퍼시픽 철도회사는 서쪽 캘리포니아 새크라멘토에서 시작해 중앙에서 만나는 공사를 진행했다. 특히 센트럴퍼시픽이 주로 고용했던 중국 이민자들은 1848년 골드러시 때 캘리포니아에 들어와 낮은 임금에도 불구하고 일을 잘해 후에는 홍콩에서 직접 모집해올 정도로 인기가 있었다. 이로 인해 샌프란시스코에는 미국 최대의 차이나타운이 형성되기 시작했다.

공사가 시작되고 6년 5개월이 지난 1869년 5월 10일 철도는 완공되었다. 1876

년 운행을 시작한 급행열차는 이전에 6개월이 걸렸던 뉴욕에서 샌프란시스코까지의 거리를 83시간 39분으로 단축해 주파하며 달렸다. 이 엄청난 뉴스는 완공식과 거의 동시에 미국 전역에 전달되었는데 새뮤얼 모스1791~1872 의해 발명1837된 전신 덕분이었다. 미국의 동과 서가 연결되면서 서부로의 이동은 급증했다.

서부의 대평원도 미국인들에게는 기회가 되었다. 1862년 정부는 홈스테드법을 제정해 국유지에 5년간 살며 개척하면 누구든지 160에이커의 땅1에이커는 약 4046제곱미터을 무상으로 받을 수 있게 했다. 특히 국적 불문, 지원하는 사람 누구에게나 미국 시민권을 주었기 때문에 극도의 열악한 환경에도 불구하고 가난한 사람들이 대평원으로 몰려들기도 했다.

당시 새로운 미국인으로 편입된 또 다른 이들은 이민자들이었다. 유럽에서 북아메리카로의 인구 이동은 미국의 독립 이후 '식민'에서 '이민'으로 개념이 바뀌었다. 유럽인들의 미국 이민이 절정을 이룬 시기는 1840년대에서 1860년대로 400만 명 정도가 이주했다. 이들 중 절반은 아일랜드인이었다. 1801년 수많은 저항에도 불구하고 영국으로 병합된 섬 아일랜드는 안개와 비가 잦아 감자 재배에는 최적의 환경이었다. 아일랜드인과 영국인은 아일랜드산 감자에 전적으로 의존해 주식을 해결해왔다. 그런데 1845년부터 아일랜드 전역에 감자마름병이 발생해 아일랜드인 800여 만 명의 인구 중 200여 만 명이 굶어죽는 아일랜드 대기근1845~1851을 초래했다. 이 일로 아일랜드인 200여 만 명이 영국과 북아메리카로 이주했고, 이 시기 이민자들이 3,400만 아일랜드계 미국인의 시초였다.

한편 1848년 이후 미국 이민은 새로운 전기를 맞는다. 그해 과달루페이달고 조약으로 멕시코에서 미국 영토로 편입된 캘리포니아주 새크라멘토시에서 대규모 금광이 발견되었다는 소식이 대서양 넘어로 퍼져나가 영향을 미친 것이다. 이듬해 금을 찾아 미국 전역을 비롯해 멕시코, 중국, 유럽, 남아메리카에서 수천 명의 사람들이 한꺼번에 몰려들었다. 금을 찾아 몰려든 '골드러시' 기간 동안 캘리포니아로 쏟아져 들어온 사람들은 무려 25만 명 이상이었다. 비록 골드러시는 5년밖에 가지 않았지만 '49년에 온 사람들Fortyniner'로 불린 이들로 인해 큰 변화가 일어난다. 조용하던 항구 도시 샌프란시스코는 북적이기 시작했고 이들이 입던 튼튼한 진 바지는 미국 곳곳으로 전파되었다. 미국 영토가 된 지 단 2년 만에 주가 되기에 충분할 만큼 성장한 이 새로운 주는 아메리카 원주민과 다양한 이민자들을 모두 수용했다.

이후로 40년간 세계 각국에서 쏟아져 들어온 이민자는 이전의 영국, 프랑스 등 서유럽 선진국 출신에 국한되어 있던 형태에서 이탈리아, 폴란드, 헝가리, 그리스 및 중국 등으로 확대되었다. 그리고 1870년대 후반 이후로는 이 같은 저개발 국가의 노동 이민이 선진국 출신의 이민을 앞지르기에 이른다. 이들 노동 이민은 본국의 가난에서 벗어나기 위해 '약속의 땅'을 찾아온 사람들이었는데, 실제로 남북전쟁 이후 팽창일로에 있던 미국의 광공업은 이들에게 많은 일자리를 제공했다.

미국이 강대국으로 성장한 배경에는 광대한 영토와 무한한 자원 이상의 다른 것이 자리한다. 비록 한계가 있긴 했으나 다양한 사람들을 미국인으로 흡수하려고 했던 정부의 정책과 기회를 얻기 위해 뛰어들었던 수많은 새로운 미국인들은 강대국 미국이 자라는 가장 비옥한 토양이 되었다. 세계사록

# 세포이의 총알 보이콧

NO 소기름!

| | | |
|---|---|---|
|  | 소 | 카(우)놀라유 |
|  | 돼지 | 포(돈)씨유 |

**I**

**총알**

여기는 카레의 고장, 인도.

얼마 전에 영국 회사가 우리 땅에
지사를 차렸는데,
내가 거기에 취직을 하게 됐어ㅋㅋ

일종의 보디가드랄까?
월급받는 직업군인이지ㅎ

그런데…

댓글 · 671개

델리만세
저기... 인도분 맞으시죠??
님이 입댄 탄피에 소기름 발라져 있는 거 아세요??

세포이
네????????

으잉???? 헐?????
그거 식용유, 카놀라유 아니고
소기름이었어??


이럼 안 되는데…


나 힌두교 신자라고오…
킹갓소님 안 먹는다고오…ㅠ

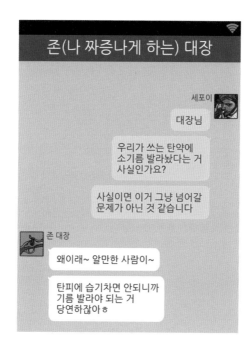

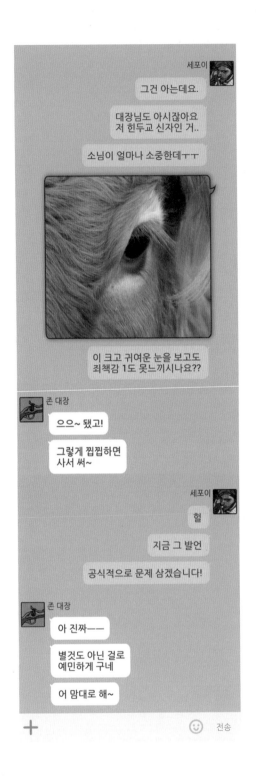

# 세포이

영국놈들…
감히 우리 좋못사 소님을 모욕해??


이건 힌두교를 무시한 거고,
우리 인도를 업신여긴 거라고!!!

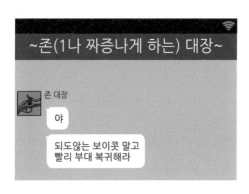

세포이

총알 바꿔줄거?

존 대장

안돼. 못바꿔줘.

세포이

응 절대 안 갈ㅋ

존 대장

너 이거 영창각이야

어차피 혼자 시위한다고
달라지는 거 하나없다

세포이

혼자 아닌데ㅋㅋ

존 대장

와아 이것들이!

반란이냐!!!

세포이

오

진짜 반란이 뭔지
보여줘???

그랬다고 합니다.

- 영국 동인도회사, 인도인을 용병으로 고용해 자체 군대를 편성하다. 이에 고용된 인도인 용병들을 세포이라 부른다.
- 평소 영국군에 비해 차별적인 대우를 받았던 세포이들. 그들이 입으로 뜯어 쓰는 종이탄피에 소와 돼지기름이 발라져 있었다는 소문이 돈다.
- 대부분 힌두교, 이슬람교 신자였던 세포이들, 영국이 인도인의 신앙을 빼앗으려 한다 여기고 반영항쟁을 일으킨다. 이 항쟁이 전국적으로 확산되어 동인도회사를 몰아내는 듯했으나, 영국의 강경한 진압에 실패로 끝난다.

1857년 인도

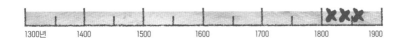

1300년    1400    1500    1600    1700    1800    1900

# 근대에 반응하는 이슬람 세계

### 이집트 근대 왕조와 민족주의의 시작

1869년 11월 17일 이집트에서 지중해와 홍해를 잇는 수에즈 운하가 개통되었다. 수에즈 운하는 프랑스 영사 페르디낭 드 레셉스1805~1894에 의해 제안되었다. 두 대양이 연결되며 162.5킬로미터에 달하는 공사를 해야 했고, 공사 기간 10년 동안 4,000억 프랑의 공사비가 소요되었다. 이집트 정부가 마련한 대규모 개통식에는 공동 투자국인 프랑스와 영국이 함께 참여했다. 주세페 베르디1813~1901가 운하 개통을 기념해 작곡한 오페라 「아이다」의 악보가 도착하지 않아 연주가 취소된 것이 아쉽기는 했으나 500명의 요리사와 최고급 포도주가 마련된 저녁 만찬 또한 훌륭했다. 그러나 속내를 들여다보면 이미 들인 공사비용과 개통식 준비만으로도 당시 이스마일1863~1879재위의 이집트 정부는 파산할 지경이었다.

총독 케디브 이스마일은 무함마드 알리1769~1849의 장손이다. 무함마드 알리는 근대 이집트 역사에서 기념비적인 인물로, 본래는 프랑스 침입에 대항하기 위해 오스만에서 파견한 장군이었다. 그러나 이집트 정착 후 정치, 군사, 경제개혁 등을 단행하며 근대 이집트의 기초를 닦는다. 이 때문에 1805년 무함마드 알리가 이집트 총독 자리에 오른 것을 이집트에서는 일명 '근대 왕조' 수립의 기점으로 본다.

몽골 침략을 막아내며 이슬람 문화권의 중심으로 번성했던 이집트의 맘루크 왕조는 15세기 포르투갈의 인도 항로 발견 이후 중개무역이 위기에 처하며 쇠약해졌다. 이후 오스만 제국 셀림 1세에게 정복1517된 뒤 속주의 지위로 전락한 이집트에 1798년 나폴레옹이 원정을 단행했고, 당시 득세하고 있었던 맘루크들과 친親오스만 세력들을 분쇄하며 프랑스 영향권 안에 복속시켰다1798~1801.

무함마드 알리는 오스만에서 파견된 뒤 이집트의 맘루크 세력을 숙청하고 군 활동의 재량권을 얻었다. 이후 지중해 동부에서 영국에 맞서고자 했던 프랑스의 도움으로 이집트의 육군과 해군을 근대화한 뒤 수단을 정벌1820했고 오스만의 요청으로 그리스 반란을 진압하기도 했다. 그러나 유럽 열강의 간섭으로 오스만이 패배한 뒤 약속한 대가였던 크레타와 펠로폰네소스를 받지 못하자 1831년 시리아를 침공한다. 이어 퇴각하는 오스만군을 쫓아 소아시아 깊숙이 추격해 들어가 레반트와 헤자즈 같은 아라비아반도 지역까지 정복1832하기에 이른다. 러시아가 개입한 런던 조약1840에 따라 무함마드 알리는 시리아를 포기했지만 이집트의 세습 통치자로 인정받았고, 이후 이집트는 명목상으로만 오스만의 지배하에 존속하게 된다.

그러나 이처럼 이슬람권의 강국으로 성장해왔던 이집트는 수에즈 운하 개통 몇 년 뒤인 1876년 유럽 기업인들의 손에 국정을 맡기는 처지로 전락하고 만다. 1억 파운드에 달하는 외채를 갚지 못해 국가 경제가 파산했기 때문이다. 이집트의 파산은 총독 이스마일의 경제 정책 실패가 원인이었다. 미국 남북전쟁의 군복 수요에 대비, 면화만을 재배하는 농업정책을 시행하며 상당한 이득을 챙겼다. 하지만 남북전쟁이 예상보다 빨리 종결되었고 미국의 면화가 세계시장에 다시 등장하자 이집트의 농민과 정부는 타격을 받을 수밖에 없었다. 또한 각종 토목공사를 위해 무분별하게 차관을 도입한 데다 수에즈 운하 투자비용도 회수하지 못하면서 영국 정부에 수에즈 운하의 주식 43퍼센트를 매각해야만 했다1875. 결국 영국을 비롯한 열강에 의한 국가재정 관리가 실시되면서 식민지화의 길로 접어들기 시작한 것이다.

이집트 군대까지 대폭 축소시킨 열강의 내정 간섭은 군부 내 민족주의 세력을 자극했다. 이스마일은 학교와 재판소 등을 세웠고 민중의 의견을 발표하는 언론기관들이 만들어지도록 정책을 펼쳤다. 이는 이집트인들의 민족의식을 고취시키면서 민족주의 세력이 성장하는 배경이 되었다. 결국 열강의 압력을 받은 오스만의 술탄에 의해 이스마일이 퇴위당하자, 이에 분노한 민족주의 세력은 오라비 대령을 중심으로 "이집트는 이집트인에게!"라는 구호를 내걸고 반反영, 반정부 혁명1882을 일으킨다. 군 장교들을 중심으로 의회를 장악하고 정부를 접수한 그들에게 국민은 열광적인 지지를 보냈으며, 이는 이집트 최초의 실질적 국민운동이 되었다.

영국은 이러한 사태 진전에 놀랐지만 무력으로 이집트를 장악할 수 있는 기회로 바꾸었다. 그해 7월, 영국 해군은 알렉산드리아항에 포격을 가했고, 카이로를 점령해 민족주의 세력을 구금·추방·해산시켰다. 이후 사실상 영국 총영사에 의해 국정이 수행되기 시작하며 이후 20년간 이집트 민족주의 움직임은 나타나지 못했다. 그러나 1년도 안 되는 짧은 집권 기간에도 불구하고 이집트 민족주의 세력은 종교지도자들을 비롯한 전 국민의 지지를 받았다. 나아가 오스만 제국 내의 아랍인들에게서도 전폭적인 지지를 받으면서 아랍 세계에 민족의식이 싹트는 계기를 만들어주었다.

## 19세기 오스만 제국의 쇠퇴

이슬람 제국 오스만은 1453년 콘스탄티노폴리스를 점령한 뒤 서아시아에서 아프리카, 유럽에 이르는 영토를 자랑하며 세계사 주연의 자리에 서 있었다. 그러나 17세기를 지나며 외부적으로는 유럽 열강들의 번성과 내부적으로는 정치적 불안과 군사력의 약화로 영토 확장이 중단되면서 허약해져갔다. 2차 빈 포위 실패 이후 오스트리아와 체결1699한 카를로비츠 조약이 그 결정적 기점이었다. 오스만이 동유럽 일대에서 현재 세르비아 지역까지 후퇴하며 이 지역에 권력의 공백이 생겼고, 이 때문에 헝가리 전역을 지배하게 된 오스트리아와 아조프를 차지한 러시아 그리고 각 민족들은 혈투를 벌이게 된다.

19세기 유럽 외교가에서는 광대한 제국이면서도 국력이 약화되어 소수 민족의 민족주의 운동을 비롯한 문제로 위기에 빠진 오스만 문제를 '동방문제'라고 불렀다. 니콜라이 1세가 명명한 대로 '유럽의 병자'인 오스만을, 유럽의 정치적 균형

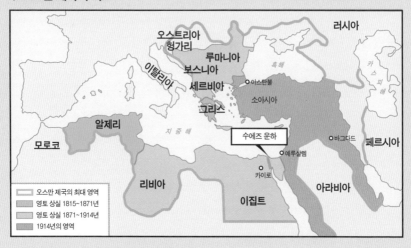

을 유지하면서 해체하는 문제가 계속적인 관심사가 되었다.

　19세기가 시작될 때까지만 해도 오스만은 셀림 3세가 루이 16세나 나폴레옹과 서신을 교환할 정도로 프랑스와 굳건한 동맹관계를 유지하고 있었다. 오스만 정부는 프랑스혁명이 제국 내 민족들에게 영향을 미칠 것이라고 생각하지 못했기 때문에 나폴레옹의 이집트 침공에 충격을 받았다. 러시아, 영국의 개입으로 프랑스가 물러간 이집트에서 오스만은 권위가 약화되었고, 결국 1821년 그리스 반란 진압에 도움을 요청할 정도로 무함마드 알리의 이집트 독립 통치를 인정해야 했다. 열강의 개입으로 그리스가 독립을 쟁취한 것은 비튀르크 민족들의 본격적인 독립 운동을 불러일으켰다. 그리고 이는 오스만에게 열강들의 내정 간섭과 영토 침입을 물리치는 것과 함께 유럽 열강들의 지원 속에 민족주의 운동을 벌이고 있는 지역을 통합해야 한다는 과제를 안겨주었다.

　오스만 제국은 이를 위해 군사 분야와 경제 분야는 물론 관료 분야에서도 근대화를 위한 일련의 개혁을 단행했다. 그러나 아이러니하게도 근대화 개혁의 문을 연 술탄 마흐무드 2세1808~1839재위 때부터 오스만 제국의 말기는 시작된다.

　그는 먼저 열강들과 평화협정을 체결했고 군대의 재건에 초점을 맞춘 내정개혁을 실시했다. 술탄은 제국의 약화가 근대화를 이루지 못한 데 원인이 있다고 지적하면서 배타적인 외교 정책에서 탈피해 유럽식 문물을 받아들였다. 특히 유럽식 신식 군대를 창설해 예니체리를 해체하는 데 성공1826했다. 저항하는 예니체리는 즉각 학살할 정도로 술탄의 개혁 의지는 막강했고, 결국 1831년 예니체리를 위한 토지제도 티마르까지 폐지되면서 보수의 온상이자 개혁 추진의 장애물이었던 예니체리는 완전히 사라진다.

'오스만의 표트르 대제'라 불릴 정도로 서구식 근대화 정책을 펼친 마흐무드 2세 시기 친영파 외무상 무스타파 레시드 파샤가 구성한, 더욱 강화된 개혁안은 술탄의 사망 후 아들인 술탄 압둘 메지드1839~1861재위에 의해 승인되고 시행되었다. 1839년 11월 3일 장미의 방 칙령을 통해 실시된 이 개혁은 '개편'을 의미하는 '탄지마트은혜개혁1839~1876'라 불린다.

유럽을 모방한 행정, 토지, 징병, 교육, 사법 제도를 시행하고 부패를 척결하는 개혁 내용으로 되어 있는 탄지마트의 가장 큰 상징은 군사 제도의 변화였다. 국민에게 민족과 종교에 관계없이 권리를 주는 대신 납세와 군역의 의무를 부과하는 징병제도는 유대인이나 기독교인들과 같은 비무슬림들에게도 동등한 권리와 의무를 부과하는 것이었다. 이밖에도 세속적 교육제도, 의회제와 지방 대표제 도입, 중앙집권화 추진, 은행제도 설립 등 근대식 서구화 정책을 펼치고자 했던 탄지마트가 성공했다면, 오스만도 서양식 국민국가의 형태를 갖추었을 것이다.

그러나 이로 인해 기득권과 명예를 잃게 될 수많은 오스만의 지도자들의 반발, 특히 근대 법체계의 도입으로 권위를 잃게 될 종교지도자 울라마들의 저항이 몹시 거셌다. 게다가 발칸반도의 기독교 밀레트가 중앙집권화에 크게 반발하며 자치권 유지를 요구하는 등의 저항으로 큰 성과를 거두지 못했다. 그럼에도 탄지마트는 동아시아의 개항과 더불어 전 세계가 서구적 근대화로 끌려들어가고 있다는 강력한 메시지를 전했다.

오스만 제국이 탄지마트에 몰두하는 동안 러시아를 제외한 유럽은 혁명의 열풍에 휘말렸다. 이 사이 러시아는 동방문제를 자신들에게 유리하게 이끌어갔고, 팽창하는 러시아에 대해 영국과 프랑스가 제동을 걸었던 크림전쟁에서 오스만은 영국과 프랑스의 지원에 힘입어 힘겹게 승리했다. 그러나 명색이 승전국이었음에도 아무 이권을 획득하지 못하고 내부적으로는 개혁에도 실패한 오스만은 결국 12차 러시아-튀르크 전쟁2차 동방전쟁, 1877~1878에서 패하며 발칸반도 여러 나라의 독립을 받아들여야 했다.

## 세포이 항쟁과 인도 제국

인도 이슬람 왕조 사상 최대의 제국 시대를 구가했던 무굴 제국은 19세기 명목상으로만 존재하는 위치로 전락했다. 플라시 전투와 7년전쟁으로 프랑스를 몰아낸 영국 동인도회사가 벵골 징세권을 획득하며 신호탄을 올린 인도 식민지화는 18세기 중엽부터 100여 년 간 번왕국의 계속된 저항에도 불구하고 확장되었다. 게다가 1813년부터 영국의 대인도 무역이 자유화됨에 따라 이미 산업혁명을 달성한 영국에서 기계 제조 직물이 인도로 유입되었고, 이에 인도의 전통적인 면직물 산업은 파괴되고 만다.

이런 인도에도 19세기 초 서구식 근대화 바람이 불기 시작한다. 1823년 인도에 공공교육위원회가 설치되었을 때 가장 쟁점이 된 사항은 '인도인을 근대화시키기 위해서는 어느 나라 말로 교육을 해야 하는가'였다. 벵골의 브라만 가문에서 태어나 영국 유학 후 돌아온 람 모한 로이1772~1833는 인도가 식민지 상태를 벗어나기 위해서는 서구식 근대화가 필요하다고 생각했다. 이에 "인도인의 수준 향상에는 수학, 자연과학, 화학, 해부학을 포함하는 자유주의적이고 개화된 교육이 필요하며 이런 서양의 지식을 얻기 위해서는 영어로 가르쳐야 한다"고 주장했고, 결국 그의 주장대로 영어가 공용어로 채택되었다.

그는 1828년 '브라만우주의 지고한 정신을 숭배하는 사람들의 모임'이라는 뜻의 단체 '브라마 사마지'를 조직하고 개혁운동을 벌였다. 힌두교 우상 숭배를 반대하고 카스트제도, 유아 결혼 같은 사회 악습 폐지를 주창했다. 특히 사티과부 순장 풍습 폐지운동을 벌여서 1829년 당시 인도 총독이었던 윌리엄 벤팅크에게서 사티 금지령을 이끌어내기도 했다. 종교, 교육, 정치 등 근대 인도 사회의 전반에 걸쳐 개혁을 추구했던 람 모한 로이를 '근대 인도의 아버지'로 평가하는 이유다.

한편 영국의 식민 침략으로 고통을 받아왔던 인도인들 사이에 민족의식을 싹틔운 역사적 사건이 1857년 발생한다. 발단은 지급받은 소총의 탄약통 기름에서 기인된 세포이영국 동인도회사의 인도용병들의 항쟁이었지만, 이는 삽시간에 인도 민중의 민족주의 전쟁으로 비화되었다. 진원지는 델리 근교 메루트. 이는 5월 세포이들이 구치소를 급습해 항명죄로 수감되었던 동료 85명을 구출하면서 시작되었다. 민족적 차별에 분노해온 이들은 닥치는 대로 영국인을 살해했다.

이튿날 델리에서 영국군이 지키는 황궁을 공격한 세포이들에 영국으로부터 핍박받던 상인과 농민들이 구름처럼 가세했다. 황궁을 점령한 해방군은 영국의 보호를 받고 있던 무굴 제국의 바하두르 샤 2세1837~1857재위를 압박해 명목상의 지도자로 내세우고 '인도인의 나라'를 선포할 정도가 되었다. 마라타 동맹의 번왕국인 잔시의 왕비로 인도 독립 운동의 여전사가 된 락슈미 바이1835~1858를 비롯, 각지의 번왕들도 가담한 반영항쟁은 북부 인도를 뒤덮었다.

반격에 나선 영국은 크림 전쟁에서 귀국한 군대까지 투입해 9월, 델리를 탈환했는데 그 과정에서 처절한 복수극을 벌여 여자와 아이를 포함한 인도인들이 무차별하게 살해되었다. 영국군은 바하두르 샤를 미얀마버마의 양군랑군으로 추방하고 무굴 제국을 공식 소멸1857시키며 인도를 빅토리아 여왕의 직접 지배를 받는 완전한 식민지인 인도 제국으로 격상1858시켰다. 인도를 사실상 대리 통치해온 동인도회사의 기능을 정지시키는 대신 인도 전역을 직접 통치하기로 결정한 것이다. 이 같은 결정이 이뤄진 것은 인도 민중의 봉기가 동인도회사의 미숙하고 전근대적인 대리 통치에 상당 부분 기인했다는 인식 때문이었다.

세포이 항쟁은 체계적인 항쟁 목표나 조직이 없었고 내부 분열과 배신 등으로 결국 진압1858.7되고 말았다. 그러나 인도는 첫 민족적 항거에서 영국의 통치 방침을 변화시킬 정도의 저력을 발휘하면서 강력한 민족 국가로 거듭날 가능성을 내외에 과시했다. 세계사록

talk 41

# 천국에서 삽시다

 홍수전　　　　예수 동생:)

 왕농부　　　　믿숩니다!

하나요

## 오늘 뭐 먹지

나, 왕 농부
아이 둘 키우는
한 집안의 가장이야ㅎ

가장으로서
가족들 굶기지 않는 게
제일 첫 번째 아니겠어?

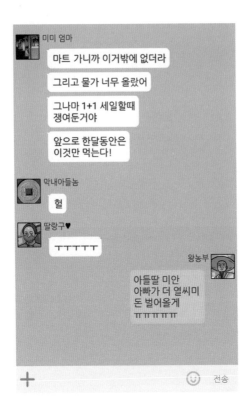

## 돈 벌면 뭐해

요즘에 어딜 가도 죄다
영국 수입품만 팔거든ㅠ


으으… 입에서 물고기
나올 거 같다ㅜㅜㅜ


먹는 것도 먹는 건데,
열씨미 일하면 뭐 하냐고
세금으로 다 빠져나가는데ㅠ

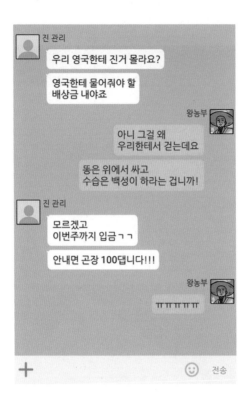

**진 관리**
우리 영국한테 진거 몰라요?

영국한테 물어줘야 할
배상금 내야죠

**왕농부**
아니 그걸 왜
우리한테서 걷는데요

똥은 위에서 싸고
수습은 백성이 하라는 겁니까!

**진 관리**
모르겠고
이번주까지 입금ㄱㄱ

안내면 곤장 100댑니다!!!

**왕농부**
ㅠㅠㅠㅠㅠ

+                                ☺ 전송

셋이요

# 천국 갈래

와…
서양것들도 싫고
우리 청국도 실타ㅜㅜㅜ

다른 나라로
이민 가고 싶어.

와~ 이젠 피싱까지???
엥? 가만…
땅을 준다고???

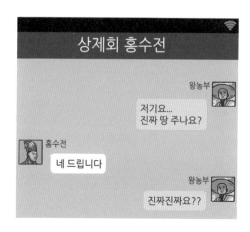

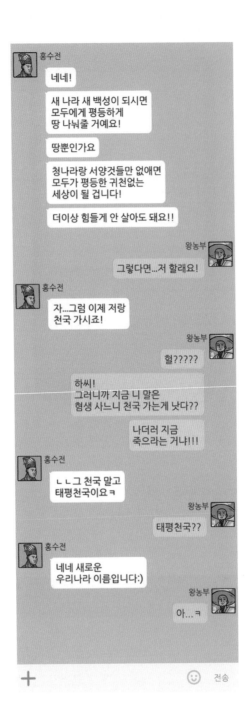

그랬다고 합니다.

- 청나라, 아편전쟁의 패전 결과로 영국에 거액의 배상금을 지불하기 위해 백성들을 착취하다.
- 19세기 말, 기독교 신앙을 바탕으로 태평천국운동이 일어 난다. 멸만흥한과 반봉건, 반외세를 내세우며 많은 민중들이 봉기에 합류한다.

**19세기 청나라**

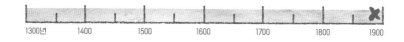

1300년  1400  1500  1600  1700  1800  1900

# 아동화 신는 여자

발 ㅠㅠ

**하나요 사이즈**

여자에게 슈즈란,
나를 특별하게 만들어주는
마법의 잇템ㅋ

오늘은 날 위해
예쁜 구두를 선물해줄 거야!

Jimmycheong

18 F/W 지미청 구두
은화 1,170,000

▼사이즈 선택
230
235
240

흠… 역시 내 사이즈는 없네ㅜㅜ
맞춤 제작해야 되나ㅠ

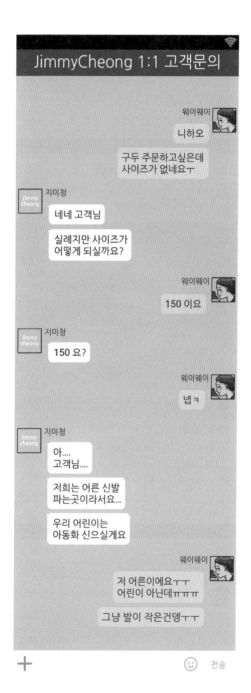

아동화 신어야 하는
어른이라니…
잘 상상이 안 되지?

근데 작은 발이
얼마나 예쁘다구ㅎㅎ

리이펑

초면에 갑자기
뎀드려서 놀라셨죠?

탐라보는데
발이 참 예쁘셔서요

웨이웨이

셰셰ㅎㅎ

 리이펑

그 뒤틀린 발등뼈
진짜 제 취향이거든요?

발만 봐도
참 여성스러우실 것 같아요

집 안에 콕박혀서
애만 잘 키우실것 같고ㅋㅋ

웨이웨이

아ㅎㅎ;;;

 리이펑

저 님한테 반한듯? ♥ ♥

웨이웨이

앗

 리이펑

제 이상형이에요ㅎㅎ

괜찮으시면 저랑
만나보실래요?

웨이웨이

아...네...ㅎ

# 전족 금지

어릴 적부터
뼈가 뒤틀리는 아픔을 견딘
보람이 있네ㅎㅎ

작은 발 덕분에 나도 이제
꽁냥꽁냥 할 수 있겠어!

**중국일보**

## 강희제, 전족풍습 미개해…

전족은 아동학대나 다름없어…
발각 시, 강력히 처벌할 것…

???????????

웨이웨이

헐 폐하??

전족금지 실환가요??

강희제

ㅇㅇ앞으로 힘들게
전족 안해두돼~~

어때? 고맙지??

웨이웨이

누구맘대로요――

기껏 어릴때부터
뼈 부서져가며 전족당했는데
이제와서 제 발이 못났다뇨??

전 반대합니다!

강희제

????

리이펑

네 맞습니다

아무리 황제라 해도
하루아침에 전통을
바꿀 순 없죠

그리고 전족이 얼마나
예쁜데요

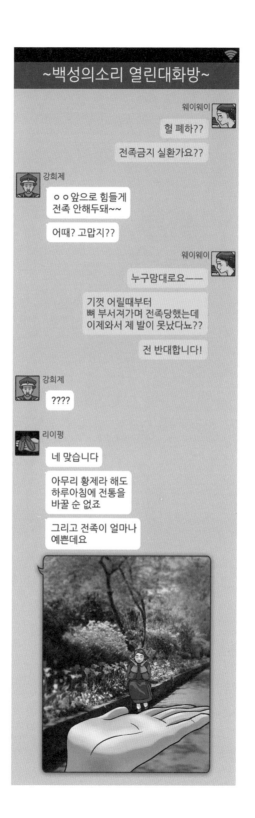

그랬다고 합니다.

- 중국 여성들, 어렸을 때부터 발을 천으로 졸라매 작고 뾰족하게 변형시키다. 작은 발이 미의 척도가 되다.
- 청대 이르러 강희제가 전족금지령을 내린다. 그러나 반발이 너무 심해 금지령을 철회하고, 그 후로 20세기까지 전족이 성행하다 악습으로 간주되어 폐지된다.

중국 전반

| 1300년 | 1400 | 1500 | 1600 | 1700 | 1800 | 1900 |

세계사
돋보기
ZOOM-IN

1840년~1885년

# 추락하는 청,
# 살아남아 중흥으로

풋스타그램

웨이웨이 @Weiwei

♥ 68명이 좋아하오

웨이웨이 앙증맞은 #작고 #소중한
#아기발 아니고 #내발 #뽀짝뽀짝
#풋스타그램

청은 아편전쟁 결과 체결된 남경 조약 때문에 손과 발이 묶인 채, 치열한 경쟁이 벌어지고 있는 국제 무역 질서 속에 강제 편입된다. 영국이 강제로 문을 개방한 이후 연달아 프랑스, 미국 등 열강이 함포와 상선을 앞세우고 밀려들어 불평등 조약 체결을 강요했다. 청은 5개 개항장이 경제 식민지가 되는 등 강남 항구들의 주권을 빼앗긴 채 추락하기 시작했다.

이 같은 청 제국의 몰락은 내외에 심각한 파장을 일으켰다. 200여 년간의 견고한 통치체제로 천하 중심의 권세를 누렸던 청의 참패를 목격하며 동아시아 각국은 동요했고 양이에 대한 경계를 강화해갔다. 한편 중국 민중은 부패한 관군이 저항다운 저항도 못한 채 무너지는 모습을 보면서 청 제국에 대한 복종을 거두기 시작했다. 나아가 반反만주주의를 표출했으며 심지어 스스로 외세에 항거할 태세를 갖추었다. 그 대표적 움직임이 1851년에 시작된 태평천국운동1851~1864이다.

## 태평천국운동과 2차 아편전쟁

태평천국운동의 창시자인 홍수전1813~1864은 광주 주변 고원 지대 객가 촌락의 훈장이었다. 객가는 고향을 떠나 산간으로 이주한 한족의 일파를 가리키는 말인데, 대개 소작농, 숯 굽는 사람, 탄광 노동자와 같은 낮은 신분으로 토착 지주, 상인 층 등 본지인에게 차별을 당하곤 했다. 홍수전의 초창기 포부는 평범했다. 지방 수준에서 행해지는 과거에 급제한 그는 1830년대 말 광주의 향시에 응시했다. 과거 급제가 신분 상승을 위한 통로라고 여겨 인생을 걸었던 많은 응시자들처럼 홍수전도 과거에 응시했으나 세 번 모두 낙방했다.

그러나 실망한 그의 반응은 꽤 독특했다. 그는 처음 향시를 위해 여행하는 동안 중국어로 번역된 기독교 전도용 소책자『권세양언』을 얻었다. 낙방에 따른 부담감이 커질 무렵 이 책을 읽고 꿈을 꾸었는데, 승천해 금빛 수염의 노인상제으로부터 중년 남성천형의 도움을 받아 천상의 악귀를 내쫓고 세계를 구하라는 명을 받는 내용이었다. 홍수전은 자신을 예수의 동생이라 확신하고 1843년 스스로 세례를 한 뒤 친지, 친척들과 함께 광동성과 광서성 고원지대를 다니며 전도해 '상제회'라는 결사를 조직했다. 지속적으로 경전을 만들고 교리를 전파하며 열렬한 전도활동으로 1년 만에 객가를 비롯한 추종자의 수가 2,000명을 넘어섰다.

1840년대가 지날 때 홍수전은 공자를 태평천국 신앙의 주요한 적으로, 만주족 청 관리를 사라져야 하는 악귀로 규정하기 시작했고, 결국 1만여 명과 함께 반란의 기치를 올렸다1851. 홍수전의 군대가 북으로 진군을 시작하자 청 조정에서는 '장발적태평천국군 병사들이 청에 저항하는 의미에서 변발을 풀고 장발을 한 것에서 나온 명칭'이라 부르며 아편전쟁 때 파직당했던 임칙서를 불러 진압을 맡겼으나 그가 부임 도중 병사하면서 진압군의 사기는 땅에 떨어졌다.

광서성 남부 금전촌에서 2만 명의 세력을 확보한 상제회는 만민이 고루 복을 누리는 기독교의 천국을 지상에 건설한다는 취지에서 '태평천국太平天國'을 선포한다. 연안을 점령한 뒤 홍수전은 스스로를 천왕으로 선포했고1851.9 동왕 양수청, 서왕 소조귀, 남왕 풍운산, 북왕 위창휘, 익왕 석달개 등과 각기 군대를 이끌고 북상했다. 이들이 호남의 중심지인 무창을 함락1853했을 때 그 세력은 50만 명에 육박했다.

1853년 3월 19일. 봉기한 지 2년여 만에 수륙 양군으로 편성되어 창장강을 따라 호남성, 호북성 일대를 휩쓸며 올라온 태평천국군은 남경 외곽에서 완강한 저지선을 뚫는 데 성공한다. 홍수전은 입성 즉시 남경을 천경태평천국의 수도로 선포하고 만주족 지배의 청산이라는 대의에 한족 전체가 동참해줄 것을 호소했다. 아편전쟁 때도 내주지 않았던 남경이 함락되었다는 급보를 접한 청 황실은 당황하며 대규모의 정벌군 편성을 서둘렀고, 서구 열강들은 개항 무역에 미칠 영향을 타진하며 정보를 수집했다.

천경을 건설한 태평천국은 이후 '멸만흥한滅滿興漢'의 기치를 내걸고 만주족의 중국 지배에 대한 반대를 명확히 하였으며 '천조전무田天朝田畝제도'를 발표해 그들이 꿈꾸던 이상사회를 실현하고자 했다. 왕조 교체만이 아닌 유교에 입각한 사회 체제 자체를 부정했던 이들이 모시는 상제는 기독교의 하나님으로, 토지를 비롯한 모든 재산은 상제에 속했고 국가 정책도 상제의 의지에 따라야 했다. 그리고 천왕 홍수전과 여섯 왕이 상제의 뜻을 집행하는 지상 대리인이었다. 25인 단위로 균일하게 조직된 국민들은 가옥과 재산을 처분해 공동 재산으로 삼은 뒤 균등하게 지급받았다. 국민 생활은 엄격한 종교적 금욕주의의 규제를 받아 토요안식일과 태양력을 준수해야 했고 술, 담배, 아편은 엄금되었으며 남녀도 분리되어 접촉을 규제받았다.

특히 여성들에 대한 혁신적인 정책은 기존의 체제에서는 상상할 수 없는 것이었다. 객가들은 전족을 하지 않는 자신들의 풍습을 제도화해 여성의 전족 폐지를 선언했다. 토지도 남녀에게 일률적으로 균등하게 분배했으며 여성도 재산권을 소유하거나 관직에 오를 기회를 갖도록 했다. 관혼상제, 노약자와 과부의 부양, 교육 등은 공동체 전체의 의무로 정했는데, 이 같은 진보적 면모는 원시 기독교 사상에서 나온 것이었다.

그러나 1855년 북경으로의 북진이 좌절되면서 상황은 변화된다. 이 시기 이후부터 1860년까지 태평천국군은 창장강 중류와 하류에 있는 여러 도시들을 함락했다가 버리는 일을 반복했고, 이 과정에서 주민과 병사들의 인명 손실이 커졌다. 이 사실이 드러나며 1859년 지도자들 사이의 내분이 심화되었고, 천조전무제도에서 야심차게 선언했던 토지와 민생분야의 개혁은 실천되지 못했다.

한편 청은 태평천국운동에 집중하는 동안 다시 한번 대규모의 혼란, 즉 유럽의 두 번째 침공을 맞게 된다. 처음에는 내란 진압 때문에 주의를 기울이지 못했지만 얼마 지나지 않아 이 침략은 청 제국 역사상 최대의 위협으로 판명되었다. 중국에 와 있던 영국 상인과 관리들은 남경 조약 체결 이후에도 자신들에게 허용된 활동 수준과 그에 대한 청 지방 당국의 저항 때문에 불만이 쌓여가고 있었다. 그들은 공식적 외교 사절이 왕래하거나 북경에 영국 대사가 상시 거주하면 문제가 해결될 것으로 여겼다. 마침 청이 내전에 말려 있는 동안 발생한 애로호 사건은 영국이 자국의 요구를 군사적으로 강요할 구실이 되어주었다.

애로호는 중국식 돛을 단 개조된 유럽 상선으로, 홍콩 출신 중국 상인이 이를 소유하고 있었고 광주 외곽에 정박하고 있었다. 1856년 10월 광주 관헌들은 아편을 수입하려는 중국인 선원 12명을 해적 용의자로 체포하기 위해 애로호에 승선했는데, 당시 영국 광주 영사 해리 파크스는 그 과정에서 중국 관헌들이 영국 국기를 끌어내려 여왕을 모독했다고 항의했다. 사실 국기는 게양되어 있지 않았고 애로호의 영국 선적 기한도 이미 만료된 상태였다. 그러나 통상 조건에 불만을 갖고 몇 개월간 전쟁을 계획해왔던 영국 수상 파머스턴은 전쟁을 일으킨다. 프랑스도 선교사 살해 사건을 구실로 공동 출병을 선언했고, 러시아와 미국은 '평화적 시위'의 일환으로 대표를 보낸 정도의 선으로 개입했다.

이렇게 시작된 2차 아편전쟁2차 중영전쟁1856~1860은 1차의 반복이었다. 결국 1858년 청은 화북에서 가장 중요한 상업 도시이자, 북경에서 160킬로미터 떨어져 있는 천진을 점령당한다. 6월 청과 대표단이 맺은 천진 조약톈진 조약은 북경에 외교 사절 주둔 허용, 열 곳의 새로운 항구 개항, 서양 선교사와 상인들의 내륙 여행 자유 허용, 전쟁 배상금 지불 그리고 아편 수입의 무조건 합법화 등의 내용으로 구성되어 있다. 이로써 영국은 원했던 모든 것을 얻은 셈이었다.

그러나 이 성과들을 청의 조정이나 지방 관리가 시행할 의도가 없음을 알게 되면서 화북에서는 2년 이상 복잡한 소요가 일어났고, 결국 1860년 영국과 프랑스의 점령군은 북경을 점령하기에 이른다. 점령군은 원명원 등을 파괴하고 청 황제의 옥좌를 비롯한 약탈품들을 공개 전시하기 위해 런던으로 가져갔다.

10월 24일, 황제의 27세 동생 공친왕1832~1898은 승덕 피서 산장으로 퇴각한 함풍제1850~1861재위 대신, 천진 조약 시행 확인 및 영국에 대한 두 배의 배상금 지불, 구룡주룽반도 할양, 천진의 추가 개항 등이 들어 있는 북경 조약베이징 조약에 서명해야 했다. 한편 러시아는 이를 중재한 대가로 우수리강 동쪽의 연해주를 차지함으로써 그토록 고대하던 부동항을 얻을 수 있었고 국경에서의 자유 무역 권리를 챙길 수 있었다.

이후 서구 열강은 그동안 태평천국군에 대해 중립을 지켜왔던 태도에서 벗어나 청 왕조의 존립이 그들에게 유리할 것으로 판단하면서 총부리를 태평천국으로 돌리게 된다. 서양식 중국 군대인 상승군과 증국번1811~1872, 이홍장1823~1901과 같은 한인 향신층의 회군이 연합하여 진압에 나선 결과 1864년 태평천국군의 최후 거점인 상주는 함락되고 만다.

태평천국의 반격도 만만치 않았다. 전보다 더 넓은 지역으로 진출하면서 1862년에는 상해를 위협하기도 했다. 그러나 상해 점령 공격이 상해 향관들로부터 자금 지원을 받은 상승군에게 격퇴당하면서 전세가 급격히 기운다. 당시 상승군의 지휘관으로는 훗날 수단의 하르툼에서 살해당하는 그 이름도 유명한 영국인 찰스 고든1833~1885, 그의 별명은 '중국인'이었다고 한다이었다. 천왕 홍수전은 공교롭게도 패색이 짙어진 1864년에 사망했다.

## 동치중흥과 양무운동

태평천국운동과 2차 아편전쟁이라는 두 가지 엄청난 격변과 도전으로 청이 유지될 수 있을 것이라고 예상한 사람들은 없었다. 그러나 놀랍게도 청은 살아남았고 심지어 '중흥기'로 평가되는 부흥을 맞는다.

1861년 태평천국군 진압이 한창 진행 중이던 청에서는 실의에 빠져 북경으로 귀환하지 못하고 승덕 산장에서 병사한 함풍제의 뒤를 이어 당시 5세였던 재순이 황위를 잇는다동치제, 1861~1875재위. 섭정을 두고 벌어진 싸움에서 함풍제의 후궁인 여허나라 씨 자희황태후, 즉 서태후1835~1908가 승리를 거머쥔다. 남편 함풍제 사망 후 27세의 나이에도 불구하고, 그 측근들을 체포·처형하며 정권을 장악해 여걸의 풍모를 보여준 서태후. 그녀는 몰락한 관리의 딸이었지만 용모가 뛰어난 데다 어려서부터 유교 경전을 독파하는 등 총명했다. 16세 때 궁녀로 들어오자마자 함풍제의 눈에 들었고 아들을 낳지 못하던 당시 황비 자안황후동태후 대신 아들 재순을 낳아 태후의 자리에까지 올랐다. 서태후가 함풍제의 동생이자 북경 조약을 체결할 때의 의연한 모습으로 서양인에게 존경을 받은 공친왕, 화중 및 화남 지역 대부분에서 청 왕조의 통치 대리인이나 다름없던 증국번 등과 연합을 맺고 통치를 시작한 이 시대의 연호는 '함께 통치한다'는 의미인 '동치同治'로 선포되었다. 서태후는 월등한 무력과 문물을 가진 서양과 섣부르게 싸워서는 안 된다고 판단해 우선적으로 내치를 안정시키는 데 주력했다. 그 적임자로 선출된 인물이 한족 출신의 증국번와 이홍장으로, 이들은 태평천국군을 진압하는 한편 각 지방에서 세금 감면을 실시하고 황폐화된 토지를 개간하는 등 민심 수습에 적극 앞장섰다.

러시아와 영국 등 청에 진출한 서양 세력들도 서태후의 정책이 중국의 반제국주의 풍조를 잠재울 것으로 보고 정권에 대한 적극 지지를 표명했다. 어느 한 열강이 중국을 배타적으로 차지하는 것을 막기 위해서라도 이는 필요한 일이라고 보았기 때문이다. 오스만 제국의 해체로 인해 유럽의 세력 균형이 깨지는 것을 피하고 싶어 했던 것과 같은 맥락이다.

한편 이 시기 등용된 한인 관료들은 민생 안정과 더불어 1861년 무렵부터 서양 과학기술을 받아들여 군대와 공업을 발전시키자는 '양무운동'을 전개해나가기 시작한다. '중체서용中體西用'의 기치를 내걸고 '서양 것양무을 배워 근대화에 힘쓰자'는 양무운동의 일환으로, 이홍장의 주도 아래 상해에 대규모 서구식 생산기지가 들어서기도 했다1865. '강남제조총국'이란 명칭이 붙은 이 기지에서는 서구의 기술을 지원받아 각종 무기와 기계를 생산할 뿐만 아니라 어학과 과학의 교습 및 대규모 번역 출판 등 문화 사업을 기획하기도 했다.

양무운동이 일어난 것은 북경 조약 후 서양의 선진문물을 익혀야 내외의 위협에서 정권을 지킬 수 있다는 지배층의 인식 변화가 그 근본 배경이었다. 그러나 강남제조총국이 주로 무기 제조에 매달렸던 것에서 추측할 수 있듯 안보를 우선했던 탓에 서양의 표면적인 기술만 수용했고, 그 기술을 탄생시킨 정치나 경제, 사회제도 분야에서 근본적인 개혁을 꾀하지는 못했다. 따라서 이는 결국 한계에 부딪힐 것이 명백했다. 이후 청프전쟁1884~1885과 청일전쟁1894~1895에서의 패배는 그것을 적나라하게 보여주는 역사적 장면이 된다. 세계사록

# 일본은 강해질래

일본     ‹‹‹

**하나요**    **일본 밖은 위험해**

힝ㅜㅜ 미나상(*여러분)
눈퍼랭이 일진들이
내 전번 강제로 따갔다요ㅠㅠ

앞으로 이넘들
셔틀하게 생겼다데쓰ㅠㅠㅠㅠ

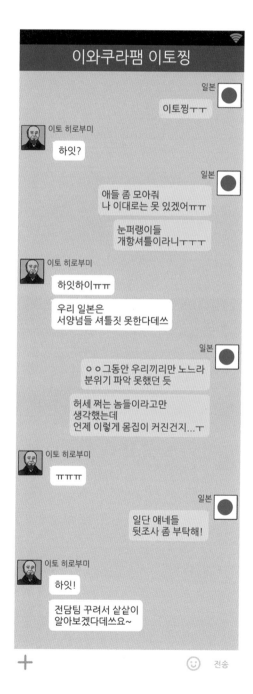

이와쿠라팸 이토찡

일본
이토찡ㅜㅜ

이토 히로부미
하잇?

일본
애들 좀 모아줘
나 이대로는 못 있겠어ㅠㅠ

눈퍼랭이들
개항셔틀이라니ㅜㅜㅜ

이토 히로부미
하잇하이ㅠㅠ

우리 일본은
서양넘들 셔틀짓 못한다데쓰

일본
ㅇㅇ그동안 우리끼리만 노느라
분위기 파악 못했던 듯

허세 쩌는 놈들이라고만
생각했는데
언제 이렇게 몸집이 커진건지...ㅜ

이토 히로부미
ㅠㅠㅠ

일본
일단 얘네들
뒷조사 좀 부탁해!

이토 히로부미
하잇!

전담팀 꾸려서 샅샅이
알아보겠다데쓰요~

＋                              😊  전송

# 가까이 더 가까이

사람 시켜서 뒷조사하는 이유?
보면 몰라?
당연히 쥐도 새도 모르게…


친해지려는 거잖아??


원래 친구는 가까이,
적은 더 가까이 두랬다고ㅋㅋ

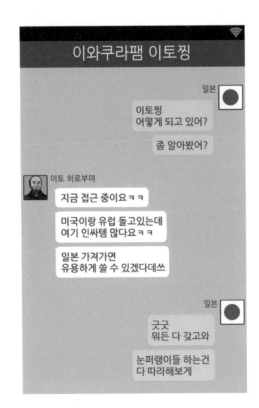

이토 히로부미

하잇ㅋㅋ

컥 머박머박

일본

왜? 나닛??

이토 히로부미

핵인싸 발견!

*비스마르크. 통일독일제국을 이룩한 독일의 정치가. 철혈재상.

독일 임금 오른팔이래요ㅋ

일본

크으~
인싸들 많네

먼저 접근해봐
전번도 따오구

이토 히로부미

하잇!

저만 믿으라데쓰!!

전송

후후,,, 이제 나도
인싸 대열에 합류하는 건가…?

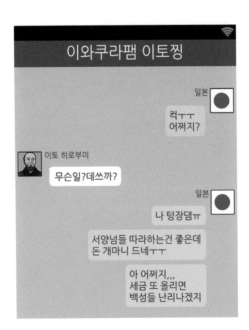

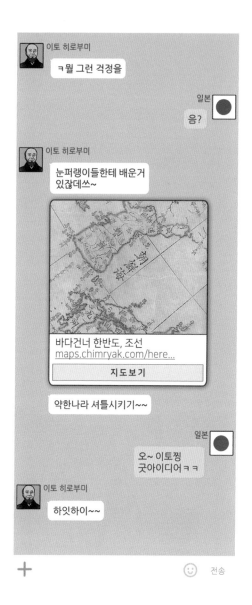

이토 히로부미
ㅋ뭘 그런 걱정을

일본
음?

이토 히로부미
눈퍼랭이들한테 배운거 있잖데쓰~

바다건너 한반도, 조선
maps.chimryak.com/here...
지도보기

악한나라 셔틀시키기~~

일본
오~ 이토찡 굿아이디어ㅋㅋ

이토 히로부미
하잇하이~~

＋　　　　　　　☺ 전송

그랬다고 합니다.

일본
출장 좀 다녀와라

하잇! 어디로 ㄱㄱ데스까?

일본
조선ㅋ

- 네덜란드를 제외하고 줄곧 쇄국 정책을 고수하며 다른 나라들과의 교류를 꺼려온 일본. 에도 바쿠후 말기인 1853년, 쿠로후네 사건을 계기로 반강제적으로 개항한다.
- 이후 막부에 불만을 가진 하급 무사들을 중심으로 왕정복고가 이루어지고, 메이지 덴노 중심의 새로운 정권이 수립된다.
- 메이지 정부, 유럽과 미국의 열강들을 모델로 한 강력한 개혁 정책을 추진하며, 일본의 근대화를 모색하다.

19세기 일본

1300년  1400  1500  1600  1700  1800  1900

# 개항당한 에도 바쿠후, 개항시킨 메이지 정부

일본

### 흑선과 개항

에도 바쿠후는 1630년대 말 서양과 모든 관계를 단절하고 서방 무역을 나가사키항으로 제한했으며 교역 상대국도 네덜란드 한 나라로 한정했다. 동시에 일본인의 해외 도항을 엄금했는데 그 후 200년 간 이러한 쇄국정책은 큰 변화 없이 유지되었다. 그러나 19세기 중엽으로 접어들면서 사정은 크게 달라졌다. 청이 아편전쟁에서 패배했다는 소식에 긴장한 바쿠후는 외국 선박에 대포를 쏘아 쫓아버린 기존의 추방령을 폐지하고 외국 선박에 물자를 제공하고 안전하게 귀국시키라는 새로운 법령을 제정1842했다. 에도 바쿠후는 이와 함께 영국 침략에 대비해 각 번에 방위 태세를 취하라고 했지만 일본에 대한 개방 압력은 청과 달리 영국이 아닌 미국에 의해 진행되었다.

미국은 1848년 과달루페이달고 조약으로 캘리포니아를 탈취하면서, 그곳에서 태평양을 건너 청으로 직행하는 항로를 개척했다. 미국은 태평양을 오가는 자국 선박의 중간 기점을 두어 대청 무역을 더욱 증진시켜야 할 필요가 있었다. 또한 당시 세계 최대의 포경 국가로서 일본 근해에까지 와서 고래를 잡았기 때문에 선박 수리와 선원의 휴식을 위해서도 머물 곳이 필요했다. 동시에 동아시아에 대한 러시아 세력의 침투를 억제할 필요가 있었는데 일본은 이 모두에 적격이었다.

1852년 나가사키항에 들어온 네덜란드 선박에서 바쿠후에 전달한 오란다 풍설서에는 미국의 사절 매슈 페리1794~1858가 내항할 것이라는 정보가 들어 있었다. 그리고 이듬해 실제로 에도만의 우라가항에 신형 대포를 장착한 흑선서양 선박은 타르를 칠해 검은 색이었기 때문이다 네 척이 나타났다. 미국 노퍽항을 출발해 대서양, 케이프타운, 인도양, 중국을 거쳐 도착한 페리의 군함들이었다.

페리는 '우호 통상, 석탄과 식료품 공급, 난파선 보호'를 요구하는 미국 대통령의 국서를 쇼군에게 전하면서 이를 수락하지 않으면 전쟁을 각오해야 할 것이라고 위협했다. 페리의 태도에 일단 국서를 접수한 바쿠후는 이듬해 봄까지 답변을 주기로 했다. 전쟁을 피하고 싶었던 바쿠후는 관례를 깨고 국서를 번역해 덴노와 다이묘들에게 회람을 시켜 의견을 구했다. 또 널리 이양선 격퇴의 아이디어를 공모했는데 온갖 황당한 안이 난무했던 가운데 가장 사무라이 같았던 것이 '생선회칼' 안이었다고 한다. 어선으로 가장한 배들을 타고 접근해 선물을 주는 척하면서 생선회칼로 공격하자는 것이다. 물론 이 안은 기각되었고 바쿠후는 이듬해 일곱 척의 군함을 이끌고 나타난 페리를 맞이했다.

바쿠후는 병사 1,600여 명, 포 100여 문을 갖춘 페리의 군함 앞에서 자신들의 군사력으로는 그들을 상대할 수 없음을 깨닫는다. 결국 1854년 3월 에도만 가나가와 앞바다에서 미일화친 조약가나가와 조약을 맺었다. 전문 12조로 된 조약은 동경만 입구에 있는 시모다항을 즉시 개방하고 1년 후에는 홋카이도 남단에 있는 하코다테항을 개방해 미국 선박의 기항을 허용, 식량과 연료를 제공한다는 것이었다. 그리고 이 조약은 최혜국 대우 조항을 포함했다. 일본의 개항 소식이 전해지면서 열강들은 일본으로 향했고 이후 바쿠후는 거의 동일한 내용의 조약을 영국1854, 러시아1855, 네덜란드1856와 체결했다.

1858년 미국 총영사 해리스는 애로호 사건으로 영국과 프랑스가 천진을 점령한 사실을 상기시키면서 일본에게도 무력행사를 암시, 원하던 '미일수호통상 조약 체결에 성공한다. 이 조약은 가나가와 외 네 항의 추가 개항 및 에도와 오사카의 개시를 포함해 협정관세권, 영사재판권치외법권, 거류지 설치, 최혜국 대우 등이 규정된 명백한 불평등조약이었다. 이로써 일본도 중국에 이어 자본주의 체제에 강제로 편입되기 시작했다.

## 메이지 유신

모든 불평등한 근대 조약 체결 국가에서 그랬듯 개항 후 일본에는 관세 없이 들어온 서양의 값싼 상품이 대량으로 유통되면서 국내 산업은 무너졌고 서양에 대한 일본인의 감정은 계속 악화되었다. 특히 이 과정에서 피해를 본 하급무사들은 이런 모든 조약을 바쿠후가 덴노의 칙허 없이 처리한 데 대해 불만을 품게 된다. 이에 덴노가 권위를 되찾아 서양 오랑캐 타도에 앞장설 것을 요구하는 존왕양이尊王攘夷파가 나타나 바쿠후와 대립하며 당시 정계는 극도로 분열된 양상을 보인다.

그런 와중에 존왕양이파의 중심이었던 사쓰마번과 조슈번은 1863년 각각 사쓰에이전쟁과 시모노세키전쟁을 겪게 되는데, 서구 열강의 함선들에 공격을 가했다가 반격을 받아 요코하마와 시모노세키가 전소될 뻔했다. 이를 겪으며 서구 열강의 위력을 깨달아 '양이'를 버리고 '근대화'와 '바쿠후 타도'의 길을 함께 걷게 된 사쓰마와 조슈번은 사카모토 료마1835~1867의 중재로 삿초동맹을 체결하기에 이른다. 이들은 재정을 개혁하고 우수한 무기들로 무장하며 급성장해나갔다. 바쿠후는 조슈번을 굴복시켜 바쿠후의 건재함을 보여주고자 공격1866했으나, 이들을 굴복시키지 못한 채 철수할 수밖에 없었다.

이로 인해 바쿠후의 권위는 더욱 하락했다. 결국 1867년 10월 에도 바쿠후의 마지막 쇼군 도쿠가와 요시노부1837~1913는 조정 대신과 다이묘들을 불러 쇼군의 지위를 내놓고 권력을 덴노에게 넘기겠다고 발표한다. 다음 날 '대정봉환'이라 불리는 권력 이양문서가 덴노에게 제출되고, 왕정복고가 이루어지면서 260여 년 동안 지속되어 오던 에도 바쿠후는 무너진다. 바쿠후 지지 세력의 저항은 곧 진압되었고, 새로 성립된 신정부는 서양과의 조약을 이행할 것을 선언함으로써 열강의 지지를 얻었다.

신정부는 1868년 9월부터 '한 명의 덴노 대에 하나의 연호만 쓴다'는 일세일원을 결정하고, 연호를 메이지明治로 정했다. 이듬해 에도를 도쿄로 고치고 수도로 삼아 덴노 행렬의 도쿄 입성을 맞았다. 한 달간의 행렬이 계속되는 가운데 덴노는 수많은 하사품을 내렸고 그 앞에서 엎드리는 다이묘들을 본 백성들 사이에서 덴노의 권위는 높아졌다. 새로운 정부의 중심으로 덴노가 세워지면서 신도가 국교화1870되었고 덴노의 '신격화' 또한 추진되었다.

하지만 하급 무사들이 중심이 되어 세운 신정부는 안정된 단계가 아니었다. 이런 가운데 서구 열강에 대한 위기의식 또한 높아지면서 신정부는 중앙집권화를 위한 정책을 서둘러 시행했다. 이런 일련의 일은 일본의 근대화운동으로 1868년부터 시작된 '메이지 유신'의 시행 배경이 된다.

메이지 유신은 폐번치현1871을 통해 각 번주가 다스리던 지역을 천황의 직할지로 삼아 중앙집권 체제를 추진했다. 서양식의 자본주의 체제를 도입했으며 토지제도를 개편하고 신분제를 개혁해 사민평등을 이루면서 특히 무사의 특권을 없앴다. 더 이상 칼을 찰 수 없다는 것과 무사의 특권이었던 군사적 의무에 모든 성인 남성이 편입된 징병제의 실시는 무사들에게는 큰 충격이었다. 또한 서구식 학제를 공포1872해 의무 교육제도를 설립했으며 유학생들을 파견했다. 그야말로 위로부터 시작된 급진적이고 전면적인 서구화 정책이었다.

한편 1871년 이와쿠라 도모미1825~1883 참의를 전권대사로 하고 이토 히로부미1841~1909 등이 포함된 총 100여 명의 '이와쿠라 사절단'이 미국과 유럽에 파견된다. 거기에는 8세의 천재소녀 쓰다 우메코를 비롯해 정부가 나서서 선발한 각 분야의 인재인 50명의 유학생도 포함되어 있었다. 이와쿠라 사절단은 2년 동안 미국을 거쳐 유럽을 둘러보면서 독일이 신흥 강국으로 떠오르는 것을 목격했고 비스마르크와 만나기도 했다. 또한 유럽 각국에서 일어난 산업혁명의 발전상을 접했다. 귀국 후 사절단은 각 분야에 걸친 구체적인 보고서를 작성해 주요 부서에 전달한다. 그들의 건의로 메이지 정부는 '식산흥업'이라는 국가 주도의 산업진흥정책을 추진했고, 이로 인해 일본 사회 모습은 급격히 변화되기 시작한다.

## 조선의 개항

1876년 조선이 자본주의 세계의 체제를 향해 문을 연다. 19세기 들어 3대 60여 년의 세도정치 시기를 지난 조선은 1863년 고종1863~1907재위이 즉위하면서 흥선대원군1820~1898의 섭정기를 맞았다. 흥선대원군은 안으로는 서원을 철폐하고 호포제를 시행하는 등 왕권을 강화하고 민생을 안정시키는 데 힘을 기울인 한편 대외적으로는 강경한 통상수교거부정책을 실시했다. 흥선대원군 시기에 일어난 프랑스와 미국의 통상수교 요구는 '병인양요1866'와 '신미양요1871'와 같이 양이들의 소요로 간주되었다.

그러나 고종이 친정을 시작한 1873년 흥선대원군을 퇴진시킨 개화 세력은 무력을 앞세운 일본의 개항 요구를 받아들여 강화도에서 '조일수호조규강화도조약'를 체결1876하기에 이른다. 일본 군함 운요호가 조선 근해에서 마음대로 해로를 측량하고 함포 시위를 벌이다 강화도 앞바다에서 조선 수비대의 대포 공격을 받자, 일본은 이를 빌미로 즉각 군사 압력을 가하기 시작했다운요호 사건. 2월 전권변리대신 구로다 기요타카가 군함 두 척, 병력 400명을 이끌고 강화도 갑곶에 상륙했을 때 조선은 별다른 저항을 하지 못했다.

모두 12개조로 이루어진 강화도 조약은 미일통상 조약을 본떠 부산, 원산, 인천 항구의 개항, 치외법권의 인정과 개항장의 일본 조계지 설치 등을 규정했다. 이 중 가장 주목할 만한 것은 조선이 자주국으로 일본과 평등한 권리를 가진다는 제1조 조약이었다. 형식적으로는 평등을 강조한 것 같지만, 사실 이는 일본의 조선 침략을 위한 비장의 무기였다. 전통적인 동아시아 국제 관계에서 청은 조선에 대한 종주권을 주장해왔고 조선도 청에 조공을 바쳐왔는데, 이 같은 청의 기득권을 조선에서 배제시키고 일본의 자유로운 진출을 확보하고자 한 것이기 때문이다.

일본은 자국을 개항시킨 페리 제독의 방법을 그대로 조선에 시행함으로써 실질적 불평등조약을 관철하는 데 성공한다. 조선에 군함을 파견했다가 흥선대원군의 저항에 물러났던 서구 열강은 일본의 조선 개항에 환영을 표시했지만, 일본의 독식을 저지하기 위해 조선 진출을 서둘러야 했다. 이에 조선에서는 열강들과 개항 및 근대화를 둘러 싼 정치 세력들 사이의 권력 투쟁 양상이 어지럽게 출현하면서, 한국의 굴곡진 근현대사의 시작을 알리게 된다. 세계사록

▽하코다테

니가타　　일본

효고　　▶▶에도(도쿄)
　　　　가나가와
　　시모다
　오사카

| 국가 | 연도 | 체결국가 | 조약 | 할양[1]지 및 개항장 | |
|---|---|---|---|---|---|
| 중국 (청) | 1842 | 영국 | 남경(난징)조약 | ◇할양 | 홍콩 |
| | | | | ◆개항 | 광주(광저우), 호문(샤먼), 복주(푸저우) 영파(닝보), 상해(상하이) |
| | 1858 | 러시아, 미국, 영국, 프랑스 | 천진(톈진)조약 | ●개항 | 영구(잉커우) - 만주 연태(옌타이) - 산둥 진강(전장), 남경(난징), 구강(주장), 한구(한커우) - 창장강 연안 경주(충저우) - 해남(하이난) 섬 담수(단수이), 대남(타이난) - 대만(타이완) 산두(산터우) - 광동(광둥) |
| | 1860 | 러시아, 미국, 영국, 프랑스 | 북경(베이징) 조약[2] | ○할양 | 구룡(주룽) 반도, 연해주 |
| | | | | ◎개항 | 천진(톈진) |
| 일본 (에도 바쿠후) | 1854 | 미국 | 가나가와조약(미 일화친조약) | ▽개항 | 시모다, 하코다테 |
| | 1858 | 미국 | 미일수호통상조약 | ▼개항 | 니가타, 가나가와, 효고, 나가사키 에도, 오사카 - 개시장[3] |
| 베트남 (응우옌) | 1862 | 프랑스 | 1차사이공조약[4] | □할양 | 사이공 비엔호아/ 자딘/ 딘뜨엉 - 남부 동쪽 3성[5] 꼰다오 제도 |
| | | | | ■개항 | 다낭, 바랏, 꾸엉옌 |
| | 1874 | 프랑스 | 2차사이공조약 | □할양 | 남부 6성[6] - 프랑스령 코친차이나 |
| | | | | ■개항 | 하노이, 하이퐁, 꾸이년 |
| 한반도 (조선) | 1876 | 일본 | 강화도조약[7] (조일수호조규) | ▲개항 | 부산, 인천, 원산 |

1) 한 나라 영토의 일부를 다른 나라에게 넘겨주는 것. 청일전쟁 이후에는, 만료기간이 되면 반환하는 조건으로 영토를 빌리는 위장된 할양인 '조차'가 행해진다.
2) 청의 톈진조약 이행 거부로 재체결한 조약. 이전과 동일한 개항장에 톈진이 추가되었다.
3) 시장을 개방한다.
4) 다음 해 체결된 후에조약으로 재확인되었다.
5) 프랑스령 코친차이나의 시작이다.
6) 1867년 남부 서쪽 3성까지 무력으로 점령했던 프랑스의 코친차이나 점령을 합법화했다. 중심지는 사이공.
7) 서구 열강에 의해 개항된 다른 동아시아 국가와 달리 일본에 의해 개항되었으나 무력을 앞세운 강제 개항 방식과 불평등한 조약 내용은 동일했다.

**무적민트(박은아)**

4권은 한 번쯤 들어는 봤지만, 사실은 잘 모르고 있었던 에피소드들을 다룰 수 있었습니다. 잘못 알고 오해했던 부분도 있고……. 특히, 비하인드 스토리를 파헤치는 재미가 쏠쏠했답니다. :D

**무적퍼플(한애라)**

4권에서 나이팅게일 편이 가장 기억에 남는데요. 유명한 간호사로만 알고 있었는데, 독불장군으로 불릴 정도로 고집이 있는 분인 줄은 꿈에도 몰랐습니다. 생각지 못한 것을 새롭게 알게 되어 즐거웠습니다. 외에도 재밌는 이야기가 가득하니 즐겁게 봐주세요!

**무적그린(강세윤)**

『세계사톡』이 어느새 4권이 나오게 되어 기쁩니다. 근대편은 현대사와도 내용이 밀접한 만큼 더 큰 재미와 유익함으로 가득하니 즐겁게 읽어주시기를 바랍니다.

**무적블랙(임민지)**

벌써 4권이라니! 한 권씩 쌓이는 『세계사톡』을 보니 작은 역사가 쌓이는 것 같아 감회가 새롭습니다. 저마다의 역사를 모아 또 다른 역사를 만든 핑크잼 분들 모두 수고 많으셨습니다!

**웹툰 〈세계사톡〉 크레딧**

|  STAFF | YLAB | JUSTOON |
|---|---|---|
| **기획/총괄 프로듀서** \| 무적핑크 | **제작총괄** \| 오세정 박은정 | **책임총괄** \| 박동훈 |
| **글** \| 무적민트 | **책임편집** \| 성빛나 | **담당편집** \| 김형준 |
| **콘티** \| 무적퍼플 | **디자인편집** \| 한태준 | **온라인 배급** \| 저스툰코미코 |
| **삽화** \| 무적그린 | **도움** \| 정윤하 | **제작** \| 핑크잼 |
| **편집** \| 무적블랙 | | |

세상의 모든 잼없는 것들에 잼을 바르는 핑크잼!